SHAPING THE WAVES

创业者

——哈佛弄潮儿的故事

〔美〕杰弗里·L.克鲁克香克 著

立那 等译

商务印书馆

2009年·北京

Jeffrey L. Cruikshank

Shaping the Waves

A History of Entrepreneurship at Harvard Business School

Original work copyright © 2005 President and Fellows of Harvard College.

Published by arrangement with Harvard Business School Press.

图书在版编目(CIP)数据

创业者——哈佛弄潮儿的故事/〔美〕克鲁克香克著;立那等译. —北京:商务印书馆,2009
ISBN 978-7-100-05819-3

Ⅰ.创… Ⅱ.①克…②立… Ⅲ.企业家—生平事迹—世界 Ⅳ.
K815.38

中国版本图书馆 CIP 数据核字(2008)第 040519 号

所有权利保留。

未经许可,不得以任何方式使用。

创 业 者
——哈佛弄潮儿的故事
〔美〕杰弗里·L.克鲁克香克 著
立那 等译

商 务 印 书 馆 出 版
(北京王府井大街36号 邮政编码 100710)
商 务 印 书 馆 发 行
北京瑞古冠中印刷厂印刷
ISBN 978-7-100-05819-3

2009年2月第1版　　开本 700×1000 1/16
2009年2月北京第1次印刷　印张 23
印数 5 000 册
定价:46.00元

商务印书馆—哈佛商学院出版公司经管图书
翻译出版咨询委员会

（以姓氏笔画为序）

方晓光　　盖洛普（中国）咨询有限公司副董事长
王建铆　　中欧国际工商学院案例研究中心主任
卢昌崇　　东北财经大学工商管理学院院长
刘持金　　泛太平洋管理研究中心董事长
李维安　　南开大学商学院院长
陈国青　　清华大学经管学院常务副院长
陈欣章　　哈佛商学院出版公司国际部总经理
陈　儒　　中银国际基金管理公司执行总裁
忻　榕　　哈佛《商业评论》首任主编、总策划
赵曙明　　南京大学商学院院长
涂　平　　北京大学光华管理学院副院长
徐二明　　中国人民大学商学院院长
徐子健　　对外经济贸易大学副校长
David Goehring　　哈佛商学院出版社社长

致 中 国 读 者

　　哈佛商学院经管图书简体中文版的出版使我十分高兴。2003年冬天,中国出版界朋友的到访,给我留下十分深刻的印象。当时,我们谈了许多,我向他们全面介绍了哈佛商学院和哈佛商学院出版公司,也安排他们去了我们的课堂。从与他们的交谈中,我了解到中国出版集团旗下的商务印书馆,是一个历史悠久、使命感很强的出版机构。后来,我从我的母亲那里了解到更多的情况。她告诉我,商务印书馆很有名,她在中学、大学里念过的书,大多都是由商务印书馆出版的。联想到与中国出版界朋友们的交流,我对商务印书馆产生了由衷的敬意,并为后来我们达成合作协议、成为战略合作伙伴而深感自豪。

　　哈佛商学院是一所具有高度使命感的商学院,以培养杰出商界领袖为宗旨。作为哈佛商学院的四大部门之一,哈佛商学院出版公司延续着哈佛商学院的使命,致力于改善管理实践。迄今,我们已出版了大量具有突破性管理理念的图书,我们的许多作者都是世界著名的职业经理人和学者,这些图书在美国乃至全球都已产生了重大影响。我相信这些优秀的管理图书,通过商务印书馆的翻译出版,也会服务于中国的职业经理人和中国的管理实践。

20多年前，我结束了学生生涯，离开哈佛商学院的校园走向社会。哈佛商学院的出版物给了我很多知识和力量，对我的职业生涯产生过许多重要影响。我希望中国的读者也喜欢这些图书，并将从中获取的知识运用于自己的职业发展和管理实践。过去哈佛商学院的出版物曾给了我许多帮助，今天，作为哈佛商学院出版公司的首席执行官，我有一种更强烈的使命感，即出版更多更好的读物，以服务于包括中国读者在内的职业经理人。

在这么短的时间内，翻译出版这一系列图书，不是一件容易的事情。我对所有参与这项翻译出版工作的商务印书馆的工作人员，以及我们的译者，表示诚挚的谢意。没有他们的努力，这一切都是不可能的。

哈佛商学院出版公司总裁兼首席执行官

万季美

谨以本书献给

追寻创业梦想的无数哈佛商学院毕业生

以及帮助他们实现梦想的哈佛商学院历代教师

阿瑟·罗克(1951届MBA)

霍华德·史蒂文森教授(1965届MBA和1969届DBA)

是这些优秀传统的最佳代表

凭借坚毅、能力和勇气

他们塑造和引领了哈佛商学院以及全世界的创业学

致谢	……………………………………………………	i
序	……………………………………………………………	iii
引言	……………………………………………………………	v
第一章	从货架空间到电脑空间 ……………………	1
第二章	燎原之火 ………………………………………	45
第三章	风险投资的出现 ………………………………	59
第四章	创业者登上历史舞台 …………………………	83
第五章	三城传奇 ………………………………………	103
第六章	用脚表决 ………………………………………	145
第七章	星空闪现 ………………………………………	169
第八章	小玩意　大买卖 ………………………………	207
第九章	银幕魔力 ………………………………………	237
第十章	超乎寻常的学习小组 …………………………	279
后　记	引领浪潮 ………………………………………	337
注　释	……………………………………………………	349

致　　谢

本书的出版得益于各位同仁七年多的努力。

其中哈佛商学院的两位教授比尔·萨尔曼（Bill Sahlman）和霍华德·史蒂文森（Howard Stevenson）给了我们一如既往的支持，二人坚信哈佛商学院的创业学领域精彩纷呈。麦克·罗伯茨（Mike Roberts）中途加入顾问小组，直到这本书出版，一直尽心尽力。在此感谢三位的鼎力相助。期间，即便是其余的人都想打退堂鼓的时候，也总是有人意念坚定，也总是有人不停地出谋划策。

我们接手这项工作不久，克里斯汀·伦德（Kristin Lund）就加入了我们的行列。有好几章的初稿都是她完成的。尽管最后由于篇幅限制，删掉了大约一百万字的内容——这倾注了我和克里斯汀很多心血，即使是克里斯汀下海经商之后，她对这本书的影响仍然可见一斑。

这本书里出现的每个人都至少接受过一次访问，还有不少不止一次。在此感谢所有人的大力支持。尤其要感谢在波士顿、纽约和硅谷的风险投资团体成员，在他们的帮助下，我们重塑了美国商业历史。同样也很感谢哈佛商学院现任和退休了的教职工，他们慷慨地同我们分享回忆。我很高兴有机会从梅斯（Mace）那儿听到一手资料——夏威夷打扑克牌的老兵们如何间接导致哈佛商学第一门创业学课程的诞生。

致谢

在这里尤其要感谢 Staples 公司、Zoots 公司、Orbital 公司和 Cinemex 公司,他们给我们提供了很多素材。同时也要感谢鲍勃·赖斯(Bob Reiss),我们曾经合著过一本名叫《低风险,高收入》(*Low Risk, High Reward*)的书。这次他给了我很多创业学方面的灵感。特别感谢的还有卓越团队小组,包括金·穆尔(Kim Moore)、戴夫·佩里(Dave Perry)、施蒂格·莱施利(Stig Leschly)和保罗·孔福尔蒂(Paul Conforti),他们开诚布公地讲述了一些鲜为人知的事。由于这本书耗时过长,戴夫不得不多讲了一遍。

在贝克图书馆(Baker Library)历史藏书部工作的劳拉·利纳德(Laura Linard)的同事给我提供了很多重要资料,其中包括帕特·莱尔斯(Pat Liles)的论文。最后再次感谢为本书做出贡献的所有人,还有哈佛商学院出版社的朋友们。

杰弗里·克鲁克香克
马萨诸塞州 米尔顿(Milton, Massachusetts)
2004 年 9 月

序

1947年,哈佛商学院迈尔斯·梅斯（Myles Mace）教授开设了一门选修课"创业企业管理"（Management of New Enterprises）。该课程面向退役军人,旨在帮助他们创业。到1997年,该课程已发展得相当完善。商学院为MBA开设了二十多门创业学课程,这些课程占二年级所有课程的四分之一。这个创业管理教研室由二十多人组成,发展已经相当完备。另外,哈佛商学院创业学领域的研究、案例以及课程对全美乃至全世界的学者和创业者都产生了巨大的影响。

五十年来,创业学领域所取得的成就具有划时代的意义,已经载入史册。我们也看到,哈佛商学院全体师生和校友在创立创业学的过程中发挥了至关重要的作用。

出乎意料的是,1997年以来,创业学发展十分顺利。我们徜徉在创业学的海洋中,发现它竟如此丰富多彩；世纪之交,创业和创业管理发生了一系列显著的变化,所以,我们想把这关键的几年和期间的感悟记录下来。2003年,阿瑟·罗克（Arthur Rock）（1951届MBA）向哈佛商学院出资创立了阿瑟·罗克创业中心（Arthur Rock Center for Entrepreneurship）,创业学史发展的第一阶段——这比我们预期的50年时间要长了一些——终于画上了一个圆满的句号。

序

霍华德·史蒂文森、比尔·萨尔曼和麦克·罗伯茨引领了这场创业学革命。我向他们及其同仁对创业学所做出的辛勤努力表示由衷的感谢。杰夫·克鲁克香克（Jeff Cruikshank）十分耐心，有很强的洞察力，给我们提供了丰富的素材。有他的加盟，我们备感荣幸。作为一名杰出的创业者，弗兰克·巴滕（Frank Batten）（1952届MBA）为我们树立了榜样。在此，我们一并谢过。最后，还要感谢哈佛商学院广大校友和朋友，多亏了他们，创新研究与课程发展才获得了研究部（Division of Research）的资助。

这本书讲述的是多年来哈佛商学院的师生、校友以及他们在交流与合作过程中迸发的奇思妙想的故事。正是这些故事，哈佛商学院才变得与众不同。

哈佛商学院院长
金·克拉克

引　言

这是一本关于网络、关系、纽带、继承、义务的书。

这是一本关于态度的书,关于对人的态度、对商业的态度。

这本书讲的是一群人,他们被创业的纽带绑到了一起——无论他们是否承认。(他们为什么不承认呢?因为"创业者"有时并不被看做是很有魅力的身份。)

这本书里的故事,讲的是那些察觉并引领变革浪潮的人们。这些人很难被分类,他们的共同特征不太多。他们既可能是家里的长子,也可能是捣蛋鬼;既可能幼年丧母,也可能是妈妈的宝贝儿。但几乎无一例外,这些人都热爱创业的"游戏"。

也可以说,这些故事,讲的是一个机构——哈佛商学院——大半个世纪以来,它探究各种方法,试图为创业学这一难以驾驭的学科建立某种体系(同时也在创业这个领域里挖掘各种机会)。这些故事,讲的是那些不安分的、涉足商业实践的学者们,或者——那些涉足学术圈的创业者们。

最后呢,这本书,讲述了哈佛商学院及其毕业生们,以及更大的经济机遇是如何相互作用的。是什么造就了某次机遇的浪潮?弄潮儿们从一个浪潮里学来的知识适用于下一个浪潮吗?上一个浪潮里留传的那

引言

些忠告，我们应该带到未来吗？这样做会不会让我们变得迟钝，以至于丧失对"真正机遇"的洞察力呢？

　　这本书里的故事，跨越数十年，展现了好几代创业者。它们不同寻常，但并非绝无仅有。类似的故事，总在发生，在《华尔街日报》(Wall Street Journal)的报道里，在风险投资家们的董事会上，在创业者们追逐机会的地下室、仓库、车库和家庭办公室里，在世界各地处处发生。

　　下面我们以一个戏剧化的成功创业案例作为本书的开篇——Staples(史泰博)，办公用品超市。(截至2004年，Staples已拥有1,600个店铺，60,000名员工，年销售额达到近140亿美元。)汤姆·斯坦伯格(Tom Stemberg)的这一惊人创造所涉及的，就是识别出一个浪潮(spot a wave)，然后在接下来的二十年里"引领浪潮"(shape a wave)，并娴熟地驾驭浪潮。

　　现在回头看，"引领浪潮"似乎很容易。

　　但那个时候，它当然没这么容易。

第一章 从货架空间到电脑空间

让我们回到20世纪80年代早期。吉米·康纳斯（Jimmy Connors）还在为夺得大满贯而不遗余力；黑胶唱片和电唱盘还在吱吱扭扭地放着音乐；有氧运动和山地车开始流行；可携式摄像机和电子游戏已经很时髦了。在加利福尼亚的车库里，几个小青年正在组装第一台个人电脑。

里根时代刚刚开始。联邦政府实施了强硬的金融政策，终于有效地控制了高达两位数的通货膨胀。里根政府采取的供应经济学政策（即通过减税而刺激生产和投资），使经济开始复苏，并开始刺激证券市场。垃圾债券正在激发一场新的合并浪潮。华尔街的热情逐渐高涨，但国内制造业仍是举步维艰。美元的升值扼杀了国内的出口。曾经不可一世的克莱斯勒（Chrysler）汽车公司，竟然到了靠政府援助才能免于破产的地步。在密尔沃基（Milwaukee），哈雷·戴维森（Harley Davidson）——美国最后一个摩托车制造商——不得不寻求关税保护，来应对国际竞争。

这是1982—1983年的冬天，哈佛商学院二年级的学生在仔细地对经济领域进行着考察。很多人都计划，毕业之后去咨询公司或者投资银行。根据以往的传统，这些地方给刚出炉的哈佛MBA的薪水一般都很高。而高薪就意味着可以很快还清巨额的助学贷款。还有就是，咨询公

第一章

司和投资银行好像不会受到竞争的影响,这对其他行业来说可是个极大的困扰。

托德·克拉斯诺(Todd Krasnow)将来可不想做什么顾问,或者进什么投资银行。他现在也上二年级了,但还不是很确定自己毕业之后想要做什么。但是,他知道自己现在想要做什么,那就是去上最受欢迎的二年级课程——零售课。零售业在当时还不是很火暴,但是教这门课的沃尔特·萨蒙(Walt Salmon),却是个知名的老教授。他说话温和,一头红发。教授是这个领域的权威,他的课经常爆满。克拉斯诺去恳求萨蒙教授,希望能让他选修零售课:选这门课就一点都没有可能吗?

面对这个如饥似渴的学生,萨蒙能做的,也只能是鼓励他说,可以在前几次上课的时候,到教室看看,如果有人退出的话,他就可以来了。

克拉斯诺同意了。一连好几天,他每天都去奥尔德利希楼(Aldrich Hall),从上面的楼梯往下看——所有的座位都有人——他仔细做着记录,因为他心存希望。最后,萨蒙不得不告诉他,看来,不可能有空位了。克斯拉诺只得离开,放弃了这门课。

二十年匆匆而过,现在已经是21世纪了。克拉斯诺说:"回头看看,发现挺搞笑。从哈佛毕业那年,也就有两个人做起了零售业,我是其中一个。可是我却没能选上那门课,尽管我当时非常想上。"

历史往往倾向于记载结果。对于没有结果的事,或者可能发生但并没有发生的事,是不会有记录的。在1983年初,曾经有一个学生苦苦追求自己的理想,被一位教授注意到了——然后什么也没有发生。一个没有结果的故事。

可是,没过几年,托德·克拉斯诺和沃尔特·萨蒙发现,他们的人生道路再一次交叉了。这一次,是一起帮托马斯·斯坦伯格(Thomas Stemberg),一个1973届MBA,创建一个公司。他们打造了一家非凡的公司——公司甫一建立就以火箭的速度发展,速度之快甚至超越了最乐观

从货架空间到电脑空间

的估计。[1]

  Staples 的故事,牵涉到好几个城市,以及一系列的(但是相关的)行业。它包含着几代商人的心血。这些商人在互相竞争,但又在相互帮助——他们依靠的是个人能力,但同时又懂得合作的力量。他们之间的相互影响竟是如此的神奇,以至于机遇的大门不断地向他们敞开,新的经济领域不断地被他们开拓。因此,他们就自然而然地成了之后改革者、企业家的铺路人。在这条路上,上百万的美元滚滚而来,成千上万的工作岗位也跟随而至。

  通常,这样的成功故事,都会在哈佛商学院找到根源。一直以来,学院就有一个绰号——"资本主义的西点军校"。可见,它与美国乃至全世界的大公司,关系非同一般。这个稍显过时的绰号,给人们的暗示是:单向交流。就像棒球分会与全国棒球协会的关系一样。但是,还有一个更好的比喻,可以呈现出一幅更生动的图画——想一下实验室里的烧瓶:多种性质不稳定的成分在这里接触、混合、相互作用。把原来的主意放到新的渠道中会怎么样?或者利用原有的渠道,去实现一个新的想法呢?

  在查尔斯河(Charles River)畔,修剪得相当不错的校园,仿佛传达着一种强烈的区域感、使命感和永恒感。的确,最初的人脉就是在此建立的:学生与学生之间;学生与老师之间。随后,在商业困境中的上千次携手前行,使这些人脉经受住了时间的考验,而变得更加牢靠。如果我们把人们之间的联系叫做"人脉网的节点",那么战场一般的校园,就是一个极其特殊的节点。

  这是一个范围相当广泛、力量十分强大的网络。绝不是那种"酒肉朋友"的关系——什么胡桃木餐厅啊、傍晚的雪利酒啊、商业的避难所啊——都不是。(如果真的有过类似的关系,那也是很久很久以前的事了。)这是一种有机的联系、不断发展的联系、会自我更新的联系、互相激励的联系。这些人在一起改写游戏规则、改变商业世界格局的同时,一

第一章

不小心就会变成巨富。与其说这是通讯录一样的联系,不如说更像神经网络的那种联系——可以不断自我完善的联系。有这样三个同班同学,毕业之后,他们决定一起创业。其中一个,提供了非常关键的资金;另一个,用这笔风险投资,创办了一家企业,随后发展成一个行业;他们创造了历史,随后又去投资一系列其他的产业。(这个故事,将和其他故事一起,在本章出现。)或者,由于电话中的一次自我介绍,促成了一家小合资公司;在合适的机遇下,这次尝试性的合作造就了一个蓬勃发展的企业。

这是一个既有广度,又有深度的网络。托德·克拉斯诺说道:

> 在这里,你建立了很好的联系。这种联系有着历史的支撑。和你有联系的人,工作在各个领域。如果你想找人帮助集资,或者对某件事搞不清楚,或者想了解一下保险业——你常常会发现,自己班里的同学就是这方面的专家。这会很有帮助。

再回到哈佛——那个特殊的网络——新观念在不断诞生、被详细讨论。在以前学生创办的公司里,教授们会花上几个月甚至几年的时间,来验证某些观点。(有时候,当教授们开始相信,这些公司将大获成功时,往往会成为他们的第一批投资人。)商学院的另一个教师,利用自己几次创业的经验,写了一个案例,改变了一个教学团队的理念——这是一个乐于促成新思维的团队——最终,一个经过反复修改的版本,出现在了MBA的课堂上。工作底稿在办公室之间往来穿梭,穿梭在哈佛与"真实世界"之间。就这样,一个新的观念产生了,一种新的联系也随之建立了。

哈佛还会以某些形式,对这个人脉网络进行一下管理。比如说,聚会上、专业课上、学院的行政会议上,以及其他场合中;人们聚集到一起,联系就产生了。波士顿是这些集会的首选,但有时候,在商学院的硅谷研究中心、海外研究中心、地区毕业生的聚会上、学院的各种俱乐部会议

从货架空间到电脑空间

上,都可以建立联系,有时候甚至是通过卫星连接。又有新的成分被加了进来,开始在锅里翻炒。

要理解这种复杂的人脉机制,先看一个例子:Staples,办公用品专家。但是,故事不能从1986年马萨诸塞州布赖顿(Brighton)那个光秃秃的、铺着水泥地板的Staples商店讲起。(托德,我们没有顾客!想想办法呀!)

事实上,我们还要再往前看看。故事的开始和另一个哈佛毕业生有关:他坚信,一个有抱负的年轻MBA,如果对零售业感兴趣,在自己创业之前,首先要获得一些经验。

源起珠尔

在汤姆·斯坦伯格走进哈佛校园之前20年,唐纳德·珀金斯(Donald Perkins)刚刚从这儿离开,手里的MBA证书还墨迹未干。

珀金斯,出生于圣路易斯(St. Louis),获得奖学金进入耶鲁大学。其间,在商船上干了两年之后,回到耶鲁,于1949年完成了本科学业。刚开始,他考虑可以到法律界去拼搏一番,后来还是决定学习商业——主要是因为哈佛商学院给他的经济支持。就这样,1951年从哈佛毕业后,他开始在美国空军任职。三年之后,在准备复员时,唐·珀金斯惊喜地发现,由于他的教育背景和特殊经历,很多公司都想雇佣他。

经过一番讨价还价之后,他决定签约芝加哥的珠尔公司(Jewel Companies),它是中西部城市的一个大连锁超市。他签约的首要原因是,公司的董事长——弗兰克·伦丁(Frank Lunding)亲自接待了他。尽管珀金斯认为这位董事长还算不上什么"企业家",但至少,他对管理和培训有自己独到的看法。并且,公司的高层管理者对这些看法似乎还比较认可。珠尔公司吸引珀金斯的另一个原因是,他可以在工作的第一

第一章

年获得一些经验。

"我想接受些训练。"珀金斯说道,"在我坐到办公桌后面之前,想先学习一下我要经营的东西。"在了解了他的愿望之后,公司总裁乔治·克莱门茨(George Clements)把他派到了最基层——挨家挨户地去卖货。

珠尔公司还符合唐·珀金斯的其他标准。它经营的是日用百货(这是自己主要的兴趣所在),还算得上是一个大公司,而且管理得比较好。虽然手里攥着 MBA 的毕业证,但珀金斯觉得,自己对真正的管理几乎还是一窍不通。他希望在珠尔公司可以找到一个人,能够学点东西,可以成为良师益友。最初,他遇到了公司另一个 MBA——事实上,这个人也是珠尔的首位 MBA——唐·布兹(Don Booz),1947 届 MBA。他是公司人力资源部的经理,在商学院的时候和珀金斯认识。在公司里,他们两个人的工作联系不大,但是,他们住得非常近,所以经常一起上下班。在路上和布兹的谈话,给了珀金斯很大的帮助和启发。

"我还没听说哪个行业的成功人士,没有一位无私的支持者和领路人。"在 1978 年的《哈佛商业评论》(Harvard Business Review)上,珀金斯如是说,"每个成功人士背后都有一位甚至几位良师益友。我们都得到过帮助。"

在珠尔的第一年,唐·珀金斯掌握了每个销售点的情况,熟悉了食品零售的各个细节。直到现在,他还能清楚地回忆起,母亲第一次去看他时的那幅生动画面。非正式的实习期已经过了六个月,马上就是复活节了。珀金斯戴着沾满淀粉的长围裙,正在商店走廊的尽头堆放糖果。他回忆道:

> 想一下世界上最大的糖果展。我母亲和妻子就在这时,手拉手走了过来。当他们在人群中认出我时,我的母亲——一个任何时候都会笑的人——竟然不知道怎么笑了。她僵住了。走了两步之后,她才勉强地挤出了一丝笑。

从货架空间到电脑空间

珀金斯在基础部门干了六年。他说,那个时候,自己一点儿都没有想到,伦丁会认为,自己可以接任克莱门茨的总裁一职。直到1959年,被提升为食品部的副总裁之后,珀金斯才觉察到,一个不寻常的机遇正在对他招手。那个时候,公司的董事长和总裁非常明确地说,想听一听他有关经营的建议。

"克莱门茨想为公司招聘更多有才华的年轻人。"珀金斯说道,"我建议他们推出一套招聘方案,承诺为这些年轻人提供像我刚来公司时那样的锻炼机会。可是,公司好多人不同意我的想法,我只能费力地去劝说他们。"珠尔的管理层,最终被说服了。于是,在1960年,这个由珀金斯提议的"公司导师项目"(Corporate Sponsorship Program),开始在MBA招聘上发挥作用。这是一个非凡的成功。据珀金斯说,"基本上,因为这个项目而来到公司的年轻人,在公司都非常受欢迎。"

很多年之后,珀金斯回忆说,他和自己的那些老同事,在MBA招聘上,会尽可能地利用公司导师项目。珀金斯告诉别人说,"这一项目的关键在于,它提供了机会,让你在一年之内,尽可能地了解我们的公司。你是从实际工作开始干起的。"对每一个接受训练的人——几乎每两个新雇员中就有一个——公司都会派一个管理层的人来指导。

1961年,珀金斯被任命为供应线部门的副总。在他看来,这最多也就是个好坏参半的事。自己在珠尔已经八年了,前两年曾经对公司的政策有过些影响。现在,虽然被任命为部门经理——但却是一个不大好应付的部门。"我们当时开始给供应线部门下放特许经营权。"克莱门茨在1978年的一次访谈中说道,"如果唐能干好的话,那他在商店运营、销售规划以及管理方面,就肯定不会有问题。"珀金斯试着找伦丁和克莱门茨谈话,希望不要把自己放到这个令人头疼的部门。但是这两位上司非常坚决。用克莱门茨的话说,珀金斯需要"真正棘手的问题",以展示他的才能。

7

第一章

很明显,展示相当成功,他的才能绝对非同寻常。四年之后,也就是 1965 年,珀金斯被任命为珠尔的总裁。那时候,他刚刚 37 岁,来公司也只有 12 年。[五年之后,他还将成为公司的首席执行官(CEO)。]在这样一个升职缓慢的行业,他可以算得上是平步青云了。"我喜欢用自己的故事激励别人。"珀金斯说道,"我取代了自己当初的总裁。我告诉人们,'既然我能做到这些,你们可以想一下自己能做到什么。'"

第二代商人试飞

珀金斯的"公司导师项目"在他任总裁期间,得到了很大发展。无数年轻的 MBA 为之吸引,对这种非同寻常的锻炼,感到无法拒绝。其中就包括一个叫托马斯·斯坦伯格的年轻人。

斯坦伯格在 1973 年 6 月拿到了 MBA 学位。一年后,他定居波士顿,然后来到了珠尔公司。在公司的星市场部门(Star Markets Division)(Star"星"是这家公司的一个子品牌。——译者注),他做起了初级工作:摆货架、卖熟食,当然还有装袋(开始可都是装很沉的货物)。

斯坦伯格的一个商学院同学——弗雷德·莱恩(Fred Lane),住在马萨诸塞州的沃特敦(Watertown),和他工作的 Star 仅是一街之隔。莱恩每天回家的时候,都会过来买点儿东西。"每次,我都和汤姆打招呼。"他回忆说,"去那儿的时候,我会穿着廉价的休闲装,看他在那儿卖水果。我特别尊敬他。他做的是真实世界里的工作,而我呢,成天和一些虚无缥缈的数字打交道,人们把它叫什么公共会计。"

斯坦伯格还和其他的同学保持着联系。"我和他会时不时地一块儿吃个饭。"沃尔特·萨蒙回忆说,——他是斯坦伯格在商学院时的老师,教零售课,在这一领域里对他进行过指导——"我很喜欢他。他永远是那么精力充沛,甚至让人觉得有点儿不太正常;而且非常地投入,对零售业的兴趣相当惊人。"

在萨蒙看来,零售业很适合他这个以前的学生。"做零售业需要投入很大的精力,"他解释说,"几乎每时每刻你都在做战略性的决定,并且要很快地将它实施。你还会常常在五分钟之后,又重新决定一次。"

从斯坦伯格的角度看,零售业要求的还不仅仅是精力。它需要一种"善于妥协"的性格——永远心甘情愿地把顾客放在第一位:

> 在哈佛的第一年,我和本·夏皮罗(Ben Shapiro)一起上营销课。他帮我明白了一个非常重要的道理:从顾客的角度看问题。即使在今天,回头看看,销售计划呀、商业规划呀、营销理念呀,不论什么,99%的事都是在寻找市场。本老早之前就已经告诉我了,他说,最伟大的理念是:给市场寻找解决方案。

在Star的经历,让斯坦伯格彻底了解了食品零售业到底是怎么回事。上过的营销课,"把顾客放在第一位"的决心,以及这种深刻的理解,让斯坦伯格在事业上,不止一次地受益。

有一个很好的例子可以说明。那是在20世纪70年代后期,由于当地超市之间的激烈竞争,Star开始走下坡路。斯坦伯格当时在商场的营销部工作,开始想方设法要改变这种不祥的状况。和顾客的接触,使他决定,在波士顿实施一种先进理念,而这一理念也最终拯救了他的部门。那就是,无牌食品(一种没有商标或牌子而被售卖的产品)。

在20世纪70年代的超市产业中,无牌商品几乎是一种完全的创新。事实上,只有这个中西部的珠尔食品商店,打算尝试一下。汤姆·斯坦伯格认为,这些无牌商品,和同样的品牌商品比起来,由于进价低,相应的售价也就低。这样的话,会受到很多顾客的欢迎。斯坦伯格是对的,Star的销售额与日俱增。在波士顿的连锁超市竞争中,Stop & Shop 和 Purity Supreme 一直遥遥领先。但是现在,由于斯坦伯格的策略,它们的地位受到了威胁。

第一章

  Star 的成功还有一个原因,那就是,斯坦伯格选择了一个恰当的时机。随着通货膨胀愈演愈烈,日用品的价格也一直在涨。波士顿的主妇们正在期待着一场"价格革命"——无牌商品满足了她们。这次的事件,斯坦伯格说道,"再次锻炼了我识别顾客需求,满足顾客需求的能力。这是我在哈佛学到的,牢记于心的一个道理。"Star 的管理层——当然,还有更高层的珠尔管理者——对这一结果非常满意。汤姆·斯坦伯格,因为这次的巨大成功,开始对公司的高级职位产生了兴趣。

  与此同时,当地的超市也都注意到了斯坦伯格的创新。日用品行业向来是以薄利多销为特点,并且竞争十分残酷。利奥·卡恩(Leo Kahn),是 Star 的主要竞争对手 Purity Supreme 的首席执行官。他总结说——而且不止一次地说——这个年轻的暴发户,斯坦伯格,是个不错的对手。所以,他的做法值得仿效。不久,在波士顿的主要连锁超市里,无牌商品已经满眼都是了。

  从 1981 年开始,汤姆·斯坦伯格开始参与公司的新人招聘。他面试过全国各个商学院的雄心勃勃的年轻人。哈佛商学院,他的母校,是必去的一站。第一次去哈佛,斯坦伯格面试了一个名叫迈拉·哈特(Myra Hart)的人,她将在 1981 年春天拿到 MBA 证书。哈特给他留下了很深刻的印象,因此,他向公司强力推荐了这个人。哈特去公司上班之后,斯坦伯格和副总裁杰克·阿韦迪桑(Jack Avedisian),在公司导师项目中,都想做她的指定导师。

  哈特是个不同寻常的 MBA——至少在简历中是——对珠尔公司来说,她是个希望不大的候选人。她已经大学毕业 15 年了,有三个孩子。她先是在家乡芝加哥经营了几年她公公的房地产公司,然后她和丈夫、孩子去了密歇根,在一所大学做起了行政兼讲师。后来她又开始申请读商学院。最后,哈佛接受了她,她兴高采烈地去读了。

  于是,她再一次搬了家,从老师变成了学生。但这次,哈特想要的是

从货架空间到电脑空间

一张文凭,一张能够让她在波士顿定居的文凭。她要找的是一种工作环境。"我希望找一份工作,可以使自己有很好的发展,并且希望公司能够看重我,只是因为我是我,"她说道,"而不是什么可以随意改变的年轻人。"

当珠尔公司表示出对她极大的器重时,她很受鼓舞。"他们似乎很重视我,因为我是个女人,而且年长一些。"她回忆的时候,脸上挂着笑容,"可能他们觉得我有购物的天分。"她身上似乎有着零售业的基因——还是个孩子的时候,她就喜欢去祖父开的百货店,那个店在伊利诺伊州(Illinois)的南部——但是,一直到MBA毕业,哈特没有任何直接的零售业经验。珠尔公司相中她,显然不止是因为她骨子里就是个零售商人。

接受珠尔公司的邀请对哈特来说是个相对简单的决定。可是,对另外一个提议——由汤姆·斯坦伯格做她的导师——可是有点儿难办。最后,哈特还是决定,由公司的副总裁来做自己的导师。"我和汤姆的训练太相似了,所以想找个背景不同的人来指导。"她回忆道。之后,哈特就去瑞士度假了。整整一个夏天,她过得非常悠闲:这是她开始珠尔公司的事业之前,一个很长的假期。对这个雄心勃勃的职业女性,一个曾多次改变自己命运的女性,现在的事态发展得非常顺利。

度完假再次回到公司,哈特发现,自己的部门一片乌烟瘴气。Star换了新总裁,但既不是汤姆·斯坦伯格,也不是哈特现在的导师——副总裁,虽然两人都是总裁候选人,也都认为自己能够坐上总裁的位子。哈特的导师有些突然地离开了公司,自己开了家食品零售公司。布鲁斯·克鲁格(Bruce Kruger),新上任的总裁,便成为了哈特的导师。"我后来发现,"哈特说道,"没有比他更好的导师了。"这场小规模的战斗结束了,部门的警报器也安静了。哈特卷起袖子,准备大干一番了。

哈特是安下心来了,可是汤姆·斯坦伯格却没有。事实上,他能够预

第一章

见自己在 Star 可能的发展,哪种前景都不是特别有吸引力。在之后的六个月里——这也是他在公司的最后几个月——对几家自己可能会去的公司,他做了一些调查。

同时,斯坦伯格仍在尽职尽责地为珠尔工作。他一直很关注迈拉·哈特,这位他亲自招聘到公司的校友。当然,帮助哈特熟悉公司的情况是他这个部门经理分内的职责。但是,对于珀金斯当年对自己的栽培斯坦伯格一直心存感激,所以现在他也要像珀金斯那样帮助哈特。他们两个的接触虽然只是断断续续,但即使公司管理层发生了这么多的变化,他们也一直保持着联系。就像斯坦伯格当初那样,哈特完全沉浸到自己的训练中,"从管理仓库到剁肉、洗鱼,学了好多东西。"当斯坦伯格到商店巡视的时候,常常过去看她,并且邀请她一起去吃午饭,有时候还鼓励她来参加自己的销售会议。

这种关系——有师生关系,有同事关系,还有朋友关系——在 1982 年的时候变得非常牢靠。Star 此刻已经和 Stop & Shop、Purity Supreme 实力相当了。汤姆·斯坦伯格觉得,是该离开公司的时候了。

珠尔的又一个 MBA

这一年,在哈佛商学院,正好是托德·克拉斯诺,请求沃尔特·萨蒙老师,让自己上零售课那年。尽管课没有上成,但是,临近毕业的时候,克拉斯诺还是决定,让零售业成为自己今后事业的一部分。

克拉斯诺来做零售业,可不是一帆风顺的。在读商学院之前,他在通用食品公司(General Foods)做食品化学家,是一个偶然的机会让他来到了这儿。在大学的最后一年,他选修了食品化学课,当时不过是想拿两个学分而已。虽然别的科目都能得 A,可是他的食品化学却很烂。"期中考试的时候,我竟然睡着了。期末考试也没参加。最后使劲儿跟老师求情，才勉强得了个 D。总算是毕业了。"他回忆道。

克拉斯诺之所以去通用食品公司，主要是因为，那有一个可以让他充分发挥创造力的空间。很快地，他就开始发明新食品了。他有些自嘲地回忆说，他那"极大的成就"，其实就是一种快餐生产线：把冷冻食品，在烤箱烘烤之后，吃起来会像油炸过的一样。"我就想让它有麦当劳和肯德基的味道。"他说着，脸上没有任何得意的表情。他和他所在的团队一起，发明了一种特殊的烤盘，可以让食物立起来，使食物中间有更多的空气气泡。由于周围有空气环绕，做出来的食物味道更加均匀和一致。克拉斯诺和他的同事们，最终获得了这种加工过程的专利权。

食品发明中的创造性，确实非常吸引克拉斯诺，但是，他还有更大的抱负。在迅速调查了通用食品公司的人员结构之后，克拉斯诺发现了一个有趣的模式：公司的大部分决策层，像产品经理呀，商标经理呀，都是从商学院毕业的。于是，他决定，自己也要像他们那样。

在通用食品公司工作了两年后，哈佛商学院接纳了这位年轻人。一年级快要结束的时候，克拉斯诺发现，自己的兴趣和别人很不一样。"我不想做什么咨询或者进什么投资银行，"他说，"我只想学点经商之道。"

克拉斯诺做了些调查，包括唐·珀金斯在珠尔公司建立的"公司导师项目"。他翻阅了毕业生的档案，发现汤姆·斯坦伯格，还有其他一些接受了此项目的人，最终都进入了高级管理层，不论是在珠尔公司，还是在别的地方。暑假期间到珠尔兼职，看起来是毕业之后接受导师项目的前提。克拉斯诺确信，自己已经找到了通往成功大门的钥匙。于是，他参加了珠尔的暑假兼职面试，然后就去那儿实习了。

在面试中，他和汤姆·斯坦伯格几乎是擦肩而过。原本，斯坦伯格的名字是列在公司面试人名单里的。但后来，他的名字上就被画了个叉。克拉斯诺后来才知道，就在他去面试的前一天，斯坦伯格离开了公司。"我跟他就差这么一点点。"他说着，拿拇指和食指比划了一下，两个指头

第一章

就要挨着了。

斯坦伯格离开的时候，在公司几乎已经是一个传奇人物了。很多人，不论是在总公司的，还是在分公司的，都认为他才气冲天；也有些人觉得他太严厉了，有点吓人。在珠尔的那年暑假，克拉斯诺遇到了他未来的妻子。巧的是，她曾经在斯坦伯格手下工作。"整个夏天，"克拉斯诺说道，"我们俩约会的时候，她说的几乎全都是斯坦伯格的传奇故事。"

从哈佛商学院毕业之后，克拉斯诺回到了珠尔公司，成为了其中一员。他的第一个岗位，当然了，也是给食品装袋——就在布赖顿的 Star，哈佛商学院附近。"然后，我就做了产品经理，"他回忆道，"接着我去了肉食部，再后来是熟食部。做过很多不同的工作，甚至上过夜班。"

在克拉斯诺刚到布赖顿不久，就发生了一件令他记忆犹新的事。这件事几乎就是 60 年前，唐·珀金斯和他母亲见面时的翻版。克拉斯诺站在收银台后面，一直忙着把顾客买的东西装袋。觉得有点累了，他抬了一下头，却猛地发现，自己正和一个人大眼瞪小眼。这人不是别人，正是他商学院时候的一位教授。"她先是眼睛一亮，看到我的那种兴奋流露在脸上，"克拉斯诺回忆说，"她大叫了一声'托德！'一秒钟之后，她的脸就拉了下来。很显然，就在这一秒钟里，她意识到，我肯定是脑子出了毛病，才会在这里。"就是这位教授，克拉斯诺揶揄地说，还常常教育我们，从基层做起有多么多么重要。

克拉斯诺被派去管理 Star 效益最不好的一个商店，位于和罗得岛州（Rhode Island）交界的阿特尔伯勒（Attleboro）。六个月后，克拉斯诺就扭转了商店的局面，并开始赢利了。他的策略非常简单：努力工作，把该做的做好。尽管身为商店的经理，可是一旦看到收银台前面排起长队的时候，他就会马上去打开备用收银台。"做好该做的，这不过是个常识。"他回忆说，"可是，顾客几年也看不到，一个经理会亲自站在收银台后面。"

从货架空间到电脑空间

他很现实,富有同情心,而且十分幸运——这是做好经理的三个要素。一天,他在收银台见到一位女士,买了好多东西,几辆购物车都堆得满满的——要付钱了,可是,还差 20 美元。她显得非常焦急、尴尬。看来,一场"好戏"要开演了。所有人的眼睛,都转向了这位年轻的、不十分老练的经理。这时候,克拉斯诺从自己钱包里拿出 20 块钱,借给了那个女士。她十分感激地离开了,说肯定会把钱还给他。

没过多久,那位女士就回来了,把钱还给了他,还悄悄告诉他,自己是当地参议院的候选人,正在参加竞选。(刚才买的那些食品和饮料,就是为筹款活动准备的。)这次事件之后,商店的销售量与日俱增。很多新顾客都说,他们过来就是想看看这位奇怪的经理,他可是帮了参议院候选人一个大忙。

克拉斯诺在经营阿特尔伯勒的商店时,就像经营自己的店一样。"我没觉得有什么区别",他解释说,"对我来说,那就是自己的店。我要让它赢利。"这就意味着,要时刻把顾客放在第一位。感恩节的时候,商店向顾客承诺的火鸡,却没能从仓库运过来。克拉斯诺一咬牙,去竞争对手那里买来了火鸡,使商店兑现了对顾客的承诺。

1984 年,在 Star 的第一年就要结束了,克拉斯诺被调到了营销部门,开始了十年前汤姆·斯坦伯格所做的工作。现在,他的新上司是迈拉·哈特,营销部的负责人。十八个月之后,他们两人都离开了这里。

聚焦新商机

离开 Star 显然不是迈拉·哈特的本意。"我在那儿干得很好,"她说道,"而且工作得非常起劲儿。我刚开始涉足代理机构、广告拍摄业务,而且还招了一批新人。事事都很顺利。我为什么要走呢?"

事实上,改变的车轮已经在悄悄滚动了。先是美国商店公司

第一章

(American Stores) 不怀好意地接管了 Star, 打断了她原来的计划。接着，一个猎头公司又给她打电话。这其实也没什么好奇怪的，猎头公司打电话，对哈特也并不稀奇。但是这回却不一样。有人传言，汤姆·斯坦伯格正在筹划一家新公司。根据猎头公司的描述，哈特可以推断出，斯坦伯格就是幕后人。后来证实，她的推测是对的。

这个时候，当然了，汤姆·斯坦伯格是很高调的。他被贴上了很多标签：坦率直言、不同寻常、坚决果断，还有些傲慢（他的竞争对手用的词儿，比"傲慢"要难听多了）。斯坦伯格离开公司的时候——因为恼火别人坐了总裁的位子，而不是自己——就想寻找一个机会，"大干一场"。他要让 Star 觉得，他们放走了一颗真正的"明星"。

接下来，他做了全国第一超市 (First National Supermarket) 公司的一个分公司——Edwards-Finast——的经理。这里的销售额下降了很多，正是无牌商品策略可以挽救的绝佳对象。斯坦伯格说道，"商店超低的价格，来自超低的成本。在商品上，我们是大批量买进。在人力上，也做到了人尽其用。"

斯坦伯格再一次救活了一个连锁超市。但是又一次，并且是在很短的时间里，他发现自己不得不离开了。1984 年，全国第一超市要出售了。但是斯坦伯格坚决认为，公司不应该卖，而应该继续经营。这一次，他被炒了。这时候，已经是 1985 年 1 月了。

他才刚刚 36 岁，口袋里装着一年的解雇费，还要养活一家老小。自然而然地，他开始考虑，自己下一步到底要做些什么。

幸运的是，就在这个节骨眼儿上，一个跟斯坦伯格有着相似想法的人，也正在零售业寻找机会。利奥·卡恩，一个曾经的对手，当年亲眼看到，斯坦伯格利用无牌商品名利双收。1984 年，他卖掉了自己的 Purity Supreme 连锁超市。卡恩和斯坦伯格都很尊重对方，而且还都喜欢篮球。斯坦伯格是哈佛篮球爱好者俱乐部（Friends of Harvard Basketball)的主席,经常请卡恩一起去打球。听说斯坦伯格被解雇的消息之后,卡恩马上联系了他,两个人开始一起构思最适合他们的商业计划。

他们面前有很多条路可以走。在超市行业,两个人都很有经验。但是,他们非常清楚,波士顿的超市业早已经被分割完了,而且竞争几乎白热化。新加入的企业,是不会有生存空间的。他们就这样,不声不响地、一点一点地、锲而不舍地找寻着自己的出路。

虽然斯坦伯格刚刚被列入营销名人堂(Marketing Hall of Fame),但是这一年,他却对自己的未来充满了忧虑。他说道,"还是面对现实吧,我不过是个失业的管理人员。我可能有很多不错的想法和创意,而且经验丰富,也还算得上有天分,但是,我毕竟是失业了。"

利奥·卡恩在极力地帮助斯坦伯格走出困境,恢复自信。其他人也都给了他支持和鼓励。"当我回头看自己走过的路,想想应该感谢谁的时候,"斯坦伯格说道,"马上就会想到哈佛商学院。"比如说,沃尔特·萨蒙——斯坦伯格以前的老师,现在的朋友和知心人——就给了他很大的帮助。1985年的时候,斯坦伯格经常去找萨蒙,告诉他自己的一些想法。春末夏初的一天,斯坦伯格和卡恩得到一个机会,可以购买Star的一个部门。这两个未来的企业家找到萨蒙,想听听他的意见。是不是该把它买下来呢?萨蒙看着斯坦伯格的眼睛,问道:"你真觉得自己能干得过Star和Stop & Shop吗?"

这个问题是不需要思考很长时间的。斯坦伯格说道:"不行,干不过它们的。"

"那么,就利用你们在超市学到的东西,不是更好吗?你们应该把在那儿学到的,先进的配送技术,应用到一个服务不是很完善,但是利润比较高的行业。"

斯坦伯格点了点头。由于卡恩的启发,他刚刚开始思考一个问题。他回忆说,"利奥曾跟我提起过专业零售业。"斯坦伯格脑子里很清楚,这

第一章

就是他们要走的路。几个月前,斯坦伯格曾去过位于宾夕法尼亚州朗霍恩(Langhorne)的万客隆(Makro)超市,那是一个仓储式会员店。回来之后,专业零售这个想法就一直在脑子里转悠。但是,斯坦伯格还一直想着"办公用品"。即使在和卡恩一起考虑别的商业计划的时候,他心里想的还是万客隆和办公用品。这两样东西能不能放到一块儿呢?

萨蒙再一次帮了大忙。他给了斯坦伯格一张名片,上面是一个刚毕业的哈佛学生,曾经给萨蒙做了一年的助教。她叫马西·迪尤(Marci Dew),1975届MBA,丈夫也是哈佛的MBA,他们一起在波士顿开了家咨询公司。主要是帮人们了解,哪些行业会有比较好的发展,特别是一些尚待开发的行业。在迪尤的帮助下,斯坦伯格和卡恩把眼光聚焦到了专业零售产品上。之前几年,专业零售业的增长率一直很高,而且此后也还会有更大的发展。这些产品中,就有斯坦伯格曾经想过的——办公用品。

就这么敲定了——办公用品专卖店。是现实和顾问的研究促成了这一决定。具体说来,那和斯坦伯格的一次亲身经历有关。独立日前的一个周末,他开车走遍了康涅狄格州,寻找和自己打印机配套的纸带。有一个商店已经关门了,另一个是BJ批发会员店(BJ's Wholesale Club),但是那儿的办公用品种类有限,并没有找到他要的纸带。突然,一个关键的念头跳到他脑子里。"这个远见一下子击中了我。"斯坦伯格说道。

不久,迪尤的研究便证实了他这个念头。在专业零售业领域,虽然宠物食品的生意很赚钱,但是,办公用品却是卖得最火的。

组建创业团队

珠尔公司的传统造就了哈佛商学院第二代创业者。珀金斯发起的导师项目,把来自哈佛、斯坦福、芝加哥的 MBA,变成了具有实践经验的零售业管理者。因为事先了解了超市库房、熟食柜台的情况,所以就不会再嘲笑董事会议,为一些细节而争执不休了。从这种意义上说,唐·珀金斯在关键的一步上,帮了汤姆·斯坦伯格。也正是由于他的帮助,斯坦伯格才为后来的迈拉·哈特和托德·克拉斯诺铺平了道路。

但是,哈特还要再考虑考虑。就像刚才提到的,1985 年,接到猎头公司那个电话的时候,她在珠尔做得还是很开心的。但是,电话的幕后者可能会是斯坦伯格和他那个神秘的公司。这可能激起了她的兴趣,然而,这个机遇看起来,似乎并不太可能改变她的生活。最后,她还是同意见一见这个猎头,只当是玩儿了。她倒要看看:汤姆到底想干吗呢?

接下来,她看到了那份神秘的商业计划书。她惊呆了:"我看着它,心里想,'太不可思议了,这个计划不可能不成功。'"在确信这就是斯坦伯格的计划书之后,她开始给他打电话,说自己非常欣赏他的计划。

"但是,我做的是营销,对商业计划不太专业,能不能让我再仔细看看。"她说道。

斯坦伯格同意了。哈特把计划书秘密地拿给她的一个朋友——琳达·林萨拉塔(Linda Linsalata),风险投资委员会成员,1982 届的 MBA——几天后,琳达把计划书给了她。哈特回忆道,琳达当时说,"坦率地讲,我们一般不投资零售业,但是,我们绝对愿意投资这个项目。"

哈特说,斯坦伯格的计划比她想的要好得多。于是,她从开始的好奇变成了着迷。可是,她现在的生活不同以往了。她现在是单亲妈妈,要抚养三个孩子,其中两个在读大学。她不太敢拿这些冒险。为了解决这种两难的困境,哈特找到了斯坦伯格。

"我确实很感兴趣。"她告诉他说,"但是,我要还房贷,还要供孩子读书。也没什么人可以依靠了。如果失败了怎么办?"

"好吧,那你跟我说实话,"斯坦伯格不紧不慢地说,"一旦我们失败

第一章

了,你要花多少时间才能找到一份新工作？两个月,还是十个月？"

哈特想到了自己在珠尔的业绩,想到了那些猎头公司的电话。"三个月,"她回答说,"如果想确认的确是个好工作的话,要六个月。"

"六个月,"斯坦伯格说,"就六个月,这就是你的赌注。再没有别的了。这个赌注你还能输得起吧。"

再回头看时,对那个有关键意义的一天,已经是商学院教授的迈拉·哈特说道：

> 一旦你从这种角度思考,你就会意识到,自己其实并没有牺牲任何东西。这样的见解很重要。我现在仍然这么觉得,所以把它告诉了我的学生们。当你考虑到风险的时候,你觉得在拿自己的一生做赌注,其实不是。你不过是赌了几个月的时间,来搞清楚自己下一步要做什么。

1985年9月,哈特同意加盟斯坦伯格的公司。但是,在 Star 工作时,她一直对此保密。现在,托德·克拉斯诺已经是她的助手了。那年秋天,她告诉托德,自己要离开公司了。"但是,我不能告诉你我要去做什么。"她说道。原因很简单,她还没有跟公司说自己要走。而且,她也知道,如果说的话,公司肯定会极力劝阻的,至少表面上会。

哈特和克拉斯诺在工作上相处得很愉快。虽然哈特并不是克拉斯诺在珠尔的导师,但在很多时候,都是他间接的支持者。当她告诉克拉斯诺自己要换工作的时候,克拉斯诺非常好奇,想知道她到底去哪儿。1985年年底,哈特走了。第二年,也就是1986年2月,克拉斯诺在报纸上读到一篇报道,是关于斯坦伯格和他刚成立的公司——办公用品超市。克拉斯诺把这两件事放到一块儿,马上就明白了。然后,他打电话给哈特,直接告诉她,自己也想加入。

"第一次他打电话的时候,"哈特回忆说,"我只能告诉他,我们现在并不缺人。虽然我很欣赏他的能力,和他对公司的兴趣。"

但是，没过几个星期，哈特又打电话找克拉斯诺。刚刚起步的管理层，还需要一个懂营销的新人。斯坦伯格最初的人选，没能胜任这一工作。虽然那个人在广告方面确实是个专家，但对直邮营销和促销却一窍不通。

不需要什么人说服，克拉斯诺自己就来了。因为斯坦伯格的计划看起来超级棒，前景相当诱人。而且自己和妻子现在还没有小孩，所以并没有多大风险。

"我去了Star,想做那儿的首席执行官。"克拉斯诺说这话的时候28岁，"那将会是不错的事业。可是后来，这个大好机会来了。当我看完那份计划书，和汤姆聊过之后，我马上就喜欢上了它。我非常兴奋，因为马上就要和这些能力超强的人一起，做一番震撼零售业的事了。而在珠尔的工作，基本上是前途可卜，没有太大的发展空间，同样也需要花费很多精力才能做好。我现在很庆幸，汤姆刚开始找的人不是做营销的料，否则，我可能就没这个机会了。"

迈拉·哈特说了她的看法。"第一个营销经理的离开，我们并没觉得是件坏事。因为我们知道，还有个人更适合这个工作。托德在营销上可不仅仅是只胜一筹。打电话之后才两个星期，他就来了。所以，我一直把他视为公司的创始人之一。"

现在，公司的管理队伍已经到位了。大多数都是哈佛的MBA，并且参加过珠尔公司的"公司导师项目"——汤姆·斯坦伯格、迈拉·哈特、托德·克拉斯诺。看来，唐·珀金斯发起的这一项目的效果，马上就要经受检验了。

Staples 的一代

如果把时间表压缩一下，省去那些细节，你就会看到：Staples,一个

第一章

办公用品超市,确实像火箭船一样启动了。第一家超市设在马萨诸塞州的布赖特,1986年5月开始营业。同年11月,就开了第二家超市。在第二个财政年份,公司的销售额已经接近4,000万美元,比上一年增长了5倍。公司1989年4月进行首次公开募股(IPO),股票发行就募集到了3,600万美元。当时,已经开了25家超市。从1989年到1995年之间,平均每8天,就会有一家Staples开业。到1991年年底,商店数已经达到123家;1996年的时候,达到了500家。自此,Staples成为美国第6个,成立10年之内,年销售额达到30亿美元的公司。[2]

但是,Staples的创始人却清楚地记得,这艘火箭船是如何点火升空的。在猎头公司给哈特打电话的时候,斯坦伯格和卡恩已经把办公用品超市研究透了。当然,这中间离不开沃尔特·萨蒙和本·夏皮罗的帮助。而且,斯坦伯格和卡恩还要确保筹措的资金能及时到位。尽管两个人在零售业都享有很高的声誉,但在说服投资人上,还是遇到了一些麻烦。

鲍勃·希金斯(Bob Higgins),1970届MBA,一个职业投资家。他确信Staples一定会成功,于是和斯坦伯格一起,在办公用品这一领域进行了一些研究。之后,他觉得,Staples肯定会有很大的发展。希金斯的公司——查尔斯河合伙公司(Charles River Partners)——刚开始的时候,决定做Staples的主要投资人,但后来又变卦了。"不管怎么说,"斯坦伯格回忆道,"虽然希金斯的合伙人不同意这个投资,可他本人却教给了我很多东西,包括如何建立一支管理团队。"

这些投资公司之所以不愿意投资,是因为它们觉得,Staples今后的成功太显而易见了,会不会是个骗局呢?在调查中小型企业在办公用品上的花费时,斯坦伯格发现,很多企业都低估了这项开支。人们还没有意识到,这些钢笔、便笺会花掉这么多钱。斯坦伯格的一个朋友,估计他的公司每年也就花10,000美元。可当他看过发票之后,自己都惊呆了——50,000美元。

斯坦伯格又让其他人也核实一下他们的支出，结果也都差不多。平均来说，公司每年每个雇员在办公用品上的花费是 1,000 美元，这还只是算的耗材。如果再加上办公设备和家具，那可就远不止这个数了。斯坦伯格回忆说，这又是一个倾听顾客、从顾客那儿学习的案例。

我可不是哪一天突然来了灵感，然后就说，咱们开个文具公司吧。这还是以顾客为出发点的。我到顾客的办公室，去看那里都有些什么。当我环视四周时，看到了便笺本、小黑板、电话，还有矿泉水。所以，我们也可以顺便卖矿泉水，因为顾客需要啊。而且，顾客还需要复印，那么我们就可以再建一个复印中心。顾客买的不止是文具，还会买办公设备、桌子和文件柜。

斯坦伯格要为小企业提供的，不仅是一步到位的便利，还有超低的价格。据他所知，那些大的办公用品供应商，在和 IBM、可口可乐这样的公司做生意时，往往会给它们很大的折扣，因为这些客户对自己有利；但是，当把东西卖给小企业时，价格却相当高。斯坦伯格的想法是，要让这些小企业和大企业一样，享受同样低廉的价格。

但是，只是单纯地告诉人们（"光文件夹就花了我们多少钱啊！"），是不够的。人们不会轻易放弃代理商，而选择办公用品超市的。因为代理商会送货上门，还会时不时地给一些其他的好处。超市更方便吗？那也没有代理商送到家门口方便；超市价格低吗？也不在乎多花这几毛钱。而且，没有代理商的话，谁还会偶尔给咱送场球赛门票呢？

但是，斯坦伯格确信，自己可以把他们争取过来。他们省的绝不是几毛钱，而是一大笔钱。那些中小企业一旦看到他的王牌，马上就会明白：低廉的价格！绝对低廉的价格！依靠大批买进和大量卖出，是可以做到的。还是眼见为实啊。

他脑子里出现了一幅景象。走廊里堆满了宣传资料，上面是价格对照表。可以很清楚地看到，超市给出的是 50% 的折扣。50%啊——他

第一章

对那些投资者说。他们仔细地听着,不时地做些记录。然后,他们会站起来,问一些很尖锐的问题。比如:这个新企业,具体由谁来管理呢?

斯坦伯格和卡恩,现在正处于一个企业家们所熟知的困境中:有意向的投资人询问你管理如何,有意向的管理者询问你工资如何。他们用最传统的方式解决了这个问题。那就是,尽最大能力去办,如此而已。可是,资金的问题越来越迫在眉睫了。

这一次,斯坦伯格发现,又是哈佛商学院帮了大忙,虽然并不是直接的。几个月前,他见到了商学院院长,约翰·麦克阿瑟(John McArthur)。当时,约翰正在考虑购买全国第一超市的一个分公司,Edwards-Finast。斯坦伯格告诉他,"两个星期之内,我需要筹到5,000万美元的投资。你觉得我应该去找谁呢?"麦克阿瑟——原来的金融教授,在扭转公司状况方面很有威望——推荐他去哈佛商学院的舍曼楼(Sherman Hall,哈佛商学院宿舍)寻找线索。在那儿,斯坦伯格把自己的事儿说给了查克·塞思尼斯(Chuck Sethness),一个1966届MBA。

塞思尼斯以前在投资银行待过,还做过财政部的官员。更巧的是,他和迈拉·哈特是高中的同班同学。他现在是商学院副院长,但是跟金融界关系一直很密切。听斯坦伯格说完之后,塞思尼斯把他介绍给了查理·唐纳(Charlie Downer),1966届MBA,和鲍勃·赖利(Bob Reilly)。他们俩合伙开办了Downer & Co.投资银行公司。

他们公司也没有决定给斯坦伯格投资,但是鲍勃·赖利主动提出要帮他实施这份商业计划。他知道该怎样吸引他的同行们来投资。1985年8月,计划书已经成形,赖利答应帮他们筹款。

之后,其他一些和商学院有关的人也来帮他们筹措资金。其中有两个商学院毕业生——费尔德·哈迪蒙(Felda Hardymon),1979届MBA,贝西默风险投资合伙人公司(Bessemer Venture Partners)的成员之一;米特·罗姆尼(Mitt Romney),1974届MBA,贝恩资本(Bain Capital)创始人之一，后来，做了马萨诸塞州的州长。他们是最先认真考虑斯坦伯格商业计划的资本家。贝恩对这一商业计划做了非常彻底的调查。他们去了很多公司，询问办公用品的购买情况。

一开始的调查结果很让人失望：那些公司告诉贝恩的人说，他们每个员工在办公用品上的支出大约是200美元。根据自己以前的研究，斯坦伯格知道，这个数字比实际支出要少得多。他最终说服了贝恩的人，再重新调查一下发票上的数据。这一次，结果大不一样。平均每个公司的实际支出，是他们估计的四倍。罗姆尼现在绝对地动心了。[3]

斯坦伯格的另一个合作伙伴是弗雷德·阿德勒（Fred Adler），一个来自纽约的律师。阿德勒也在尝试风险投资，但是在这一领域中，他远没有贝西默和贝恩有资历。但是，对于挑战，他却早有准备。他是第一承诺向Staples投资的人。

夏天即将接近尾声，斯坦伯格和赖利一起，为公司想了个名字："Staples"办公用品超市。他们和为公司估值的风险投资家们据理力争。和他们一起作战的，当然还有斯坦伯格的四位首席助手：迈拉·哈特，来自珠尔公司另一个分公司Osco的保罗·克莱恩（Paul Korian），曾经挽救了猛犸连锁店（Mammoth Mart）的鲍勃·莱姆布鲁诺（Bob Leombruno），还有就是不久后就要离开的销售经理，他曾经在康涅狄格州的一家广告公司任职。

托德·克拉斯诺是最晚加入的一个。他来的时候，距第一个超市开业，也就是1986年5月1日，已经没几个星期了。尽管是最后来的，但克拉斯诺承受的压力却是最大的，尤其是Staples刚开业的时候。作为营销主管，他的工作就是把顾客招进门。在盛大的开业典礼上，Staples的员工和领导几乎邀请了他们认识的每一个人。"第一天开业确实很成功，"斯坦伯格回忆说，"但是，第二天，只有16位顾客。第三天也差不多。"

第一章

也就是说,灾难正一步步逼近。克拉斯诺觉得,是该用些极端的手段了。他决定,要买通人们,让他们来 Staples 购物。他先是打电话,给当地的二十几个小企业的办公室主任,说好让他们来 Staples,然后,给每个人寄了一张 20 美元的钞票,作为诱惑。这个没人光顾的店刚开业还没怎么着,就先花了一笔钱。等了差不多一个星期,克拉斯诺又给这些人打电话,让他们赶紧过来:

他们竟然没有一个人来!我简直不敢相信。钱他们收了,人却不来!我简直要发疯了!我满脑子想的都是我的事业。天哪,我要失败了!我来这儿才三个星期呀!

克拉斯诺顾不上想太多了。他开始疯狂地纠缠那些人:来我们这儿看看!终于有九个人走了进来。他们马上就发现:这个地方真不错。

这样看来,营销的关键就在于,要让人们迈进超市的大门。克拉斯诺开始疯狂地用各种诱惑,把人们吸引过来。[克拉斯诺把这些归功于罗兰·莫里亚蒂(Rowland Moriarty),他给这个黑暗的时刻带来了光明,后来在关键时刻也帮了大忙。莫里亚蒂 1980 年工商管理博士(DBA)毕业,在哈佛商学院任营销学副教授,后来成为 Staples 董事会的创始人之一。]克拉斯诺给人们分发优惠券,打折扣,采用直邮营销,而且还收集了很多顾客方面的数据。Staples 免费赠送的"优惠卡",可以让顾客享受更多的折扣;同时,通过卡的使用,克拉斯诺还能更好地统计销售情况。("那个时候,"斯坦伯格说道,"在我们零售业,根本就没听说过什么销售数据库。")渐渐地,顾客的名单越来越多,情况也越来越详细。

但是,斯坦伯格和他的团队还没有完全走出困境。在第二轮的资金筹措中,估值成了他们的拦路石。好像所有的风险投资公司都达成了一致,他们拒绝给 Staples 高的估值。斯坦伯格回到商学院,找到了比尔·萨尔曼教授,学校风险投资的权威。"这一关我该怎么过呢?"他向教授请教。

萨尔曼的建议是：要掌握自己的命运。"直接找投资机构：养老金基金和保险公司。"他告诉斯坦伯格："这些机构也许是风险投资商的有限合伙人，但通常，如果能直接把投资收益全部据为己有时，它们就不乐意间接投资，让收益的20%落在风险投资商手里了。一定要考虑新的资金来源。"

斯坦伯格听从了教授的建议，然后，他发现，自己的选择多了很多。他甚至决定直接去吸引那些高净资产的个人。（"有人说他想要公司10%的股份，我们说，'可以，那将是300万美元。'他说，'行。'——就这么简单，像被施了魔法一样，公司很快就有了一大笔资金。"）就连斯坦伯格的几个哈佛商学院的朋友，斯科特·梅多（Scott Meadow），1980届MBA，和迈克尔·克罗宁（Michael Cronin），1977届MBA，也打算入股了。

同时，由于Staples的坚持，投资公司方面也有了进展。这其中，有一个人帮了不少忙。他是斯坦伯格商学院时候的另一个朋友——弗雷德·莱恩。几年前，斯坦伯格在沃特敦的超市给顾客装袋的时候，莱恩还经常去看他。现在，莱恩已经是纽约的投资银行——帝杰（Donaldson Lufkin & Jenrette）的总经理了。在公司的前两轮集资中，斯坦伯格也曾去过这家公司，但是毫无收获。尽管莱恩竭力支持，但他的同事们觉得，斯坦伯格的计划似乎有些冒进，因此对Staples的估值没有通过。虽然莱恩和他的妻子温迪（Wendy）拿出了自己的75,000美元，要投资斯坦伯格的公司，但他的同事们还是无动于衷。最后，只能让斯坦伯格无奈地离开了。

第三次再去的时候，莱恩再次推荐了帝杰的新芽基金（DLJ's Sprout Funds）。这一次，莱恩首先获得了珍妮特·希基（Janet Hickey）的认同——她可是个老练的风险分析家。之后，她的同事们都纷纷跟了进来。这一次，新芽基金成了主要投资人。事实证明，这是帝杰的一次

第一章

非常成功的投资。

实干家·追梦人和教育者

  同时，Staples的创业者，也和所有创业者一样，正在举步维艰地前行。他们遇到过死胡同，走过不少弯路，大大小小的挫折更是数不胜数。"我们这儿最壮观的一件事，"斯坦伯格用他那惯有的，一停一顿的语气说道，"就是有一次，卫生间突然坏了。大概是1989年那会儿。所有人都不得不穿过街道，去最近的麦当劳上厕所。后来，麦当劳实在受不了了，就在门口挂了个牌子：'Staples人员免进。'我们只能派专人过去跟他们洽谈。"

  乔·瓦萨卢佐（Joe Vassalluzzo），后来做了Staples的副董事长，就是斯坦伯格所说的"专人"。"他向麦当劳承诺，让我们用厕所的话，我们将会在他们那儿订一些午餐。"斯坦伯格说道。

  还是在1989年，斯坦伯格聘请了一位1979届的哈佛商学院毕业生，罗恩·萨金特（Ron Sargent）。他可能是Staples集团唯一一个，比斯坦伯格本人，还要热爱超市这一行的人。从16岁开始，每年夏天，萨金特都会到辛辛那提（Cincinnati）的克罗格（Kroger）超市工作。商学院毕业之后，他又回到了那里。在这个有着百年历史的、资产达到250亿美元的公司里，萨金特有着一份稳定的工作。这时候，斯坦伯格给他打了电话：

> 他们想在中西部开分店，正在找合适的人选。他们想找一个了解这个地区情况，有着广泛的人际关系，并且熟悉零售业的人。因此他们找到了猎头公司，而猎头公司知道我在克罗格，所以电话就打来了。

  那时候，Staples的店已经开了有15到20个了，但还算不上什么大公司,仍然处于起步阶段。Staples 的人做起事来,还像没头苍蝇一样到处乱撞。相比之下,克罗格就格外像准点运行的列车。但是,我看到了公司的理念,我觉得能行。然后就对妻子说:"去这个新公司的话,要么我会工作得很开心,要么一年之内就得失业。"

公司慢慢地有了活力。但是,即使是这不算起眼的成功,还是招来了竞争者。在成立的两年之内,公司已经有了二十来个竞争对手。一时间,办公用品行业似乎成了投资机构的宠儿。1989 年,当有人问汤姆·斯坦伯格成为全球办公用品连锁超市之父有何感想的时候,他很粗俗地回答说:"我希望自己当时戴着避孕套。"(暗喻,那样就不会诞生那么多家相似的公司了。——译者注)

有竞争对手当然不是什么好事。可是,好事还是有的。那就是,斯坦伯格和他坚韧不拔的团队,过低估计了市场的潜力。这样来看,就算有再多的竞争对手也无所谓,市场似乎拒绝饱和。斯坦伯格兴奋了:"人们对我们产品的喜爱和需求一直在增加。"这个数量简直是惊人的。在 Staples 成立的前 12 年中,仅卖出的纸夹,就有 55 亿个。

Zoots 的一代

如果你去问哈佛商学院的任何一个教授,做干洗业怎么样啊?他们会塞给你三四个案例,然后告诉你这个有洞察力的学生一个相同的论断:干洗业肯定没戏。

"他们说这是个糟糕的行业,你可千万别干。"托德·克拉斯诺说道,"天啊,我就是因为他们这么说,才喜欢上了这一行。"

有时候,最好的机会,往往是从别人挑剩下的里边捡出来的。Zoots——"更干净的洗衣店"(the Cleaner Cleaner)——是两位极富创

第一章

造性的企业家,汤姆·斯坦伯格和托德·克拉斯诺,最新的思想结晶。刚把一个缺乏活力的行业——办公用品行业——变成遍地商机的领域,他们又开始把目光放在干洗业上。

克拉斯诺在1998年年初离开了Staples,想再次找回创业的激情。他的干洗公司,必须要有一些与众不同的东西,那样,就可以向哈佛的教授们证明,这次他们错了。现在的干洗业,在某些方面,和20年前的办公用品业差不太多。经营分散,要么是当地的几个小连锁店,要么是只有一个店铺的小企业;但是价格已经比较低了。把衣服送到干洗店,就像以前去买办公用品一样——"是件杂务,可又不能不做,"克拉斯诺说道。没人期望这种情况会有所改变,也没有人要求改变。所以,这么一个巨大的产业,就很奢侈地(也可以说很倒霉地)被丢在了那儿。

汤姆·斯坦伯格这些年来也一直在关注着干洗业。"作为顾客,我碰到过很多问题。"他回忆说,"衬衣拿回来之后,你会发现两个扣子没了。你想把衣服送去洗的时候,总会发现它没开门儿。"甚至在Staples之前,他就开始对干洗业做档案。根据这些记录,他觉得,一个新型的干洗公司,可能会成功。

慢慢地,在一次和托德·克拉斯诺的谈话中,他提到了这件事。克拉斯诺回忆说:

> 这些年来,我们一直在说,Staples成功之后,应该再做点什么。当我最终决定要再次创业时,我找到了汤姆。之后,我们认定,干洗公司应该是个最好的选择。

在Staples那儿奏效的方法,在这儿还能灵验吗?他们的公司是否也能改变整个干洗业的面貌呢?答案是:既能也不能。克拉斯诺和斯坦伯格想为顾客提供的,是和Staples一样的:优质的服务,超低的价格,更大的便利。"但是,干洗和Staples是不一样的,"克拉斯诺说道,"Staples的低价位,建立在正确选择进货商品的基础上。而做干洗业的话,即使我们能够提供到位的服务,如果衣服洗得不好,也不会有人愿意来。"

他和斯坦伯格在脑子里反复思考这个问题。"顾客需要什么呢?"他们自问,"先不考虑衣服递送的问题,怎么才能让顾客觉得,来这儿洗衣服是种很好的体验呢?"

便利,他们认定,这就是关键所在。比如说,汽车穿梭窗口将会十分便利,尤其是天气不好的时候。还有就是,一个24小时都可以服务的亭子,装上带锁的柜子,顾客就可以随时来取走自己的衣服,或者顺路放下要洗的衣服,不论白天还是晚上。

一个有活力的网站也会很有用。除了可以让人们找到离自己最近的连锁店,还能够让顾客随时查看,自己的衣物是否已经洗好了;还可以打印优惠券,或要求洗烫服务;也能够让顾客在网上,说明自己的特殊要求。

斯坦伯格和克拉斯诺的干洗公司——Zoots——就是在这些创新的基础上产生的。从1998年末到1999年初,第一批店在马萨诸塞州的小城丹弗斯(Danvers)和阿特尔伯勒开业了。第二批店铺建在了波士顿的郊区:牛顿(Newton)、威尔斯利(Wellesley)、西罗克斯伯里(West Roxbury),并首次设立了大量的汽车穿梭窗口,和24小时衣物存放箱。

洗衣店采用了白色的装饰风格。店里提供免费缝扣子的服务;在公司登记的顾客,可以得到一张Zoots的顾客ID和密码;这样可以使顾客接受更快捷的服务(使用个性化的衣服包装袋,或者通过网站获得服务),并能够利用ID和密码,打开24小时衣物存放箱。

克拉斯诺现在是公司的董事长,经营这个一年365天都不停歇的公司,已经5年了。汤姆·斯坦伯格任公司的执行委员会主席。在收集顾客资料,来做销售分析方面,克拉斯诺简直是轻车熟路。和办公用品销售比起来,干洗业的数据收集要简单得多。他解释道,"当人们把衣服给你的时候,他们希望你知道他们是谁,免得出现不必要的麻烦。所以,你不

第一章

费吹灰之力,就能知道他们的名字和其他信息,——他们自己就告诉你了。"

公司的计划是扩大顾客群,并把店铺发展到全国。"数量甚至要超过 Staples,"克拉斯诺说道,"我们面对的挑战是,店铺的建设必须非常非常快——这样才能达到一定的规模,并使服务设施及时到位。"就像 Staples 一样,Zoots 也要建立一个忠实的顾客群,而且要快。因为,在北卡罗来纳州和加利福尼亚州,很多资金雄厚的竞争者正在紧随其后。很明显,他们的想法和克拉斯诺是一样的。

但是,让顾客更换洗衣店,并成为 Zoots 的忠实顾客,说起来容易,做起来难哪。大多数人都会光顾离自己家最近的洗衣店,或者选择顺路的洗衣店。而且,顾客和店员们已经打了好多年交道。这些都是不会轻易改变的,除非能让顾客得到不一般的好处。

"我们向顾客们保证,"Zoots 网站上重申,"衣服要么洗干净,要么就免费。"不满意的顾客可以拒绝付款。"如果您满意的话,您再付费。有哪一个干洗店给您如此的承诺呢?所以,您不会失去什么,只会得到更多。"

在写上面这些话的时候,Zoots 还只是在构想之中。吉姆·麦克马纳斯(Jim McManus),1990 届 MBA,做了公司的首席执行官(CEO)。斯坦伯格讲述了他来公司的经过:

> 我们建议托德找个一流的首席运营官(COO),因为公司的规模比较大,而且这个行业的运营是重点,而托德并不是运营方面的专家。但是,托德的想法更妙。他说,"我不想找 COO。这次,我只想做个风险投资家。所以,还是找个 CEO 吧。"
>
> 然后,我们找到了麦克马纳斯,他确实表现非凡。他和我们看法一致,那就是:如果正确经营的话,我们会干得非常棒;而且,Zoots 现在已

经是全美最大的干洗店了。这是个好迹象,不是吗?

连锁店的五十多个店铺,由于有高度自动化的设施,不仅活儿干得漂亮,而且效率极高。洗衣过程还很环保,受到了顾客们的称赞。迄今为止,有10个州的200多个社区,可以享受Zoots提供的,免费上门收、送衣服的服务。2003年年初,克拉斯诺自豪地宣布,他的公司获得了16个"2002年读者最佳选择奖",范围从新罕布什尔州(New Hampshire)直到弗吉尼亚州。一年之后,他又获得了16个"读者最佳选择奖"。这其中有一个原因是,公司引进了一套自动系统,使顾客可以随时取回自己的衣物。2003年,在经过了几轮富有象征意义的交涉之后,Zoots终于和一个连锁超市——Stop & Shop进入了谈判阶段,开始为Zoots的店铺选择更理想的经营场所。

Staples 的新航线

当Zoots在稳步发展的同时,Staples还有一段故事要讲。它包含了又一代年轻企业家的努力,也涉及Zoots发展所用到的一些策略。

故事发生在1996年和1997年之交。Staples多年的竞争对手Office Depot(欧迪办公),建立了成本较低的网站,通过网站进行销售,速度非常快。斯坦伯格开始留意到网站的成功了。他的这一警觉是有原因的。Staples和Office Depot曾经谈过合并的事,斯坦伯格从中发现了对手的勤奋。

尽管美国联邦贸易委员会(Federal Trade Commission)最终否决了这次合并,斯坦伯格还是很担心互联网的事儿。这个新的手段能不能更好地为大客户服务呢?或者能不能更好地为小客户服务呢?看看亚马逊(Amazon)对巴诺(Barnes & Noble)的威胁吧:难道网络公司将会危及传统的钢筋水泥铸成的企业?斯坦伯格的主要顾问,杰夫·莱维

第一章

坦(Jeff Levitan)曾强烈推荐要建一个网站。而且,斯坦伯格的朋友鲍勃·希金斯也提过这个建议。希金斯在高地资本合伙公司(Highland Capital Partner)工作,已经做了好几个成功的互联网投资——包括MapQuest、e-Toys、Ask Jeeves等等——现在,他正在寻找更多的商机。

斯坦伯格回忆说,商学院的教授沃伦·麦克法伦(Warren McFarlan)的一次演讲,再次加重了他的忧虑:

> 沃伦·麦克法伦教授做了一次演讲,他告诉我们,亚马逊的市场是如何一路攀升,巴诺的市场又是如何一路下滑的。同样的案例还有e-Toys和Toys的竞争:一个急速上升,一个急剧下降。这可是麦克法伦教授,不是什么狂妄的电子商务人在讲话。他告诉了我们未来的趋势。
>
> 在后来的一次董事会上,比尔·萨尔曼——哈佛商学院的教授,也做了一次演讲。他说,即使电子商务最后证明是个泡沫,我们还是要往前走,充分利用它。从资本的成本角度讲,并不会对我们不利。同时,我们也不希望它失去控制,它对我们是必不可少的。
>
> 最后,我说道,"大家知道,这件事我们是必须得做了。是的,我也觉得这其中会有些泡沫的成分,但是,我们还是要做。"

为了建成新的Staples网络公司——Staples.com,斯坦伯格找到了珍妮·刘易斯(Jeanne Lewis),威尔斯利学院本科毕业,哈佛商学院1992届MBA。1991年夏天的时候,珍妮曾在Staples工作,作为当地传奇人物托德·克拉斯诺的销售实习生。这里的人工作都很疯狂,据她自己计算,每小时算下来只有8美元。商学院毕业后,刘易斯拒绝了Staples给她的工作,选择了一个不那么疯狂的工作环境——富达投资公司(Fidelity Investments)。但是,她在富达并没有待多久。事后她说,"那是个很棒的地方,但是非常不适合我。"

1993年,她重新回到了Staples,做了销售经理,并且平步青云,一路高升。在Staples的新英格兰店成功地做了一年的运营主管之后,她被派去负责东海岸150家超市的销售。1996年,刘易斯成为五个销售副总裁之一,并再次取得了不凡的成绩。然后,开始和销售总负责人,托德·克拉斯诺一起工作。1998年2月1日,在经过了一年的实习之后,她继任了克拉斯诺一职,成为Staples的又一个传奇人物。

上任之后,她并没有太多时间,来庆祝自己成为销售的一把手。她对现有的部门进行了一系列的改进,主要是为了明确公司各级员工的职责范围。这个时候,斯坦伯格正努力地建设公司的电子商务。作为销售部的负责人,刘易斯显然是接替杰夫·莱维坦的最佳人选。斯坦伯格解释道:

> 珍妮·刘易斯是为我工作过的最有才干的企业家。她极具创业精神,而且见解独到,处事决断。我曾经开玩笑说,如果她能事先通知我一下所做的决定,我将非常感激。她相当地优秀。由她来负责电子商务,简直再合适不过了。

Staples.com在1998年11月成立,由刘易斯负责。一个月后,它有了自己的工作人员和销售目标,成为一个"独立"的部门。但是,从一开始,Staples.com就和它的母公司有着复杂的联系。它名义上是一个独立机构,但是又要完全依靠公司的采购、存储和其他的一些程序来完成自己的交易。斯坦伯格构想的模式,是仿照《纽约时报》(*New York Times*)公司和它的网站的关系:就像航空母舰和它的卫星,虽然卫星是在保护母舰,但做法却与母舰截然不同;同时,它又要完全依靠母舰获得供给。

1999年9月15日,公司董事会宣布:要为Staples.com发行一只追踪股票(tracking stock)。这一次,他们的先驱《纽约时报》公司,再一次提供了先例——尽管还有很多其他公司的先例可以参考。这样做有三

第一章

个好处：首先，可以使 Staples.com 获得相对廉价的资金来源；其次，可以在员工之间创造竞争的动力；而且，还可以为 Staples.com 建立一个透明的会计系统。追踪股票相对容易上市，也容易撤销——如果公司想将它重新并入自己管理的话。反之，如果公司打算对 Staples.com 进行首次公开募股的时候，Staples.com 还会有清晰的估值，这对它也是一个优势。

两个月后，在经过股东们的同意之后，Staples 决定向五个风险投资公司和其他私人股权投资公司发行 Staples.com5％的股权，其中包括鲍勃·希金斯的高地资本合伙公司。对 Staples.com 这样一个年收益两千万美元的公司，估值竟然达到两亿，似乎有些高了。但是，这在互联网投资热中，也不算高得出奇。

免费咖啡与文化

2000 年 1 月，刘易斯请了一批设计人员，想重新规划一下位于 Staples 总部的工作室。目前，Staples.com 的员工已经从几十个人发展到了四百多人，因此，空间成了大问题。斯坦伯格曾主动提出，让刘易斯再找一个与总部分开的地方，作为 Staples.com 的办公地点。但是，刘易斯劝阻了他。因为 Staples.com 在物流上与总部联系非常紧密，工作地点不在一起的话，会很不方便。而在刘易斯的内心里，却非常希望摆脱这种"世界 500 强"的感觉——"楼前飘扬着四面旗帜，遍布的保安，和成功的案例"——她想制造一种创业的感觉。

帮刘易斯实现这一愿望的，是 Staples 的董事会成员，梅格·惠特曼（Meg Whitman）——易贝公司（eBay Inc.）的总裁兼首席执行官。易贝是一个网上购物的网站。和罗恩·萨金特一样，惠特曼也是 1979 届的 MBA。斯坦伯格、莱维坦和刘易斯，都曾到过位于加州圣何塞（San

Jose)的易贝,去感受这种新兴的产业。正如斯坦伯格所说,惠特曼是这样一个人:

> 她很伟大。她知道如何去认识一些事物,如何与其他网站磋商,如何建立一种团体的氛围。这就是黏性——如何产生黏性至关重要。发电子邮件提醒你的顾客,他的硒鼓快用完了,并且附上一份为他量身定做的购物单——所有这些,都是珍妮受到梅格的启示才想到的。

惠特曼让刘易斯看了她在易贝总部圣何塞的小隔间——跟她助手的隔间大小完全一样——并且告诉刘易斯,一个公开、民主的建筑设计,在一个快节奏的公司里,非常有利于互相交流。刘易斯采用了这种色彩鲜艳的、80cm乘以100cm的小隔间,发现预算还有剩余,可以再建一个游戏空间(于是放了一个桌球台,和一个必不可少的桌面足球游戏),为员工提供免费的咖啡、苏打饮料和饼干。

就是这些小小的福利,在大公司内部却引起了一些摩擦。那些"老"Staples的员工开始抱怨,为什么他们没有免费的咖啡。"闹到后来,"刘易斯说道,脸上带着一丝苦笑,"汤姆在一次会上,竟然对其他部门的领导说,'好啊,不是想要免费咖啡和饼干吗,那你们也在小隔间办公,省出空间来买点心。'"

她回忆说,当时,Staples.com就像一间着火的房子,效益越来越好,但公司文化却越来越糟糕:

> Staples.com在经营上相对容易。我常常用一个比喻来形容它的经营状况。就好像你要以每小时100公里的速度向前跑,同时还要打开一个个惊喜的礼包。跑那么快不容易,也就顾不上看你收到的礼物了。但是和Staples.com的文化比起来,经营还是相当容易的事。

第一章

问题是,我们做生意的方式和 Staples 是不同的。Staples.com 的亚文化,对 Staples 的很多人来说都觉得不可接受。那些二十几岁的年轻人,戴着非常漂亮的眼镜,在公司里走来走去,穿的也跟别人不一样。所以,当我们可以看到清晰的赢利之路时,我马上花了很多时间,建立 Staples.com 这个外来物和母体沟通的桥梁。

几乎从一开始,Staples.com 就引发了一个重大的问题:它是否在蚕食着 Staples 的顾客群和账户。在公开场合 Staples 会说,电子和混凝土的结合,是最好的选择。但是在私底下,很多人都在担忧。Staples.com 会不会"抢走"其他部门的顾客?它会不会掏空那些零售商店?"如果是的话,那就让它这样吧。"斯坦伯格告诉他的手下。"生意被自己人抢走,总比被别人抢走要好。"

为了缓解企业内部之间的敌对状况,斯坦伯格想出了混合股票的办法。Staples 的员工可以购买 Staples.com 的股票,同样,Staples.com 的员工也可以购买 Staples 的股票。这个策略使公司又拧成了一股绳,突出了 Staples.com 和 Staples 相互依存、相互合作的关系。

与此同时,零售商店发生了一些有趣的事,也使公司内部之间更加团结了。这些商店一般可以存放 7,000 多 SKUs(存货管理单位)。标准的 Staples 产品目录有 15,000 种商品,另外还有 40,000 种左右的特殊商品。但是,Staples.com 却能够提供 100,000 种商品。渐渐地,Staples 的员工重温了以前上过的一课。这是 20 世纪 90 年代初产品目录部成立时,罗恩·萨金特曾经做过的指示:做正确的事。多一个销售渠道,就意味着能够增加销售量,减少顾客的麻烦。

现在,零售商店的店员会说,"如果这里没有的话,我们可以在公司的网站上订货。"同时,Staples.com 为 Staples 的合作商提供了新产品测试,风险相对较低。现在,合作商不必把新产品搬到 1,500 家店铺,只需要把产品放到网站上,就可以了解它们的销售状况。然后根据情况再决定,是否要在各连锁店大规模上市。

兼并还是共生

接着,网络泡沫破灭了。Staples 和 Staples.com 都受到了很大影响。就在 2000 年第一季度,网络泡沫破灭之前,有股票分析师建议,如果 Staples.com 进行首次公开募股上市的话,可以得到 70 亿美元的集资——都可以买下 Staples。("我们应该持有 Staples.com 80%到 90%的股份,"斯坦伯格自嘲地说,"那就根本不会发生这种事了。")但是,当人们纷纷抛售网络股票之后,Staples.com 的境况就完全变了。股票分析师们不会为它的损失拍手喝彩,他们只会抱怨 Staples.com 拖累了母公司。因为这会儿可不是像以前那样,有 70 亿美元摆在桌子上,可以让人大把大把地捞了。

这个时候,斯坦伯格和他的同事们,还是一如既往地做着该做的事。他们宣布,将再次向网络公司投入 1.5 亿美元(这之前,最多也就 7,500 万美元)。消息公布后,从 3 月 1 日到 4 月中旬,Staples 的股票下跌了几乎 30%。这时候,分析师们又开始攻击 Staples,说他们不应该把网络公司的支出加到总公司的成本里面。但是,为了补救网络泡沫造成的损失,美国证券交易委员会 SEC 也做出了指示。指示和斯坦伯格的做法是一样的。所以,斯坦伯格开始公开宣布,把 Staples.com 重新并入 Staples。

但与此同时,斯坦伯格却对网络保持着皈依者一样的热情。在 8 月中旬接受 CNBC 电视台采访时,他承认,网络公司和零售店之间确实有互相抢生意的问题。但是,他强调说,客户把购物行为搬到网上后,为其每个雇员花的钱,是原先在店面采购的两倍(商店为 150 美元,网上购物

第一章

为 300 美元）。

　　斯坦伯格确信，跨渠道销售，绝对是利大于弊，而不是自相残杀。他自己在竭力促成两者的整合。2000 年上半年——从 Zoots 的经营中获得启发——斯坦伯格开始建议，在零售店建立信息亭，可以直接和 Staples.com 联网。如果顾客在商店没有找到他需要的商品，店员可以直接带他到信息亭，在 Staples.com 查找。结果会如何呢？肯定是又有一个顾客满意而归了。第二天，货物就会送到他的办公室。这个信息亭叫做——"业务解决中心"——于 2000 年 8 月正式问世，并很快证明了它的价值。"现在，"斯坦伯格说，"通过信息亭，我们每年售出的商品价值大概有 3 亿美元，相当可观。"

　　但是，大环境中，经济政策发生了一些变化，美国证券交易委员严格要求财务数据合并。因此，没有必要再保留 Staples.com 这只独立的股票了。2001 年 4 月，董事会通过表决，将 Staples.com 的股票转换为 Staples 的股票——同时废除 Staples.com 的股票。董事会成员们将自己所持的网络公司的股票，按原价卖给总公司，放弃了个人收益。自此，这个"半独立"的 Staples.com 结束了它的历程。

　　鲍勃·希金斯现在既是风险投资人，又是哈佛商学院兼职的高级讲师，教的是企业创业。他回忆说，自己的高地资本合伙公司和其他投资公司，以买入时三倍的回报，退还了他们所持的 Staples.com 的股票：

> 我觉得，以三倍的回报给投资人，是非常公平的。虽然不是投资时所期望的，十倍甚至二十倍的回报；但是，我们也并没有想过，一年半之内就撤出资金。我相信有很多人，在看到 Staples.com 股票天文数字一样地疯长时，都不会想过要撤出自己的资金。

　　事实上，在归入总公司之后的两年内，Staples.com 的销售额，继续以让人眩晕的速度猛长。在 2003 年，竟然超过了 20 亿美元——"20 亿呀，"斯坦伯格兴奋地强调道——同样，2004年的投资回报也达到了大约10%。现在Staples.com是世界第四大销售网站。每个月有将近8,000人访问Staples.com，寻找离自己最近的Staples零售店。这一数字，非常清晰地显示了两者之间的共生关系。

不断梦想，永远实干

Staples现在的年销售额接近130亿美元，员工达到5万人。店铺有大约1,500家，遍及美国、加拿大、英国、法国、意大利、西班牙、比利时、德国、荷兰以及葡萄牙。经营方式涉及目录营销以及代销。正如我们所见，它的网络公司Staples.com，在波涛汹涌的互联网海洋中，最终平安满载而归。

尽管有了这些成就，创始人斯坦伯格仍然是居安思危，高瞻远瞩。"我经常有疑虑，"他说着，脸上带着一丝忧郁，"不断的疑虑，估计它会一直都跟着我。"他还补充说，作为一个企业家，不能够在乎别人对你的无礼；而且，你还要具备长远的、持续发展的眼光。"你必须生活在现实中，但是不要停止做梦。"2002年2月起，斯坦伯格退出首席执行官一职，由资深的运营主管罗恩·萨金特继任。

珍妮·刘易斯也开始从一个局外人的角度，审视自己。在2001年将要结束的时候，她突然奇怪地意识到：自己做的是办公用品这一行。

> 那时候，办公用品在我的生活中有点像"顺便"做的事。只有建立新的销售渠道、新的客户群、新的销售地域以及新的生产线，才能激发我的干劲。以前做的那些很有挑战的事，现在对我来说都算不上什么"工作"。但是，当我考虑要重新回到Staples总部的时候，发现总部现在看起来不太像一个飞速发展的公司，更像一个办公用品零售商。

第一章

于是，11月的时候，她提出辞职。公司给了她一个更高的职位，希望挽留她。但是，2002年年初，她还是走了。现在，她正和一个商学院的同学一起，打算寻找下一个商机——建立一个发展迅速的小企业，就像1993年的Staples一样。

汤姆·斯坦伯格听说后很感兴趣。"不论她做哪一行，我都会投资。"他说道。

迈拉·哈特也离开了Staples，现在是商学院的教授，教企业管理。Staples刚刚成立的时候，她任副总经理。身为创始人，公司的起伏也让她有喜有忧。不久，公司的成功让她走上了一个新的岗位：在公司成立一年后，她成为业务发展部的副总裁。渐渐地，她的职责更加偏向管理。

"我属于实干型的人，"她说，"更喜欢具体操作性的工作。可是担任副总裁不久，就有两个秘书和一大帮人替我做那些具体的事了。工作对我来说，变得没有以前那么有意思了。"在公司首次公开募股之后，她经济上有了保障，于是决定重新回到哈佛，继续她"未完的学业"。

在哈佛读书的第二年，在克里斯·克里斯滕森（Chris Christensen），著名的案例教学法专家的指导下，哈特曾完成过一项实地考察。克里斯鼓励她继续攻读博士学位，哈特当时觉得还是算了。但是，公司上市之后，哈特便联系了克里斯滕森，申请就读博士学位，毕业之后，她留下来教书了。

"现在回想起来，"她说道，"经营我公公的房地产公司时，我就已经是个创业者了。但是，这个词我说不出来，因为从来就没这么想过。"虽然认为自己确实是在经营一个企业，并且在使它一步步地发展壮大，但是，创业者这个词从来没在她脑子里出现过。

Staples的经历改变了她的这一想法。"在那儿的时候，我觉得自己是个创业者。虽然Staples并不是我的创意，但是，要成为一个创业者，你不必是发明家或创造者，但必须是个实干家。"

Zoots 的托德·克拉斯诺完全同意她的看法。不管自己的干洗公司最后怎么样,他都会和那些实干的人一起,不断去实践一些好的点子。"就像汤姆 20 年前那样,就像我和迈拉 10 年前甚至 15 年前那样,卷起袖子,一头扎进去,真的去做一些事。"

"这就是种心态,"他总结道,"但没有它是不行的。"

在斯坦伯格、萨金特、刘易斯、哈特、克拉斯诺,以及 Staples 故事中的其他主角的身上,体现了创业成功的要素:深厚的行业知识、经营的技巧、远见、坚定,还有运气。但是,他们的经历也显示了,存在于哈佛商学院毕业生之间的,不同寻常的人脉关系,对他们的成功有着极其重要的意义。它连接了几代人,跨越不同的领域,遍及广泛的地域。

这种人脉已经存在了几十年。它不仅对创业者们有着不可替代的影响,而且诠释了哈佛商学院对"创业精神"这个词的独特定义。

哈佛商学院研究者中最早关注这一定义的人士之一——他自己也从商学院的人脉网中受益——就是从年轻律师,转到做统计员,最后成为教授的——迈尔斯·梅斯。

第二章 燎原之火

二战后期,迈尔斯·梅斯,哈佛商学院1938届毕业生,在南太平洋战场服役。他负责美国陆军航空队(Army Air Force)统计控制中心的事务,任中校一职。此时,战争何时结束尚不明了。但人们已经可以清楚地看到,轴心国正在被日益瓦解,战争在朝着有利于美国和同盟军的方向发展。总有一天,在残酷战争中活下来的人们,将重新过上正常的生活。

梅斯驻扎的地方,在怀基基海滩(Waikiki)的希凯姆机场(Hickham Field),一个看似田园诗般的地方。然而,就在几年前,日本偷袭珍珠港的时候,它却是主要的攻击目标。此时,被烧毁的美舰亚利桑那号(Arizona)的船体,仍静静地躺在珍珠港,半身浸泡在水里,不自然地倾斜着,见证着战争的恐怖。

但是,对梅斯和很多士兵来说,战争的恐惧似乎离自己很远。如果把枯燥、单调的军营生活比做一个篇章,那么,与敌人面对面的接触,就像这篇章中的标点符号一样零散。身为统计控制中心的中层官员,梅斯要做的,就是使正在发展壮大中的美国陆军航空队,能够控制自如。

这是一个极大的挑战。战争刚开始的时候,陆军航空队发现,自己无法回答一个致命的问题。那就是,我们到底有多少飞机,可以随时、随

第二章

地,执行飞行、战斗和投放炸弹的任务。于是,他们向哈佛商学院求助。商学院挑选了一批高智商的、雄心勃勃的年轻人前往,希望能研究出一种数据信息的管理方法,来解决这一难题。罗伯特·麦克纳马拉(Robert McNamara)是其中一位,当时他只是教会计学的年轻副教授。后来,他创建了福特汽车公司的战后控制区,升至福特总裁;并历任肯尼迪总统、约翰逊总统的国防部长,及世界银行行长之职。

另一个就是迈尔斯·梅斯。从怀基基海滩到马尼拉(Manila)、关岛(Guam)和塞班岛(Saipan),梅斯走遍了整个太平洋,为陆军航空队进行数据控制管理。他回忆说:"那个时候,太平洋上所有的小型空军基地,都在向日本投掷炸弹。每个地方我都去过。"

梅斯不是一个特别爱交际的人,但是很和善,并且平易近人。他喜欢和士兵、军官们交朋友。因为善于倾听,嘴巴很严,这些人都愿意和他交心。梅斯的主要任务,是训练军官们建立高效地收集、传播信息的模式;它需要陆军航空队各级之间互相信任、互相合作。这种亲密的关系,使他顺利地完成了各项任务。

在一个原本很平常的早晨,梅斯手下的一个上尉,慢悠悠地溜达进了他的办公室,看起来很是自以为是。刚说没几句,他就告诉梅斯一个惊人的消息:昨晚打扑克的时候,他赢了25,000美元。

在那个时候,25,000美元可不是小数目。梅斯出生在明尼苏达州的蒙得维的亚(Montevideo),父亲是个机车工程师,家境一般,从来没有见过25,000美元的现金。当他反应过来之后,很坚定地对那个上尉说:"你马上去办一张汇票,把钱寄给你妻子!不然的话,你会再回到赌桌上,把钱都输光的。"

"先生,我会照您说的办。"上尉离开梅斯的办公室时说。

第二天,他又来了。这一次,他看上去像个被遗弃的孩子。"对不起,梅斯中校,我要是听您的就好了。我又去赌了,这回全输了。"

这一幕深深触动了梅斯——不仅是因为赌桌强大的诱惑力所带来的教训实在太深刻了，更是因为，它揭示出军人生活中更大的问题。这是梅斯最近一直在担忧的：战争终会结束，幸存下来的年轻士兵和军官们，将回到自己的家乡。梅斯知道，这些未来的老兵，多么想过上正常生活，做个普通市民。他们早就恨透了这里的生活。

"很多人都讨厌那身军装，是军装束缚了他们。"半个世纪之后，梅斯回忆说。他们坚决地要逃脱，逃脱这身军装带给自己的约束、羞辱和枯燥。

"在军队这样一个庞大的组织中，他们只是一个序号、一个数字，这非常难以忍受。他们说，'等我脱下这身可恶的军装之后，我可不会去什么大公司了。在那儿，我只不过是另一个数字。要去就去小企业，或者自己开个公司。'"

当然，有的人不过只是这么说说而已，做做白日梦。但有的人确是很认真的，他们想创建一个自己的公司。战争考验了这些年轻人，也历练了他们，并将一个在其他任何时期都不可能见到的，更广阔的世界，展现在他们面前。这些，都使他们过早地成熟了。而且，他们中间的很多人，将会带着一大笔钱回到家中。自从上尉那件事儿之后，梅斯私底下做了一些调查。令他吃惊的是，军队中竟然流动着如此多的现金，而且，大部分都在年轻士兵们的手里。

这些年轻人大多雄心勃勃、博学多识、意志坚定。他们觉得，自己一定要把战争中失去的时光弥补回来。可是，在梅斯看来，他们并不知道该如何去弥补，因为他们对创业一无所知。但是，这位年轻的中校开始想，自己或许能帮上忙，自己毕竟有些不太寻常的经历。

十年前，正是经济大萧条时期。在明尼苏达大学法学院、圣保罗大学法学院，梅斯十分努力地完成了自己的学业，并最终成为明尼苏达州律师界的一员。但是，坏年景折磨着佃农，也同样折磨着这些法学院的

第二章

毕业生。还好,梅斯比较幸运,他在燃油公司找到了一份工作——票据收款人。"从早上 8 点到下午 5 点,我要不停地、挨家挨户地去敲门;而且,每个星期工作五天半。"梅斯回忆道,"在冬天的时候,气温有时候会下降到零下 30 度。"

但是,梅斯想要的,不仅仅是一份工作。他的梦想,是成为纽约城的大律师。他清楚地知道,以自己现在的阅历,肯定实现不了这一雄心壮志。于是,和未婚妻邦尼(Bunny)商量之后,他决定去哈佛商学院学习。或许,中西部大学的律师学位加上哈佛的工商管理学位,能够给他一线机会,进入纽约律师界的高层。

在哈佛商学院,梅斯如鱼得水。他尤其喜欢二年级时选修的内森·艾萨克斯(Nathan Isaacs)教授的课。教授是商界法律事务的权威,梅斯回忆说,他是"我遇到的最好的老师之一"。对这个来自明尼苏达州的年轻人,艾萨克斯显然也很喜欢。他是正统犹太人,但常在周五晚上邀请梅斯来作客,为他升好炉子,干点安息日日落后教徒们被禁止的事。

在就读哈佛商学院的第一年暑假,梅斯和邦尼结婚了。1938 年毕业之后,他们来到了纽约。梅斯参加了六七个这里最好的律师事务所的面试,每一个事务所都很愿意接收他。其中一个,竟然承诺起薪每年 18,000 美元。"那个时候,可不是小数目啊。"梅斯笑着说。但是,和妻子走遍了纽约城之后,梅斯意外地发现,这个向往已久的城市能够给自己的,却并不是自己想要的。"那是个太大的城市,"梅斯解释说,"对我们这两个明尼苏达州的孩子来说,有些太大了。"

就这样,梅斯放弃了自己成为大律师的梦想,再次回到了哈佛,重新踏上了这块土地。做一个商学院的教师、艾萨克斯教授的研究助手,挣的钱远远没有做律师多,只是它的十分之一。梅斯把家安在了在舍曼楼的二楼,家庭开支显然有些紧张。但是,艾萨克斯教授非常关照这对年轻夫妇。一个很冷的冬天,他注意到,自己的助手还只穿着亚麻外套;第二天就送了件羊绒大衣给梅斯。

没过多久,战争降临了。但是,商学院家庭一样的氛围,仍然使梅斯和家人感到温暖。梅斯和年轻的同事罗伯特·麦克纳马拉一起,被派往战场,双双成为刚刚诞生的美国陆军航空队的中校,负责数据管理控制。他们赶赴英国不久,就令美国第八空军(U. S. Eighth Air Force)的战斗力急剧提高,也为自己赢得了荣誉。出发之前,梅斯和麦克纳马拉来到了院长唐纳德·戴维(Donald David)的办公室。"其实,我只是想去炫耀一下神气的军装。"梅斯坦言。

但戴维脑子里想的是更现实的事。"你们两个人都有人身保险吗?"他问道,"我是说,万一会有什么不测的话。"

这个问题让他们很吃惊,又觉得好笑。"我年薪只有1,800美元,还用得着买保险吗?"梅斯回答。

"唉,这就不对了。"戴维说。后来,梅斯才了解到,院长在他们离开后马上找来了保险员,为两个人年轻人买了保险,并把他们的妻子作为受益人。

这样的环境造就高度的忠诚。所以,我们并不奇怪,当梅斯在南太平洋上思考他战后的选择时,他想到的是回到哈佛。他想教书、完成博士学位——这是在哈佛成为教员的前提条件,即使是在那样一个学术要求并不太严格的年代——还想研究自己感兴趣的课题。在怀基基和其他地方,梅斯接触了很多年轻的陆军、海军和空军战士,这使他对小企业创业越来越有兴趣了。

但是,小企业创业绝不是哈佛商学院的传统研究范围。在它建校的前30年里,学院主要以本国大企业为研究内容,这更多的是出于现实考虑,而非学术偏好。在学院成立初期,资助较少,大企业曾经为他们提供了发展所需要的资源;同时,还为毕业生们创造了就业岗位。

唐纳德·戴维于1942年出任院长,他使哈佛商学院和大企业的联系

第二章

变得更加紧密了。戴维自己就是个成功的商人，与商界、金融界的关系更是非同一般。他充分利用了这一优势，为商学院获得了更多的利益，并竭力使那些商业巨头和学院保持亲密关系。我们看一下战后学院访问团的成员就知道了——美国电话电报公司（AT&T）董事长、宝洁公司（Procter & Gamble）总裁、大通国家银行（Chase National Bank）董事长。出于现实考虑，哈佛商学院对"成功"有着自己的具体定义。

但同时，学院的研究也并不是单一的。自从建校以来，一直都有教师对小企业感兴趣。早在建校的前20年间，企业研究室（Bureau of Business Research）就曾试图为零售公司建立一个运营模式——包括珠宝、日用百货和鞋子的销售等等。那些由特定行业（印刷业、木材业等）提供资助的研究，也会关注企业发展的初始阶段。但是，这类教学中用到的"案例"——案例教学法一直是商学院引以自豪的——都是有很大发展前景的小公司。事实上，大部分对学院进行资助的核心公司，现在的大型上市企业，却都是由最初的私人小公司发展而来的。

可见，占主流的还是大企业的研究，小企业研究一直被视为另类。战争结束后，梅斯回到了哈佛商学院，第一件事就是去找戴维院长。在那个春天，1946年的春天，梅斯动情地说着他所了解的退役士兵，以及他们的创业渴望。在梅斯看来，这些人不仅具有足够的动力和成熟的头脑，相当一部分人还拥有原始资本。只是，"至于怎么用这些钱去创业，他们一点儿都不知道，一丁点儿都不知道。"

于是，戴维问道，他是否曾经想过，如何让自己的这些想法变成现实。梅斯心里早就有数了。他回答说，"我想开设一门课程，讲解小企业创建和运行中，可能遇到的一些问题。"

"好吧，"戴维院长说，"那就开始吧。"

就是这个即兴决策，开启了日后半个多世纪以来在创业领域中的教学创新。课程的内容包括小企业的创建与发展，资金的筹措与配置，以及近年来统称为"创业"的相关问题。当然,在那个时候,不论是梅斯还是戴维,都不会想到,这次谈话将会产生如此巨大的影响。但是有一点,戴维院长非常清楚。那就是,自己有足够的理由支持梅斯这一想法,而且,还将会不遗余力地为他提供帮助。

首先,戴维的出身让他对梅斯的想法颇有共鸣。在出任商学院院长之前,他虽然在业界干了二十来年,并最终成为美国玉米生产公司(American Maize Products Company)的总裁,但是,他却与小企业素有渊源。戴维的父亲是开百货店的,而且是在一个小城市——爱达荷州的莫斯科(Moscow)。其次,二战结束后,像其他爱思考的商人和学者一样,对美国经济的前景,戴维也想了很多。一战结束后,由于老兵无法融入社会经济体系,造成了经济紧缩,进而成为1920—1922年经济严重倒退的导火索。二十年后的第二次世界大战,才最终将美国从20世纪30年代大萧条的泥潭中拉了出来。那么,二战的结束,会不会是又一次经济萧条的开始呢?如果是的话,哈佛又能做些什么呢?

其次,戴维对梅斯的支持,还跟刚刚开始的一个课程有关。该课程被称为"管理的要素"(Elements of Administration),是1945年初通过的改版的MBA课程里的一门。这门课,和一些其他课程,用戴维的话说,可以为战后经济创造一批"风险家(风险承担者)"。

但是,"管理的要素"只是为两年制教学中的第一年准备的。因为没有人想到战争结束得如此之快,原本还以为士兵的复员会持续好几年。哈佛校长詹姆斯·科南特(James Conant)是被政府告知原子弹研究进展的极少数人之一,但他也预测错了。他在1944年11月说,兵士们的复员将会从1946年秋开始,并且持续三至四年。那么看来,商学院的二年级课程,似乎并不迫在眉睫。

可1945年秋,复员的狂潮涌来了,过去的预言不攻自破。当商学院宣布于1946年,也就是次年的二月向社会招生之后,大批军人到这里报

第二章

名。短短几个月时间，就有 6,000 人表示，自己很有兴趣来这儿学习。这简直太让人吃惊了！商学院自成立之后的 40 年里，所有的毕业生加起来，也不过 7,757 人。雄心勃勃的年轻士兵和水手们，就像迈尔斯·梅斯在夏威夷遇到的那些一样，想要学习商业技能，而且认为，哈佛可以教会他们。

学院对始料未及的高需求作出积极响应。学院确定将全年不间断地授课，每年有三次入学时间：二月、六月、十月。每次入学人数也从 550 人增加到 900 人。有些学生因为参战而中断了第二学年的课程，他们将在六月和十月入学。可第二学年的课程还没着落呢。如前所述，这个教学机构，被大量涌入的学生围住，不得不着手解决二年级课程的事。

已是 1946 年的春天了，戴维院长感到时间很紧迫。老师们列出了 30 门选修课程的单子，提供给 44 名二年级学生。（当然，并不是所有课都会开的，会根据学生的注册情况决定哪些课能开。）但是再下一年，学院必须要提供至少 40 门课程，因为那会儿将有至少 600 名学生。

所以，当迈尔斯·梅斯提出开设创业学课程作为第二学年的教学课程时，院长毫不犹豫地说——"好，那就开始吧"。

梅斯的课程被列入了 1947 年 2 月份的选修范围，定名为"创业企业管理"（Management of New Enterprises）。根据大纲，开设该课程的目的是："关注企业创建、运行时所面临的机遇，风险和管理问题。主要针对打算自己创业的学生。"学生们将挑战"创业者常见的管理问题"以及"创业企业小团队中的个人职责"。

这门课完全聚焦在蹒跚起步的小企业问题上，这在商学院是史无前例的。"创业者"（entrepreneur）这个词也是第一次在课程介绍上出现。新的序幕拉开了，半个世纪之后，我们将见到努力的成果。

梅斯打算用商学院正统、经典的教学法——案例法——来上课。他自己在案例学习中受益匪浅，因此对这一方法甚为推崇。案例法在专业教学中不仅行之有效,而且能够很好地与学生互动。(在统计中心时,对陆军航空队军官的训练也证明,案例教学相当可行。)但是,还有两个主要的潜在困难。

其一,梅斯的教学是从零开始的,时间紧迫。"那时候最要紧的是,得找到有关的资料。"梅斯回忆说,"可是当时没有文章提到过一个字,也找不着一个案例。"

其二,梅斯自己要先学习他要教的这门课。"事实上,我根本不知道怎么去创建小企业,"梅斯笑着承认,"所以我得学得快一点。"统计中心的经历再一次给了他足够的自信。从某种意义上说,梅斯和他的同事们正在开创一门新学科。他们利用现有资源,经常下到企业,收集需要的教学资料。有时候,他们学得只比学生早那么一两个星期。这样的教学压力,对梅斯来说成了家常便饭。

幸运的是,梅斯有一位得力的研究助手,唐·布兹——1947届的MBA,其父是博思艾伦咨询公司(Booz Allen Hamilton)的创建者之一。布兹多年以后成了珠尔公司总裁唐·珀金斯的导师。在布兹的帮助下,梅斯开始着手收集那些自己觉得在课堂上可能用得着的案例和支持论据,这是开创一门新课所必需的。这时候,他想到的第一个人,就是路易斯·科瓦克斯(Louis Kovacs),1938届的同窗好友。刚开始,他们只是蔡斯堂(Chase Hall)浴室的"浴友"(八个人共用一个浴室),后来意气相投,很快成了朋友。

此时,科瓦克斯正在祖父和父亲创办的公司上班。这家小公司成立于十年前,位于芝加哥南部,叫维他命有限公司(Vitamin Inc.),主要研制人体所需的食物和药物之外的营养素。当时,维他命刚刚被科学界承认,开始了大规模生产。他们公司还算是这一行业的先锋。谷物巨头凯洛格公司(Kellogg)是他们最大的客户,因为公司研制出一种方法,可以将维他命喷到谷物上。

第二章

科瓦克斯既是公司经理，又是董事之一。梅斯过来找他，希望他能对自己的课程有所建议；还希望维他命有限公司能够成为教学的案例。科瓦克斯很够意思，不仅帮梅斯收集、整理教学材料，还让这位年轻的教员参加董事会会议。

"我觉得，"科瓦克斯回忆说，"这样可以让迈尔斯多长些见识，因为除了一般董事会问题之外，这里还有很多问题。"因为当时公司正处在转型过渡期，新产品在问世，新的加工过程正在成型。变革虽然带来了发展，但公司仍然只能算个小公司，董事会成员每天都会被各种挑战搞得筋疲力尽。

科瓦克斯的说法很吸引人。梅斯接受了邀请，成为这家公司的外部董事。不久，在董事会上，他见到了公司的主要供应商和客户，并见证了公司一步步艰难地开拓国外市场的过程。"我和路易斯·科瓦克斯一起，学习如何经营一家小公司。"梅斯说道，"他向我解释其中的利害关系，我也尽可能地在董事会中给出必要的建议，以避免公司决定中的严重错误。"

科瓦克斯十分感激梅斯，因为这位年轻的哈佛教授给公司帮了很大的忙。至少，梅斯在董事会上的镇静，和他局外人的身份，会缓和家族企业中常见的紧张氛围。"他看到了很多令人不愉快的问题，"科瓦克斯说，"但是我相信，这些问题会有助于他的教学。"

在科瓦克斯公司的经历，对梅斯确实很有帮助。意识到这一点之后，梅斯又去了其他公司的董事会，一个是生产建模的公司，另一个是工业塑料制造厂。并且，梅斯很快和那儿的人成了朋友。他和助手唐·布兹一起，将这些公司遇到的情况稍做修改，就有了教学材料。他们有时候甚至会把一些东西，原封不动地把搬到课堂上。

多年以后，梅斯回忆说，自己想通过这门课，告诉学生两个原则：一个是，要有绝对安全的财政；另一个就是，要有绝对明确的市场。"一定要清楚自己的市场在哪儿!"就像梅斯说的那样,"很多决策的失误,都是因为经营者的糊涂,他们都不知道自己在做什么。"这两点虽然算不上伟大的理论创举——但却是基本训条,创业者们一定要记在心里。

"创业企业管理"于1947年2月正式开课。上课的188个人中,大部分是退役士兵——正是梅斯想要教的人。他们都很优秀,勤奋刻苦、富有创造力。他们很让人满意,没有枉费梅斯在这门课上所花费的心血。"这些人知道自己来哈佛是为了什么,"梅斯说道。半个世纪之后再次提起时,教授的脸上仍是掩饰不住的欣赏与欣慰,"他们相当地认真,相当地坚定。"

期末的时候,梅斯要求学生做一篇论文,可以是一个"企业创业计划的完整报告",这也是课程要求中规定的。梅斯觉得,这是个很好的方法,可以促使学生亲自到企业,与创业者交谈,就像他在科瓦克斯的公司时所做的那样。在他看来,很多小企业的失败在于,他们的管理者不仅无知,而且信息闭塞。他不允许自己的学生这样。"我想让他们走出课堂,去看看创业中存在的实际问题;我希望他们能够和成功人士交谈——他们做到了。"

由于梅斯的教学理念和其他一些原因,创业企业管理成了一门真正"实用"的课程。它让学生们知道了,小企业是如何顺利运行发展的。所以,选修这门课的学生特别多,前三个学期都在200人左右。很明显,梅斯的课得到了学生的肯定和赞誉。1947年8月,商学院的学生报纸 Harbus 刊登了一份调查结果:在第四学期,59%的学生希望到中小企业发展自己的事业。尽管第四学期选课的人数有所下降,但1948年10月,Harbus 上的一篇文章中却写道:"'创业企业管理'的选课学生仍然有147人,人数相当可观。这些人都是寻找黄金机遇的勇敢猎手。"

小型企业不仅在哈佛上商学院获得了关注,在实业界也赢得了认可。人们不再认为经营小企业只不过是业余创业人士的游戏,或者失败

第二章

者避难的港湾了。通用电气公司（General Electric）总裁查尔斯·爱德华·威尔逊（Charles Edward Wilson）1949年11月在哈佛商学院做的那次演讲就是关于小企业的重要性。虽然他的题目是《〈大〉之于商业》("Bigness in Business")，但内容却是小型新兴企业。威尔逊说，小型企业在社会经济中起着至关重要的作用，自1900年以来，其增长速度一直超过大型企业，直至今天，它已经有了35%的市场占有率。

梅斯的学生，似乎很少有毕业之后立即创业的，虽然我们没有什么记录可查。他们后来确实开了自己的公司，但一般都是先在大公司工作几年之后。（这后来成了学弟学妹们效仿的模式。）1990年初，梅斯参加了一次毕业生的聚会，受到了学生们的热烈欢迎。"好像来的人大部分都上过我的课"，梅斯笑着说，掩饰不住内心的喜悦和欣慰，"他们现在事业成功，生意兴隆，并且说，这要感谢我的指导。听了之后真的非常开心。"

那些学生在冒险创业，但是，他们教授的冒险却在他们的创业之前。因为教授所做的，是从没有人做过的事。比如出席小企业的董事会，这在20世纪40年代和50年代初的哈佛商学院是难以想象的。（"我认识的人当中，没有谁会坐在一群小企业的董事中间。"梅斯的同事兼好友梅尔文·科普兰（Melvin Copeland）曾对他这么说过。科普兰博士从1909年起一直在哈佛工作，他对这样的事是很了解的。）梅斯在疯狂地收集企业创业管理所需资料的同时，也在构思一篇非正统的博士论文，核心是分析小企业董事会的角色定位。论文最后编辑成书，于1948年发表，书名是《小企业中的董事会》（The Board of Directors of Small Corporations）。尽管历经重重风险和重重困难，梅斯作为这一领域开创者的地位已经不可动摇了。[1]

但是，梅斯已经开始计划自己下一步的事情了——跟他以前的研究截然相反。"我觉得，只是研究小企业，并没有什么前途。"梅斯说道，"可能我这么想是不对的。不过，对也好，错也好，我还是决定要研究大企业。"于是,从1950年起,梅斯开始给学生上高级管理课,这门课是专门为大公司培养高级管理人员的。所有认识梅斯的人都会说,他的事业轨道已经转向了传统的商学院模式。

但是,1955年的一个电话,再次改变了梅斯的方向。电话是加利福尼亚的一个老朋友打来的,他想请梅斯帮忙,因为他自己有一个企业,当时运作得很不理想。这个朋友是以前陆军统计控制部(Army's Statistical Control Division)的长官,查尔斯·桑顿(Charles Thornton)。梅斯发现,自己无法拒绝他的请求。他的公司是个刚刚起步的电子公司——利顿公司(Litton Company),年销售额只有300万美元。梅斯是小企业经营的专家,在他的帮助下,利顿三年之后的年销售额已经超过了8,000万美元!梅斯喜欢上了这种创业,这是他第一次直接参与管理。"销量疯狂地增长,"他回忆道,"我们确实也冒了很多的风险。虽然没日没夜地拼命工作,但是觉得蛮开心的。"

在1958年,梅斯再次回到了哈佛,这里的学术氛围让他怀念。"教授们会激发你的潜能,"梅斯说,"他们的智慧让你受到启发,他们涉猎之广更是没有哪所高校能与之比肩的。在这儿,你拥有很大的空间和自由,可以更好地挖掘自己的潜力。"

但是,他并没有回到自己专长的课堂——创业企业管理。从20世纪50年代到60年代初,那门课已经换了好几个讲师。有的老师后来离开学校,去自己创业了。其中最著名的就是桑顿·布拉德肖(Thornton Bradshaw),他在1950年至1952年教授这门课,之后就去了电子业的大公司——RCA。十几年的时间里,梅斯亲手开创的这门课程已不复昔日的风光,但学生们对它却一直兴趣不减。所以,对小企业创业和经营管理,以及相关领域的课程,学校也就一直开了下去。遗憾的是,在梅斯之后的教师中,谁都没能像他那样激发学生的热情,赢得他们的肯定。直到1963年,一位年轻讲师的到来,才使这门课重新焕发了生机。

第三章　风险投资的出现

南太平洋反对轴心国的战争给年轻的迈尔斯·梅斯（Myles Mace）带来一个想法——教一门关于创业管理的课程。同时他在哈佛商学院的另一位同事也表示对此想法感兴趣，他就是乔治斯·多里奥（Georges Doriot）。

1941年，多里奥接到美国军队的委任状时，他已经是哈佛商学院的一名教员了。乔治斯·多里奥1899年9月出生在法国。他的父亲是名工程师，曾帮助法国标志汽车公司发明第一台机动车。希望子承父业的老多里奥，力劝乔治斯1920年在巴黎大学一完成学业，就参加一流的工程项目。1921年，未来的年轻工程师来到马萨诸塞州的坎布里奇时，他决定到麻省理工学院学习工业管理。

就在这个时候，命运却发生了转折。这个年轻的法国人被引荐给哈佛大学校长，A. 劳伦斯·洛厄尔（A. Lowrence Lowell），并喜欢上他亲眼所见的一切。傲慢的洛厄尔，新英格兰最有成就的工业家族的子弟，强烈建议多里奥放弃到麻省理工学院学习的念头，而去哈佛商学院学习。（洛厄尔十多年前协助开办哈佛商学院，并一直活力十足地为商学院做推广。）多里奥是个任性的人，但易受影响，勇于冒险，他为美国最著名的教育家洛厄尔对自己的关注感到高兴。洛厄尔的劝导说服工作成

第三章

功了。

加拿大企业家、后为多里奥效力的拉尔夫·巴福德（Ralph Barford）（1952届MBA）说："至少他经常提起这件事。"

多里奥到纽约的库恩·里尔布（Kuhn, Leob）金融公司工作前，在哈佛作为特殊学生（美国大学中不就读学位课程的学生）学习了一年，当时，特殊学生有时允许填补空座，一年后如表现平平就要离开。但商学院不会让多里奥这么轻易离开。1926年，华莱士·多纳姆（Wallace Donham）院长劝他回到哈佛商学院担任院长助理。然而，不久后，多里奥的行政职责转为教学：首先教授制造业这门课程，1928年，负责二年级的必修课商业政策。1929年，他被任命为工业管理学教授。多里奥终于找到自己可以一生追求的事业。

尽管多里奥已成为美国公民，但他仍有强烈的爱法情结。在美国生活工作这么多年，他原本很浓的法国口音现在更加明显了。从最初在哈佛时起，他就是个孤僻、安静的人，习惯使用精挑细选的辞藻，不经意间会说出几句名言。几十年后一位老同事说："当乔治斯·多里奥离开法国时，幽默的法国人失去了最伟大的天才之一。"

1937年多里奥迎来了他个人生涯的里程碑，那个时候他教二年级的选修课——制造业。在课程目录上，他写道，这门选修课的目的是训练学生掌握独立分析和管理制造公司的能力……。他致力于帮助学生了解实际管理工作中可能出现的问题以及如何适当地分配管理职责。

对于多里奥自己而言，制造业课程并不像它本身看起来那样。学生们很快发现，多里奥以制造业公司为背景谈论他真正感兴趣的东西：公司管理最高层的"管理工作"和"管理问题"。

哈佛商学院已经开设了一系列关于"生产"的课程，事实上，专门有一批教师教这个科目。但是多里奥与这些同事所讲的内容毫不相关。（在哈佛商学院，各位教师都是同事，但多里奥与大多数的同事都没有什么联系。）他并没有参与设立生产系，生产系的教师也没有受邀帮助他开发制造业课程。

竞争到处可见。事实上，他的制造业课程是二年级必修课商业政策课程的竞争对手。正如多里奥通过自学了解的那样，商业政策试图整合一年级的所有实用的课程。多里奥一心一意要做得更好。

这位年轻的法国人以另一种方式审视自己，许多年来这种方式使他备受瞩目。20世纪20年代初，为了能在教室中呈现复杂、多变的商业现实，使学生能够亲身体验其中的奥秘，华莱士·多纳姆院长将案例教学法引入哈佛商学院。在他任职的24年间，多纳姆鼓励教师放弃讲课，运用案例教学法。最后，大多数教师要么服从，要么离开了学院。而多里奥却没有这么做。他无视多纳姆施加的压力，继续使用讲课的方式——据说，表现得很无畏，很出色。

战时军需官

当二战爆发的时候，乔治斯·多里奥（一战期间在法国军队中担任炮兵军官）想做点什么来报答收留他的国家。1940年，多里奥已顺理成章地成为美国公民，可以为美国军队服役。当美国政府听说多里奥想报效国家时，多里奥以前的一个学生——埃德蒙·格雷戈里（Edmund Gregory）少将，那时候是陆军军需总长——安排多里奥担任陆军中校及军需团军事计划长官。

多里奥又一次在正确的时候选择了正确的位置。后勤在和平时期是军队最深的死水，但在战争时期却起到绝对重要的作用。多里奥把他在工业管理中受到的训练充分运用到他的工作中。在军需官名人堂（Quartermaster's Hall of Fame）里对多里奥的颂词如下：

在他的指挥下，国家优秀的学术研究人员、科学家、技术专

第三章

家、工业规划师聚集在一起为战争献力献策。军事策划处在多里奥将军的领导下取得了前所未有的成就,制作了新制服以及在全世界任何气候、任何地区都能使用的装备;实现了全套野战配给(例如 B 型、C 型、D 型、K 型、五合一的,十合一的,突发配给包)以及适用于各种气候的火炉、食品罐、起盖器、炊事帐篷。[1]

根据一些记录记载,多里奥在欧洲战场的后期阶段也起到很关键的作用。1944年年末,当美国军队穿过法国,向德国挺进的时候,德怀特·艾森豪威尔(Dwight Eisenhower)将军给多里奥发了份电报,建议他应开始放慢工业生产的步伐。

多里奥并不同意艾森豪威尔的看法。微不足道的军需官无视上级的建议,仍然与供应商保持联络以保证充足的供给。如果他的决定是正确的,那他的抗上给美国军队带来了好运。当德国的突袭导致阿登战役(Battle of the Bulge)的时候——而且有些激烈的战争是在冬季寒冷的天气条件下进行的——供给仍源源不断。哈佛商学院的老同事、朋友弗农·奥尔登(Vernon Alden)说:"多亏了多里奥,我们才有足够的供给来重组部队,进而能够继续战斗直到取得战斗的胜利。"

多里奥后勤方面的成功使他在1945年赢得了准将的头衔。后来,人们都称他为"多里奥将军"。但是正如上面所述,多里奥的工作并不只限于重要战线的供给。在大部分战争中,他也是陆军部研究与发展处副处长。这是个独一无二的职位,从比较现实的意义上来说,它像是通向未来的一扇窗。每天,不论轻率的还是空想的建议书都会放在他的桌子上,然后淘汰最不靠谱的计划。随后多里奥和他的参谋们会认真地整理剩下的部分,寻找能促成各国联盟的新方法——不论是旧法新用还是以前从未尝试过的新路。

多里奥尤其注重省时、省钱又省料的方法。例如,他知道军队要抑制对铜、铬以及耗费珍惜资源等战略材料的使用需求。这些现实或潜在的材料危机使多里奥的部门想出一连串临时的解决办法。他们提出的问题引起了一些新思考：为什么军装的纽扣要用锡制的？当塑料可以代替锡时，就会有足够的纽扣了——可以为每个生产流水线节省90吨的锡。多里奥的部门成功地说服部队使用木头，而不是钢材做军床的床架；他们组织了一个生产系统，用可回收的橡胶制作鞋底。多里奥还鼓励他的部门用新的保暖材料和经过改良的抗磨材料制作帐篷和军装以便更好地抵御各种恶劣的天气。在他的强烈要求下，军队着手试验使用冻干食品、粉状咖啡和披甲背心，并最终被采用。

乔治斯·多里奥对技术革新的沉迷也许要追溯到他的童年时期。那时候，他的父亲参与缔造了法国汽车业。当然这种迷恋通过为五角大楼（美国国防部办公处）效力而变得更加强烈。许多年来，他一直强调制造业计划和远见的重要性。在战争时期，当无数人命悬一线的时候，他又致力于高风险产品的开发。他亲身体会到美国的工程师和投资家惊人的创新能力，他也了解到将一些伟大的想法应用到军队这个"市场"上是多么困难。

在某些时候，在某种情况下，他想发扬并应用这些学来的经验教训。

重返制造业

正如第二章所述，战后初期那几年也是哈佛商学院动荡不安的几年。政府通过了退伍军人权利法案，规定政府对退役军人提供教育贷款和赠款，帮助退役军人获得高等教育的资格，以弥补逝去的时光。退伍军人在那时申请入学的人数达到历史新高。有好几年，哈佛商学院实行全年教学的计划，每年都接收三个班的退伍军人。

当开始为二年级排课的时候，一些教授（包括迈尔斯·梅斯）争抢着

第三章

编写新的教材,但乔治斯·多里奥只要把原来的讲义拿来用就行了。从 1946 年开始,制造业课程又出现在商学院的课程目录上。这门课再次对学生产生了十分重要的影响。事实上,在接下来的几十年中,商学院优秀毕业生,包括自认为是"多里奥弟子"的菲利普·考德威尔(Philip Caldwell)、约翰·迪博尔德(John Diebold)、威廉·麦高恩(William McGowan)、詹姆斯·鲁宾逊第三(James Robinson III),以及许多其他人,都承认他们的成功很大程度上要归功于乔治斯·多里奥的制造业这门课。

这门科目的课程安排很不规则。它的课长(两个学期)与教学方法(讲课和教学实践,无案例)使这门课变得更不一般。课程内容在战后时期非常特殊,但却反映出多里奥广博的学识。在 1953 年的课程描述中,多里奥精确地总结了他所讲的课程:"这不仅仅是门关于生产的课程——它涉及有关商业利益的很多方面。"

事实上,这门课程记录了人类所关注的很多领域。拉尔夫·巴福德解释道:"他教的是关于生活的哲学,这种影响是巨大的。他教会我们努力工作并踏实地生活。直到现在,几乎 50 年后,我有时还想,'啊,那他本没有想到这么多。'"

多里奥虽然取得了如此的成就,但他对学生保持冷淡、疏远的态度,这使他无法与学生建立良好的私人关系。人们很难在教室外面找到他。在教室里,他也很粗鲁。"我宁愿你在五年之后尊重我,而不是现在喜欢我。"他不只一次说过这样的话。他告诉他的学生们每天应该读什么[一天三份报纸:《华尔街日报》(Wall Street Journal)、《纽约时报》及当地畅销的报纸]。他告诉学生们如何穿戴,到哪儿工作,甚至娶什么样的女人做老婆。

"乔治斯·多里奥是我遇到的唯一一位花大把时间思考生活,并有一套广泛适用的哲学的人,而且他的哲学很奏效。在课上,他会为你能想到的每一个问题提出建议，而且恰到好处。"戴维·鲍尔斯（David Powers）(1954届MBA)说。他是多里奥的助手，在去Hybrid Enclosures公司工作之前，在一些大公司[如西屋电器（Westinghouse）、德州仪器（Texas Instruments）]里工作了几十年。

艾奥尼克斯公司（Ionics，Inc.）的总裁，阿瑟·戈尔茨坦（Arthur Goldstein）(1960届MBA)补充说，"就像商学院的学生完成学业一样，多里奥让我们意识到等式上的所有变量。"戈尔茨坦以及制造业专业的其他学生回忆说，当时都被多里奥迷住了。原因之一是其法国人的外表与口音，他的口音需要认真听才能明白。多里奥偏爱资本主义制度，并极力鼓励他的学生们成为资本家。曾经有个学生十分放肆，敢在课堂上模仿多里奥的口音告诉多里奥，他希望在毕业后成为资本家，多里奥当场把他赶出了课堂。

多里奥以某种方式把人类的许多线索整理起来，组织成吸引人的基本事实。他会站在奥尔德利希楼的阶梯教室的前面，有时突然走到某排的过道，不停地讲着。他不鼓励提问，所以极少有学生提问。多里奥总是用格言来进行评价："我宁愿有个想法糟糕而成绩好的学生，也不要想法好而成绩差的学生。如果你想知道公司里发生了什么，问保安、门卫和秘书。如果你想知道公司运行得怎样，走到公司的后面，看看垃圾堆。小心投资银行家；他们与世界上其他人完全不同。董事会中不要有律师。"大多数学生在他上课期间会记很多笔记，害怕错过任何一个至理箴言。关于多里奥课堂上的寂静，弗农·奥尔登回忆道，"在他讲课时，你能听到一根针掉在地上的声音，每个人都在不停地写啊写啊。"

多里奥利用邀请到的客座嘉宾讲座的内容来补充自己观点。例如，在20世纪60年代初的一堂课上，学生们可以听到科学家们的演讲。这些科学家包括莱斯利·格罗夫斯（Leslie Groves）（谈关于原子弹的发展）、优秀的24岁的化学家约翰·多伊奇（John Deutsch）（后来是麻省理

第三章

工学院的教务长)和J.欧文·米勒(J. Irwin Miller),康明斯发动机有限公司(Cummins Engine Company)的董事长(谈关于企业的社会责任)。这些人很少接受邀请到商学院做演讲,但是如果多里奥邀请的话,他们会欣然接受。

在某种程度上,多里奥会含蓄地鼓励对他及他的课程进行"人格的礼拜"。(他的很多学生都会吃惊地发现在每一堂课之前,多里奥都非常紧张但故作镇定,并强迫自己吃玉米花和牛奶以慰藉他饥饿的胃。)多里奥的个人神秘性当然也增加了课程的影响而且促进了学生们的学习。多里奥也尽力强调一个矛盾的观点:学到的知识(甚至包括从他那里学到的知识)要经过检验。他强调在课堂上记笔记并在接下来的几个月、几年中翻阅这些笔记。这样做的一个原因就是要学生把多里奥的观点与自己的观点和经验相比较,然后决定应该相信谁的。

多里奥的研究助手,后来成为康明斯发动机有限公司首席执行官的詹姆斯·亨德森(James Henderson)(1963届MBA)回忆道,"这位将军站在讲台上说,"记住:我是想让你们记制造业的笔记,记录我的讲课内容,但是我希望里面有你自己的评论。而且我想让你们时不时地读读这个笔记,看看里面是否有对你来说可以借鉴的智慧。"

除了多里奥将军和客座嘉宾们的诱惑力之外,许多学生上这门课仅仅是为了检验自己。亨德森说,"对于许多学生来说,这门课像个堡垒或海军陆战队。都知道多里奥的课量大。如果你能上这门课,你就是强人。"

春季时,刚刚上完第二学期制造业课的学生们做报告,这就更加强了这种神秘性。(多里奥自己从来不参加这种活动。)他们的观众是那些正考虑是否上这门课的一年级学生。1960年春天,一位叫亨利·沙赫特(Henry Schacht)的二年级学生做了这样的报告,后来他成为康明斯发动机有限公司和朗讯科技公司(LUCENT Technologies)的CEO。那一天的观众是吉姆·亨德森。亨德森笑着回忆道,"亨利的演示传递的讯息是这是一个明智的选择,这个选择就如:'嗨!你是想成为一个穿布朗鞋的海军,还是想加入海军陆战队?'也就是说,在多里奥的课上,你要拼命地学习。"

但并不是学习量使这门课这么火;而是这门课可以提供大量的机会。不同于商学院那个时期的其他课程,制造业课程既提供学生团队合作的机会,又有实地考察的机会。学生们自己分成由9—12人组成的小组。然后他们选择两个公司去实习。(尽管波士顿地区的公司比较受欢迎,因为那里的公司可以安排住处,但他们的选择没有任何限制。)小组的任务是准备两份关于这些公司的报告。第一份报告是产业研究,并预计包括那个行业十年内的发展前景。第二份报告是解决一个或这两个目标公司所面临的某个问题。

在这个过程中,多里奥不会给他们提供任何帮助和建议,只能从助教那里得到有限的帮助。当他们组成组后,助教指导他们的小组工作,(在大多数的情况下)为学生们最终的论文打分。有时助教会因缺少方向和感到困惑而向多里奥求助,这时多里奥总是说,"你自己解决吧。"另一方面,多里奥很少否决那些年轻的助教们。拉尔夫·巴福德说,"有一次,我给我特别喜欢的学生优而不是良。多里奥看了遍名单,点了点头,然后什么也没说就递给了我。"

所以助教和学生们只好根据他们制订的计划自己找出路。吉姆·亨德森回忆他当学生的日子,"那时候,每个公司都有一个分组专门负责写报告,然后大组开会的时候大家一起将整个报告进行整理。换句话说,我们是有分工的,我想大多数组都是这样;但是我们都要在报告上署名。在那个年代,团队协作还不太受到重视,但我们在团队协作方面做得很好。"多年后,在这些小组中形成的纽带仍然保持着,而且一些小组通过不定期的聚会不断加强这种联系。

第三章

　　小组成员写信、做调查和进行采访,另外,调查目标公司和它们所在的行业。许多小组都将研究集中在尖端行业上,如原子能、燃料电池、集成电路等等,这也反映出多里奥自己的兴趣。其他研究领域,如工厂自动化和休闲船业——看起来也具有发展的潜力。

　　对于一些学生而言,这个实习激发了他们一生的兴趣。约翰·迪博尔德(1951届MBA)就是其中之一。1951年,他和他的小组写了一篇关于工厂"自动化"(automation,迪博尔德为他的小组报告特意发明的一个老词的新拼法)的报告。后来,迪博尔德成为在这方面的世界级权威人士之一。

　　迪博尔德对传统方法的厌恶要追溯到在斯沃斯莫尔学院(Swarthmore College)的本科生活。迪博尔德承认,"是多里奥帮我走出了困境。如果多里奥同意的话,你跟着他,能学到你想学到的东西。"

　　迪博尔德之所以选多里奥的制造业这门课,是因为他对制造业产生了极大的兴趣。他深受将军独特的讲课方式的感染,也因此受到激励。他从这门课的核心部分——小组报告中得到的启发尤其大。迪博尔德说:"他想要的,是让你走出去体会能让你学到东西的真实世界。他想让你有自己的想法。"

　　迪博尔德意识到这是他完成他的工厂"自动化"的机会,这个想法是他在二战期间当海军学校学员时在商船上萌发的。他那艘船上的制空控制装置具有粗略的自我纠错功能。他回忆说,"这让我很感兴趣,我不断地想,如果我们可以制造工具,而且有全自动制空控制装置的话,我们为什么不能建造一座自动化的工厂呢?"

　　多里奥建议迪博尔德(在论文中)建造一个能够生产某个产品的工厂。"但是我对产品一无所知。"迪博尔德抗议道。多里奥走到他桌子后面的书架前拿出一本关于汽车活塞的书,这可能是他父亲在法国汽车业工作时期的遗产。他拿着这本书说,"这本书对你设计工厂会有帮助。"

　　迪博尔德和他同组的同学在他们的报告里真的这样做了。他们想"让自动化工厂成为现实"。在报告中,学生们通过一家活塞工厂的情况,探索新技术可以怎样推动(和阻碍)工业机械化。他们甚至设想使用一个中央计算器来控制所有的自动化机器。

　　这位二年级的学生决定写一本他感兴趣的这方面的书,而且想到一个名字:自动化(automation)。他回忆说,"人们说是我发明了这个词。但我发明的,其实不是这个词,而是以这种拼写方法来用这个词。当福特汽车公司(Ford Motor Company)率先在冲床部使用机器自动装载和卸载时就叫'自动化',但这是机械运动,没有反馈,像18世纪的自动机器。我想用这个词指'自动化'(automaticization)。问题是,我是一个很差的打字员,拼写也不好,我发现我一遍又一遍地打'automation'。然后人们就开始用 automation 来拼写这个词了。所以,我没有发明这个词,只是创造了一种新的拼写方法而已。"

　　毕业后,迪博尔德接受了来自 Griffenhagen & Associates,一家老牌的纽约管理咨询公司的工作邀请。这一选择激怒了多里奥。迪博尔德说,"多里奥瞧不起顾问,就如同他看不上教授们一样。当我告诉他我在这个行业里资格最老的公司获得了一份工作时,他说,'什么行业'?"

　　迪博尔德的书,《自动化》(*Automation*),于1952年出版。(这本书是献给乔治斯·多里奥的。)本书介绍了刚刚经过摇篮期的计算机技术,着力探讨计算机与商业的几乎所有方面相结合所产生的问题。这是一部影响极其深远的著作,在当时以及其后数年都被广为阅读。《自动化》在出版30周年时作为"管理学经典"再版。40周年时又一次再版以示纪念。[2]

　　迪博尔德的例子虽然不同寻常,但不是唯一的。其他的学生也发现

第三章

上了制造业课不仅影响了他们自己以后的职业,也影响了更多的读者。例如,一份由吉姆·亨德森的小组做的关于创新性集体谈判的报告,由普伦蒂斯霍尔(Prentice-Hall)出版社出版,并在20世纪60年代中期成为大学的教科书。[3]

多里奥鼓励学生出版报告——这是众多学生们都清楚的高门槛。1960年5月《纽约时报》的一篇文章称由哈佛商学院学生完成的关于休闲船业的报告"在今后的几年,肯定会成为教学大纲,甚至会成为典范"。由于学生们希望报告能够出版,因此多里奥的办公室总是被索取各种报告复印件的信件所淹没。这很好笑,因为多里奥从来不读他学生写的报告。"按照他的观点,这些报告并不重要。"吉姆·亨德森说。他这样解释:

> 当然,他的目标是聚集一群有才能的、有野心的MBA的文章,制定高标准,让他们自主,引领他们入门,让他们大刀阔斧地干。他并不看重每个行业的特殊性,只是想教他们了解过程,并让他们通过过程学到东西。

回顾过去,多里奥的制造业课程为企业家提供了良方与诀窍。虽然多里奥是法国人,但entrepreneurship(创业)这个词他并不经常说。但是通过改变学生们对机会的看法,以及他们对自己的看法,多里奥帮助他们挖掘成为创业者的潜力。戴维·鲍尔斯解释说,"在多里奥的课上,每个人都有自己独到的想法。课程快结束的时候,你会禁不住感觉好像有人已经有了自己的公司。"

对于许多学生而言,创建公司是一个简便快捷的步骤。拉尔夫·巴福德不再做多里奥的研究助手以后就成立了他的第一个公司,生产塑料电话本封皮,上面可以附广告。其他人在等待时机,等着将要到来的良机。戴维·鲍尔斯几十年前离开商学院时建立了自己的公司(制造微电子电路的密封圈)。

风险投资的出现

尽管"创业"没有在制造业课程上占据最重要的位置,但新产品和新公司是它的核心,在二战后尤其如此。课程大纲(每年都有些许变化)指出"本课程特别关注新产品、新想法、新开发等等的研究,这些问题都关乎新公司的创办。"至少多里奥的讲课内容中每年都强调,白手起家和关注在自己精心经营下成长并成功的企业是多么令人满意和幸福的事。拉尔夫·巴福德说,"很显然,他讲的道理让我们对创业有所偏爱。"

在他从商学院退休后一直到去世后的十多年时间里,校园里仍弥漫着多里奥的气息。作为只写过一本书(在他工作早年出版)的专业学者,多里奥从来不接触那些更注重理论的同事们。但是那些对他们自己的讲课引以为豪的同事们却注意到了多里奥的成功。在20世纪50年代末,哈里·汉森(Harry Hansen)教授教的"创新性营销策略"(Creative Marketing Strategies)课程包括交流小组和实地考察,这一点和制造业课程的核心内容非常相似。多里奥和汉森等人引领的方法已经被普及。今天,毕业生的商务教育与过去相比更加以经验为主,注重团队合作。

当时多里奥的真正影响是在商业领域。7,000多名学生上他的制造业课程,其中有很多人会仔细聆听多里奥关于创业方面的内容,然后想办法把这些内容应用到他们自己的职业中——不论是大公司还是刚刚创办的小公司。他建议:向前看。时刻准备着,不断坚持、有耐心、灵活应对、有策略。再投资;不要骗钱。不要想象没有代价的变化。选择一个经常用到的项目并为其找出新的用途,或者将新产品投入到已建立起来的销售渠道。总之,保持饥饿;不要满足。"某个人,在某个角落,正设计一个会让你的产品过时的产品,"他告诉几代才华横溢的有野心的年轻人。"一个了解未来的人才是不断进步的人。"

回到更大的舞台

对于许多人来说,二战的体验是强烈但有自限性的。因为战时的教

第三章

　　训不能简单地应用到和平时期的经济中。这对乔治斯·多里奥来说却不尽然。他预测潮流以及评估新产品、新方法的能力在战时和和平时期都能发挥得很好。

　　尽管在军需团里出奇地节省，多里奥却从来没有脱离民用经济。1941年，马萨诸塞州的州长莱弗里特·索顿斯托尔（Leverett Saltonstall）邀请他加入战后调整委员会。加入委员会后，多里奥致力于指导新英格兰的经济走出低谷。

　　战争结束后，像战前一样，这个地区陷入泥淖。只有相对少部分的联邦资金分配下来盖楼、修路，其他与战争动员相关的基础设施已经搬到东北部。更麻烦的是，大多数联邦资助的大型制造工厂（仅在1940年6月和1941年8月间投在工厂和装备上的资金约为46亿美元）都转移到国家的中心地带——如底特律和圣路易斯市——那些地方在战时预计可以远离敌人轰炸机的威胁。

　　战后初期集中解决困扰新英格兰好几十年的问题。从前有优势的纺织业和制鞋业的批发继续向南部地区转移——部分原因是为了躲开新英格兰已联合起来的劳工，另一部分原因是从现代设施中牟利，那里的土地和电都相对便宜。（拥挤的新英格兰缺少矿物燃料的可靠供给，因此要支付全国最高的能源费用。）既然人们和一些机构开始对这个地区的未来失去信心，个人和机构的投资也就跟着紧缩了。当军人复员导致与国防相关行业的大量失业，新英格兰似乎注定要再次经历一战后的经济萧条。此时其他地区的经济开始繁荣，新英格兰的经济则停滞不前。

　　为了摆脱这种灾难，政府领导、地区商会以及主要的专家学者（包括哈佛和麻省理工学院的杰出教授）都同意互相合作。调整委员会——由哈佛商学院的梅尔文·科普兰博士领导——接受平定局势的任务。

　　最初的调查结果是令人沮丧的。波士顿和其他新英格兰的城市曾经是商业创新、技术发展和创业的中心。它们是扬基式独创性的摇篮,孕育了北美洲第一批工业。(扬基式独创性的意思是:夸耀美国人的聪明才智,别人不能解决的问题,遇到美国人,就迎刃而解。其实,美国人并不一定比别的民族聪明能干,但是他们对待问题的态度与众不同。)可是现在,它们的经济停滞不前。当地的家庭和企业曾经因其远见卓识而独领风骚——丢弃由英国国王强加的商业系统、打开中国贸易市场、在马萨诸塞州的中北部建立城市发展纺织业、在伯克郡(Berkshires)打通隧道促进与奥尔巴尼(Albany)及其以西地区的贸易、修水坝让便宜的水力发电惠及以前不能惠及的地区。然而它们现在却不敢冒险。管理美国财富的金融机构同样很担心。曾经的富庶导致保守,新英格兰成了一个人们钟情于信托资金和打折优惠券的地区。

  调整委员会的其他成员,包括哈佛商学院的代表们,认为新英格兰的新生取决于盘活资本。他们鼓励新企业和新产业在此地区扎根并发展,以此吸引更多投资并促进地区经济的发展。拉尔夫·弗兰德斯(Ralph Flanders)——调整委员会成员,波士顿联邦储备银行的总裁,后来是佛蒙特州(Vermont)的参议员——认为创业企业是经济强大的关键。他写道,"除非商业结构中不断有健康的新血液注入,否则美国的经济、就业及居民的生活都不能完全得到保障。"[4]科普兰和多里奥将军都非常同意这一观点。

  但是弗兰德斯的建议却很难实施。一战前,风险投资中的民营投资非常有吸引力,原因之一是经过时间的检验,企业的收入和投资的价值增值都不受高额税收的影响。州和联邦的税务负担从那时起大幅度增长。出台的所得税(income tax)和资本利得税(capital gains tax)政策有效遏制了个人投资。这已经成为全国激烈争论的话题。例如1944年11月实业家亨利·凯泽(Henry Kaiser)在圣路易斯市的演讲中,号召成立新政府实体,为战后时期已存在的和新成立的公司提供他所说的"风

第三章

险资金"。一个月后,纽约证券交易所总裁埃米尔·施拉姆(Emil Schram)公开指出尽管国家非常需要"风险资金"来保持发展,税收系统却阻碍了这种投资。

大概由于弗兰德斯在联邦储蓄银行地区分行中的显赫地位,政府没有对他大加干涉。他相信大型金融机构能够而且应该提供必要的资金。这个观点得到了当地金融部门梅里尔·格里斯沃尔德(Merrill Griswold)的大力支持。格里斯沃尔德是马萨诸塞州投资信托基金会的董事长。据说公司提供了世界上第一个互动基金,此基金在20世纪20年代建立,在接下来的几十年中被广泛效仿。格里斯沃尔德,尽管思想保守,但却被一个事实所激怒:新英格兰总财富的45%——安全的非生产性资本——都在银行和保险公司的口袋里。

第三个因素是当地的学术团体。哈佛和麻省理工学院为二战时期的技术突破做出了重大贡献,包括计算机和原子弹的研制。战前,哈佛商学院被公认为国家最成功的管理学院,它已经开始新的战时试验,包括教空军军官统计学和海军军官后勤学。在这一领域和其他方面的成功,使得这些学术机构信心十足,但它们为不能把高科技方面的创新转化为流动而苦恼,实现这种转化将大大促进私营经济的发展。

眼下,需要的是一个新实体——从非生产行业抽取资金,重新投放到生产领域。1946年初,弗兰德斯和格里斯沃尔德与其他委员会成员,包括乔治斯·多里奥、卡尔·康普顿(Karl Compton)(麻省理工学院校长)、小弗雷德里克·布莱科尔(Frederick Blackall Jr.)(新英格兰参议会主席)、艾拉·莫舍(Ira Mosher)(美国制造商协会董事会主席)和布拉德利·杜威(Bradley Dewey)(来自杜威阿尔米化学公司)携手进行战后重建工作。这些人都同意成立新型投资公司——与洛克菲勒(Rockefeller)和贝西默(Bessemer)经营的民营家族企业的风险资金运营相似,但要上市。新公司,正式成立于1946年的6月,起名为美国研究与发展公司(ARD),它的目标是让专家学者与世界上从事实践应用的人面对面地对话——希望这样的联合能够有所创新,并有利可图。

ARD 的第一任总裁,ARD 的奠基人弗兰德斯,希望乔治斯·多里奥加盟。拉尔夫·巴福德说,"这是他正确的选择,ARD 正希望找到技术先进的项目并提供资金,而多里奥在军队里每天都处理这些事情。"多里奥说他愿意加盟,但是他首先必须完成在国防部手头的活儿。为了让新公司尽快步入正轨,拉尔夫·弗兰德斯同意在 1946 年的下半年出任 ARD 的总裁,在他之后将由乔治斯·多里奥担任。

这两个人的背景大不相同,却有基本同样的想法。而且最重要的是,他们相信创新的资本投资有助于帮助新英格兰(以及其他地区)走出经济的困境。弗兰德斯写道,"新公司并不缺少新的想法,我们国家到处都有新点子。"而且为这些点子投资不是奢侈,而是义务。多里奥解释说,"如果我们希望国家强大,我们就不应该徘徊不前,靠着前代人的荫庇生活。"是的,我们可能要像"祖先当年打江山一样冒险创业"。弗兰德斯承认,"但是我们这些资本家必须冒险建设我们的国家。"

世界上第一家正规的风险投资公司 ARD,冒了不少险。一方面,这是个看得见的试验。据 1946 年 8 月 9 日《纽约时报》的报道,"ARD 成立的明确目标就是获得风险基金,为最新的发展与发现提供'最充分的拓展空间'。新公司相信,这会引领新装置、新加工和新产品时代的到来,而且,它们将促进新企业的发展及重塑老企业。"[5]《金融》(Finance)杂志称 ARD 为"这个国家拥有的最具潜力的最重要的企业之一",同时称"大多数这样的公司都会成为理论家的'盲目的梦想',或者顶多是他们异想天开的想法"。[6]学者们都在讨论这个公司有无成功的前景。当 ARD 准备为公众提供股份时,商界和广大群众更加密切关注。

和大多数好的企业风险资金一样,ARD 创造一切有利的条件。最重要的,公司的经理和主任需要首先储备人才和关系网。多里奥在他专

第三章

业以外并不著名,但是麻省理工的教授们如卡尔·康普顿、埃德温·吉利兰(Edwin Gilliland)和杰尔姆·亨塞克(Jerome Hunsacker)却不一样。那年8月的《波士顿先驱报》(Boston Herald)评论说,"如果这家公司不成功,它将被淘汰,因为它缺少它需要的人。"[7] 尽管孵化它的地方机构不是直接投资人,但这些机构和机构领导者们感到对这家新公司的成功负有直接责任。在这种情况下,有影响力的重量级人物们被拉拢到ARD的麾下。

最初,ARD发行了20万股(批准发行量为300万股),面值为1美元的普通股股票每股卖25美元。本来美国证券交易委员会(SEC)是要监管所有出售股票给信托基金的行为的,多亏SEC这次下令豁免了,机构的投资者可以购买最少1,000股股票,个人能买最少200股的股票。

通过首次公开募股,ARD希望筹集至少500万美元的资金。但有个有趣的插曲。根据受SEC保护的ARD章程,500万美元中至少有150万要来自于机构的投资者。通过这个调整,ARD的创立者们希望能一石二鸟:ARD为新公司提供的30%的导入资金将首先来自银行、保险公司、投资信托和其他扣押资金的机构。换句话说,新英格兰大多数保守的金融机构将为这个地区大部分存在风险的新公司提供资金。

1946年10月末,大量股份被认购,ARD开始运营。广义的信托组织购买了超过60,000股低限的股票。(其中注册投资公司投入了120万美元,人寿保险公司购买的股票达30万美元,教育机构投资22.5万美元。)[8] 尽管有人会说掌控本地区大部分经济的保险公司购买的股票份额不够,ARD已经顺利迈出了第一步。

1946年,乔治斯·多里奥来到ARD。从此多里奥开始了一半是哈佛商学院教授,一半是企业高管的生涯——这在接下来的15年里引起学院同事们的愤怒和嫉妒。按照先前通过的日程表,由佛蒙特州共和党提名的拉尔夫·弗兰德去参加美国参议员竞选,而后多里奥顺利接手ARD。弗兰德斯北上,后来漂亮地打赢了竞选战役。

多里奥手头有个很重要的人力资源:小约瑟夫·鲍威尔(Joseph Powell Jr.)副总裁,1926届哈佛商学院毕业生。鲍威尔来自罗德岛一个显赫的家庭,(用一个同事的话说)他是个"外向的、爱社交的乐观商人"。他和多里奥一样精力充沛,时时刻刻都在想着ARD的发展。这种共同的使命感在一定程度上抵消了两位强人之间的摩擦。

ARD拥有强有力的管理团队后,开始努力将想法变成现实。这不仅涉及开掘创业的潜力,而且涉及评定每个公司的需要和前景,然后将每个公司的财务计划整合起来。之前的公开上市既帮助又阻碍了公司运营的初级阶段。当ARD在波士顿市中心开始运营的时候,有成百上千的项目排在门外,等着他们考虑。根据1947年10月《投资读者》上的一篇文章,约瑟夫·鲍威尔说公司"几乎收到了所有稀奇古怪、犄角旮旯的主意"。[9]

许多方案很快被毙掉,包括几项永动机技术,眼镜上配上一对侦探用的后视镜,以及(为减少飞机起飞和降落所占用的空间和时间而设计的)多人传送带。其他的,尤其是那些包含重要技术成分的,又非常难以评定。另外ARD的资金来源非常有限,因此公司无法为太多的错误埋单。事实上,公司的领导十分想有个良好的开端。在最初的296个提案中,公司最终选取了值得投资的3个项目。

"我们是从车库起家的,"多里奥曾经这样比喻,"我们把地方清扫出来。将油渍清洗掉,把旧车搬走。"

实际上,ARD坐落在波士顿金融区牛奶街(Milk Street)79号一个舒适的办公楼里,尽管在顶层,没有空调,夏天的时候感觉不那么好过。但是最初的重大决定,ARD有两次都是在车库里作出的。第一次是在坎布里奇附近,三个人正在那里做原子研究中的粒子加速器。ARD这

第三章

次小小的运作最终成就著名的高压电工程公司（High Voltage Engineering Corporation）。第二个车库，在俄亥俄州的克利夫兰（Cleveland, Ohio），见证了奇尔科产品公司（Circo Products Company）的新创造：他们发明了一种枪型手动工具，能够对化学溶剂进行雾化，然后喷入汽车变速器中，溶解并冲洗掉积油。

接受 ARD 赞助的第三个公司是波士顿特雷瑟拉博公司（Tracerlab, Incorporated）。特雷瑟拉博的人员已经想出如何使用田纳西橡树岭（Oak Ridge）原子堆中的放射性同位素。特雷瑟拉博公司的创始人，小威廉·巴伯（William Barbour Jr.），相信多里奥和 ARD 可以拯救自己的公司。他说，"我刚开始时有一大堆想法和很多长期的计划，但有好几年，我们在细节上却陷入困境不能前进。多里奥的及时介入，帮我走出了困境。"[10]

ARD 决定有效地推动投资组合公司的成功运营。多里奥认为这是 ARD 工作中紧迫和重要的内容。仅仅把非生产性资本重新注入到经济中是不够的；必须让接受投资的公司取得成功。这就需要充分倚重哈佛商学院的人脉网，尤其是多里奥的人脉网。

但是成功对于 ARD 并不比对其他公司来得更加容易。当奇尔科产品公司的清油项目由于 1947 年全国氯短缺而搁浅时，多里奥雇了一位 1940 届哈佛商学院毕业生，芬顿·戴维森（Fenton Davison），来研究替代品生产线（并且最终取得了成功）。多里奥说，"我会告诉主管，宁可过劳死也不要让公司完蛋。我们不能容忍有些朋友能够承受的资金损失。"

当然，后来投资的项目越来越多，ARD 的一些投资砸了。艾兰·帕克斯（Island Packers）金枪鱼罐头公司，是第一个砸了的。苹果浓缩汁公司（Apple Concentrates）也砸了。公司想像果汁饮品品牌美汁源（Minute Maid）做橙汁那样做苹果汁。结果，ARD 的努力却没有促成其发展。到1949年，公司股价跌至22美元，比1948年的账面资产价值低了将近4美元。多里奥就批评家们对ARD早期发展的评论做了简短回应。他在公司1949年的年度报告中写道，"最近几个月，ARD被错误地与著名的且成立已久的投资公司相比。公司的投资没有循规蹈矩。它需要创造，需要冒险。结果还需要一段时间……但是获得最终利润的潜力是十分巨大的。"

事实上，在ARD的很多投资中，赢利只是次要的，孵化才是主要的。多里奥不时地展示他对ARD及其新生后代的父爱和保护。正如他许多年后提起的那样，"如果有个高烧39度的孩子，你会卖了他吗？我经手的公司即使现在发展顺利也一定经历过危机。"

有时候，多里奥让他以前的学生参与ARD的投资组合公司，大概想让两者都获利。例如，阿瑟·戈尔茨坦于1960年拿到哈佛的MBA。他去了ARD的一个公司：一个叫艾奥尼克斯的小型研发公司。他解释说，"我原本打算到纽约工作，但是多里奥将军，艾奥尼克斯公司的董事长，一天晚上给我打电话，和我在电话中聊了四个小时，劝我给艾奥尼克斯公司帮帮忙。"戈尔茨坦最后同意了。

公司侧重于纯净水的研究技术。经过12年的研究工作后，仍没有产品上市。但是多里奥和ARD已经看出这个领域的潜力。戈尔茨坦说，"我认为在某种程度上，我们是ARD最中意的公司，艾奥尼克斯公司和ARD的工作关系十分紧密。有时，我们会帮助他们评估他们考虑拨款的新项目。"在ARD的指导下，艾奥尼克斯公司开发了分离技术，以满足对水进行分析、处理和净化的目的，公司也准备将产品奉献给潜在的客户。

1971年，戈尔茨坦成为艾奥尼克斯公司的总裁。那时，公司的销售额约为800万美元。他迅速扩大业务。公司不是简单地生产和销售处理纯净水的设备，而是开始处理加工纯净水并进行销售。在戈尔茨坦领

第三章

导下，艾奥尼克斯公司发展为年销售额4亿多美元的公司。

戈尔茨坦获得1997年伦斯勒年度创业者奖（Rensselaer's Entrepreneur of the Year Award in 1997)说,"任何一个在系统、组织、公司和生产线中创造变化的人都是创业者。我们冒着不同寻常的风险、跳跃前进，前进速度快于人们对这个产业的期望。是乔治斯·多里奥教我这样想。多里奥是异于常人的，他总能排除近前的干扰，把视线放得长远。"

努力创造

1950年春天，ARD刚成立不久，多里奥受邀与美国人寿保险协会(Life Insurance Association)的成员一起分享他的经验。因为在这次会议上聚集了那些把持着大量新英格兰急需资金的保守机构，而这些结构又遭到多里奥的鄙视，所以这次会议非常有趣。那天的演讲，多里奥很多地方谈到自己以及他费心打造的风险投资公司。

他对这些保险业高级主管们说，风险资本家的生活并不平静。（他建议投资那些变动不大的公司，这样你才不会在凌晨两点被电话叫醒。）ARD研究过1,800多个项目，只有18个被认定为有投资的价值。多里奥解释道,"我们只有一个简单的观点，那就是我们想成功，不论付出多大的努力，但是会非常艰难。"

可能考虑到他听众的兴趣和喜好，也可能想产生巨大的影响，多里奥强烈建议他的听众们不要开设新公司。"这是不可能的任务！"他说。他认为，在任何一个小公司里，人都是一个重要的因素。当看似很小、很孤立的人的问题很容易就可以对整个公司产生威胁时，这种重要性就急剧地凸显出来了。"到时候，一个个危机会接踵而至。"

这番讲话是否意味着这个业已成为创业者心目中救命稻草的人打算金盆洗手了？应该不是。当他阻止听众们进入风险投资这个新兴领域时,多里奥也谈到了,当他和年轻的创业者们一起工作时,他取得了重大成就,并因此感到欣慰。他告诉这些保险业的高级主管们,"如果你来到波士顿参观一些新的小公司,你会感觉你年轻了20岁。你会看到一种精神、态度,这就是驱使努力改变世界的优秀的美国年轻人前进的动力。"

乔治斯·多里奥和 ARD 的同事们还不知道他们正在创造一个新的行业:风险投资业。他们也不知道即将成长起来的风险资本家将会给他们带来最大的胜利和巨大的满足。

第四章　创业者登上历史舞台

20世纪60年代呈现出前所未有的繁荣与翻天覆地的变化。这一变化始于新上任总统的就职演说。尽管艾森豪威尔当政时未来的种种迹象已经初露端倪，如反对种族隔离的斗争，青少年反文化的出现，以及虽被孤立但仍然反对存在政府对社会主义国家采取军事行动的声音，但约翰·肯尼迪(John Kennedy)的上任才标志着变化的真正开始。

有些变化是象征性的。肯尼迪与诗人和大提琴演奏家共进晚餐。他让艾森豪威尔时期灰色浅顶软呢帽几乎在一夜之间看起来破烂不堪而且过时。他的妻子引领流行潮流并负责重塑死要面子的白宫。这个年轻的家庭，频繁出现在国家各大媒体，不断强化他们在人们心目中充满活力与主张变化的形象。

这种形象远远不止是面子工程。新政府实行积极的联邦政策，其积极程度是富兰克林·罗斯福(Franklin Roosevelt)时期以来未曾出现过的。充满活力的年轻总统直面国内(钢铁工业)和国外的反对势力。艾森豪威尔时期，司法部出台了有利于商业发展的政策，肯尼迪上台后，司法部由肯尼迪好胜的弟弟领导，他对公司合并案实行非常严格的审查。世道变了，大企业未必喜欢这种变化。

肯尼迪政府"新边疆"经济政策的一个新举措是设立了地区重新开

第四章

发局(ARA),把联邦资金注入经济落后地区,这些地区一直难以获得银行贷款。另一新举措是政府重视小企业的发展,并最终认定小企业是促进美国经济发展的主要动力。ARA出台一系列政策向资金不足的小企业投资,致力于推动当地经济的发展。小企业管理局(SBA)创立于1953年,但直到1958年《小企业投资法》(Small Business Investment Act)出台才开始提供大量资金,这一法案也是得益于新边疆战略的大力支持。

在一定程度上,肯尼迪政府的经济学家们只是乘着时代的东风而已。《小企业投资法》在实施的第一年作用不大:1959年只有62家小企业投资公司(SBICs)成立。而仅在1960年,成立的SBICs达115家,几乎是前一年的2倍。1961年初,每月有四五十家SBICs向SBA总部提出申请。[1]

在这一点上,金融界和肯尼迪政府彼此心照不宣。证券市场迅速发展在一定程度上要归功于新政策的推动。金融界希望政府能够连续推出这样的新政策。在联邦政府看来,帮助小企业发展有利于经济繁荣和社会稳定。

即使已经注意到经济和政治潮流的变化,很少有学术机构愿意蹚这个浑水。而哈佛商学院是个例外,它愿意利用战后20年来比较好的这个时期帮助促进小企业的持续发展。

本地的变化

20世纪60年代末,社会与政治变革的浪潮席卷了哈佛大学。哈佛广场(Harvard Square)成了全国学生运动与激进主义的中心。哈佛大学也再次成为左倾政治的代表——尽管自20世纪30年代起它就极力摆脱这一形象。

1961年9月,肯尼迪政府执政第一年,坎布里奇的生活平静依旧。该大学以400万美元的巨资在哈佛广场中心建造了一座雄伟壮观的多功能大楼,取名为霍利奥克(Holyoke)中心。但广场其他低层建筑仍死气沉沉。书店、咖啡厅、商店、低消费酒吧与小吃店鳞次栉比。在停车场停车一个月只要5美元,理发店理发2美元。

同年9月,查尔斯河对岸的哈佛商学院名不见经传的MBA研究委员会教师小组出炉了一篇名为《策划变革》(*Planning for Change*)的报告。这一报告以其独有的方式激起了一场革命与反革命运动。

这一报告是哈佛商学院的教授们辛勤工作的成果,在罗伯特·安东尼(Robert Anthony)成为研究委员会主席后,该委员会称为安东尼委员会。他们本着严肃认真的态度对该校的MBA课程的修订进行审核并提出建议。这是继15年前正式审查之后对该课程进行的首次修订,而二战之后外面世界的变化也正迫切地需要这样一次修订。

从表面上看,《策划变革》建议在课程范围内进行适度的调整,尽量不要引起争议。(报告提倡实行新学期制度以及调整一年级的MBA课程。还有其他一些内容。)但是一则由于在大多数教师对报告内容毫不知情的情况下,报告就打印、装订、分发下来,二则由于福特(Ford)和卡内基(Carnegie)基金会刚刚发表了传看度很高的报告,责备工商管理教育不科学,因此教授们的神经被刺痛了。报告送达后,引起了激烈的争论。激进派批评报告的建议不具冒险性。而保守派则认为他们受到新课程量化方法的威胁,奋力反击。

在学术界,这是严肃的事情,甚至会付出流血的代价。斯坦利·蒂尔(Stanley Teele)院长遭到恶意中伤,身体状况每况愈下,提前退休。他的继任者,乔治·贝克(George Baker),在上任第一年统一了内部意见,恢复了往日的平静。

这场刻薄的争论几乎使人们忽略了《策划变革》的接近结尾处一个

第四章

有意思的推测——商学院的办学方式将发生重大的长期的变化。报告的这部分集中讨论哈佛商学院是否应该对 MBA 进行继续教育。

"确实需要继续教育，"安东尼委员会指出。然而，没有几个哈佛的 MBA 对此感兴趣，可能因为"还没有找到适当的形式"。哈佛商学院校友会(HBS Alumni Association)审核收到的提议，但是安东尼委员会反对继续教育计划，并质疑是否需要为 MBA 设置不同于为商人设计的研究生课程。报告得出结论，"除非 MBA 有特殊的需要，否则没有必要开设这一课程，因为毕业生并不缺少其他的教育机会。"

实际上，哈佛商学院已经在提供这样的教育机会。比如，商学院致力推广的所谓的高级管理人员培训课程。1943 年开设的高级管理课程(AMP)，至此已经开设了近 20 年。继而开设了第二个高级管理人员培训课程。它在 1962 年开课时叫做中级管理课程(MMP)，后来更名为管理发展课程(PMD)。

但是这两门课程的侧重点不同。AMP 的目标是培训 CEO——大公司高瞻远瞩的资深管理者。MMP(后来的 PMD)主要培养年轻有为的经理人，这些人能为公司承担管理责任。而且，这门课程主要面向大公司，这些公司为在哈佛商学院进修的员工付学费。

这些模式是近代史的产物。二战期间国防相关行业派出了首批参加 AMP 的学员。西屋电器和其他大公司促进了 MMP/PMD 的成形。传统和经济趋势加强了哈佛商学院与《财富》500 强的紧密联系。哈佛商学院的教授霍华德·史蒂文森解释说："跨国公司正不断地壮大。它们的发展从小到大，从国内到国际。突然间，它们需要大批能够熟练使用当地语言的管理人员。"

哈佛商学院占据了有利的位置可以顺应这些趋势，并从面向大公司的经营管理培训中受益匪浅。培训项目为哈佛商学院提供了合理稳定的收入来源。另外，这些公司雇用 MBA 毕业生，并赞助商学院进行研究,同时,鼓励哈佛商学院的案例作者深入了解公司,以便写出优秀的教学案例。这就形成了良性循环。

但这种对大公司的倾斜致使学院错失了大量的细分市场。到20世纪60年代初,当地的商务组织、哈佛商学院校友,甚至一些教师开始建议商学院应认真考虑增设新的管理课程。事实证明,哈佛商学院非常老练地夺取了高管教育这块高地。那么除此之外,还有什么其他教育阵地,是它应该去争夺的?

撒大网钓大鱼

在创业领域似乎存在这样的机会。大公司的规模变得越来越大的同时,小公司的数量也大幅度增加,小公司老板和经理人人数接近700万。快速发展的股票市场也使人们对刚兴起的风险投资产生兴趣。上面提到的小企业投资公司(SBICs)热潮产生了更广泛的影响:仅1963年,SBICs收到融资计划书就达到近3万份。[2]

哈佛商学院的毕业生对兴办小企业很感兴趣。尽管商学院以《财富》500强的摇篮著称——这是由商学院毕业生在这些公司取得了成功而得名——但在那个时期还是有超过六分之一的哈佛商学院MBA毕业后立刻加入了这些新公司或者小公司。而且,据统计,至少一半的哈佛商学院毕业生加入了小企业。事实上,他们中有许多在毕业后在大公司中工作过,但后来跳到小企业,并担任要职。例如,一份1957年的调查显示,在第15届哈佛毕业生聚会时,"典型的1942届毕业生"是在员工不到100人的企业中工作。

对于小企业和管理人员来说,哈佛的AMP和PMD课程并不是很有用。一方面,它们的上课时间比较集中,不够灵活,要求学员连续3个月在校内学习;而且学费不合理。《财富》500强企业付全部费用(学费、

第四章

学员的工资、临时替班者的工资），这叫做明智投资。而这笔费用是小企业无法承受的。

可能，令小企业经理人更加受挫的是高级管理课程（AMP）。商学院基本上以案例教学为主，在 AMP 和 PMD 上讨论的案例主要集中在大公司出现的问题与机遇上。小企业的老板、经理和员工或新上市的公司不会从通用电气的董事长和福特研发部的总经理、雀巢（Nestle）国际销售副总裁的角度出发考虑问题，更不会从中获益。

倒不是说商学院完全忽略或忽视了这些创业者们。创业者时不时地与 MBA 进行交流。多年来，为满足不同方面的需求，学校有许多院外研讨会和短期课程；有一部分课程开始关注小公司和创业公司的问题。但是这些不是"哈佛商学院"的课程。甚至那些哈佛商学院提供的、哈佛商学院教师讲授的课程都得不到正式的赞助，或没有得到哈佛商学院的正式批准。

这造成一种非常混乱不清的结果。霍华德·史蒂文森说，"事实上，那些不是哈佛商学院的课程，但是，这些课由商学院的教师在校内讲授，所以很难判别它们是不是哈佛商学院的课程。例如，我的叔叔来学校上了一门特殊的课程。生前，他一直认为自己是哈佛的毕业生。"在这些院外课程的学员看来，不参加毕业典礼，没有哈佛毕业证，这些都不重要，重要的是他们上过哈佛商学院（的课）。

这些课程大多是创业学教研组开发出来的。有些课程每年都开，如总裁研讨会（1952 年召开了第一届，参加者是青年总裁组织 Young President Organization 的成员），到 20 世纪 60 年代已经非常成熟了。其他的课程都是新设立的，反映了教职工的兴趣所在与市场变化的需求。教职工付出的努力得到了物质回报，同时他们也在感兴趣的行业中进行了有价值的研究，并且（至少在某些场合）认识了尖端领域中知识渊博的专业人士。这又是个对双方都有利的良性循环。

20世纪50年代末和60年代初,当时的商学院市场营销专业的年轻教授马蒂·马歇尔(Marty Marshall)组织过三门这样的院外课程。像许多其他的课程一样,它们既反映教授的兴趣,又反映市场的需求。马歇尔为国际营销学院、全国广播工作者协会(National Association of Broadcasters)、美国广告联合会(American Advertising Federation)各设计了一门课程。课程非常成功,受到学生们的一致好评,不久马歇尔就收到一个令人振奋的通知。

"我的课弄得校园里人满为患,"马歇尔笑着回忆。"所以有一天贝克院长把我叫进办公室,建议我考虑将其中一些课转为正式课程。"

贝克把这些院外课程中的精品课变为"正式课"的建议非常合乎情理。将这些课纳为学院的课,人们就不会再认为商学院是高不可攀的会议中心。讲授这些课程的教师们可以将他们的才干和精力直接服务于商学院的利益,而不是任何外部机构的利益。最后还有一点,同样重要的是,商学院可以多赚钱,尤其是在预算紧张的时候。

马歇尔回忆道:"我们从国际营销学院开始。人们说这行不通,但是我为商学院开发了一门三周的营销课。"另外两门营销课程也很快这样开设了。招生门槛抬高了,课程安排也更加紧密,课程质量大大提高。上这些课的学员可以正大光明地说自己已经上过哈佛商学院的正式课程了。

创业者的重新加入

尽管乔治·贝克努力争取将主要课程正规化——也就是说,将院外课程中的精品课纳入学院的门下——仍然存在着截然相反的意见。有关小企业的领域尤其是商学院传统研究与教学机制很难提供服务的部分。

第四章

1961年秋天,当《策划变革》发布时,有两个组织正开办继续教育课程(在校内,但仍属"院外"),课程主要解决小企业的。其中一个组织——新英格兰小企业协会(SBANE)——夏季和冬季时,分别在哈佛商学院举行两天的研讨会。1958年2月,研讨会首次召开,那个时候SBANE将大、小企业的代表召集一起,讨论他们共同的目标及可见的冲突。(在研讨会召开过程中,商学院的管理者们注意到,SBANE的会长强调一个事实:那就是研讨会的学员将学到"在同样的条件下国内和国际公司的高级管理人员通过学习高级管理课程所学到的知识"。)在接下来的几年中,每半年举行一届的SBANE会议和研讨会继续关注小企业的问题。

因为没人关心,这个研讨会很可能会一直徘徊在哈佛商学院主流课程之外,得不到学院的重视。幸运的是,SBANE系列研讨会得到了哈佛商学院教授弗兰克·塔克(Frank Tucker)的关注与支持。

塔克是个非常有经验的商人,1957年受聘于商学院,原因之一是他在会计与金融方面的强大背景。在他来商学院之前,塔克在坎布里奇的通用无线电公司——Genrad——工作了22年。塔克来到哈佛之后,作为塔克助教的查理·莱顿(Charlie Leighton)(1960届MBA)对他的了解最多。莱顿回忆塔克为什么离开Genrad,而去哈佛商学院任教:

> 他是得克萨斯人,亲切,富有人情味。我记得一天他向我讲述一个故事。他开车从Genrad的办公室回到在康科德(Concord)的家。他在晚饭时很兴奋,告诉妻子他找到一条回家的新路——一个让他来回上班可以节省3分钟的路!他非常兴奋地告诉妻子那条新路。妻子看着他说,"弗兰克,你已经在那儿工作20年了。这就是你告诉我的最令人兴奋的事情吗?也许你该换个活法了。"他说那句话触动了他的神经,然后他看着妻子,说,"没错!"

塔克刚到哈佛商学院那几年教金融学,但是很快转向创业学这个新兴学科。他决意尤其密切关注新成立的小企业。塔克开始参加SBANE 的年会,以及在哈佛商学院举行的其他会议。

塔克不久又参加了 1959 年 7 月首次在商学院召开的,由国家小企业协会(National Small Business Men's Association)主办的小企业老板和经理人研讨会,与会人包括来自各行各业的小企业代表,这些企业生产木材、混凝土、石油、弹力织物、石印清漆、电炉等等。就像参加SBANE 会议一样,塔克尽其所能促进会议取得成功。有时,他担任协调人;有时,他也会站在台上,发表具有独到见解的演讲。

短短几年间,对塔克和商学院来说,这些研讨会成了意外的投资。1963 年阿诺德·霍斯默(Arnold Hosmer)教授退休时,塔克接手的不仅有霍斯默开设的带有其浓郁个人风格的制造业小企业课程(Small Manufacturing Enterprises),而且有创业企业管理课程(二战后由迈尔斯·梅斯开课,过渡时期由一批讲师讲授)。这是那个时期商学院唯一关于创业学的两门课程。塔克从原先的第二职业或兼职工作中获得的人脉与经验现在可以直接用于商学院的二年级课程。

同时,塔克继续将他有限的时间放在 SBANE 和其他小公司上。20世纪 60 年代中期,由于塔克在 SBANE 和其他小企业组织中的工作经验,以及在二年级创业学选修课中积累的教学经验,塔克开了一门相关领域的新课。在那个时候,塔克在哈佛商学院的一部分同事正默默催促商学院考虑为创业者开设一门继续教育课程。在理查德·杜利(Richard Dooley)教授的非正式领导和组织下松散加入这一筹备工作小组的除了塔克外,还包括迈克尔·多纳姆(Michael Donham)教授,帕特里克·莱尔斯(Patrick Liles)和约翰·惠特尼(John Whitney)等。他们的目的是力争使一个有意义的实验获得必需的行政审批,这个实验是指由商学院主办和开设的专门面向创业公司和小企业的高级管理课程。

第四章

杜利,商学院生产领域的教授——从传统上来说这个专业与大制造商密切相关——似乎不大可能领导这场变革。但是他努力工作,了解学术实验和机构政治。他懂得街头的生活智慧。他的父亲,家电推销员,在大萧条时期,穿过俄克拉何马(Oklahoma)的尘暴重灾区(Dust Bowl),向小城镇的商店兜售洗衣机,父亲去世时,杜利才9岁;那时,为了撑起这个家,他的母亲去学校当教师。1950年杜利获得于哈佛商学院的MBA,四年后成为商学院的教师,1960年获得博士学位,1965年,以他在生产领域的卓越造诣成为教授。20世纪50年代末到60年代初,作为商学院比较成功的海外高级管理风险投资学的先驱和与其他管理学院合作的倡导者,杜利也在校内举行的各种重要研讨会上进行讲学。

总之,杜利是一个能够发现并抓住机会的人。他将他的注意力转向商学院培养高级管理人才的旗舰课程——AMP和PMD市场普及率的分析。他尖锐地指出,"一位拥有1,700万美元资产的果酱与果冻企业的人,并不能从研究大公司的经验中学到什么。"他、塔克和他们的同事决定新开一门关于培养高级管理人才的教育课程,可以满足类似果酱与果冻企业的需求,这些企业规模虽小,但却很成功,同时,公司主要由老板进行管理。

他们逐渐设计出课程的总体框架。在这个框架的指导下,提出分期开设系列课程的概念:分期完成课程,例如每年一期,连续上三年。在这种方案下,学员可以有三个星期时间不在公司——领导暂时走开并不影响公司的运作。这个方案的优点是:学员可以来商学院集中学习三个星期后再回到公司。他们可以尝试在工作中应用他们所学到的知识,然后再准备参加哈佛下一期的课程。杜利和他的同事们对这个方案越干越起劲,而且——尽管行政方面的节奏比较慢——贝克院长和他的管理班子仍对设计此课程的教师表示鼓励。杜利,塔克和其他教创业者的有经验教师开始整理教案以便更好地组织这门不同寻常的管理课程。

在这个时期,弗兰克·塔克继续为创业者的校内"院外"研讨会奔走呼吁。他希望那些已经开设、口碑良好并有可能持续下去的课程得到商学院官方的批准。例如,1970年12月,他正式请示给予在校内连续举行了六年的夏季研讨会以"特殊课程"的身份。这个三天的研讨会由全美小企业投资公司协会(NASBIC)主办,由哈佛商学院提供授课教师。1970年的NASBIC研讨会集中讨论如何以及为什么要为企业提供风险资金的问题。但是正式的批准并不是教职工随便说了算的。1971年夏天,研讨会再次举行的时候,仍然是作为院外课程。

其他人可能已不再为成就此事而奔波,而塔克却继续坚持着。他在这个时期写的文章表示他越来越坚信商学院可以在新企业和小企业的创业领域做出有益的贡献,他对这前景充满期待。他希望商学院给得更多,而不是更少。例如,1971年秋天在一封寄给卢·沙特克(Lew Shattuck)(新英格兰小企业协会当时的执行副会长)的信中,塔克提到他深信哈佛商学院很快会提供"额外课程计划,研究课程(方案研究和案例开发),和额外面向(小企业)商人的短期课程"。

不久,塔克的预测应验了。1972年初,由他、杜利和其他同事提出的高级管理教育实验课程终于得到劳伦斯·福雷克(Lawrence Fouraker)院长(两年前接任乔治·贝克)开的绿灯。行政审批解决了,课程开发者现在面临更巨大的挑战:创立一门可行的课程。不断召开会议讨论相关事宜,会议期间,塔克、杜利和慢热的帕特里克·莱尔斯反复斟酌课程的整体概念,包括新颖的课程结构以及每天安排哪些教学内容这样的细节。

1972年8月13日到9月1日,小企业管理课程(SCMP)的第一期课程开课。杜利是该次课程的负责人。60位企业高级管理人(59位男士和1位女士,这位女士7个月前成为家族企业钢船租赁公司29岁的

第四章

年轻副总裁)愿意支付每期课1,500美元的费用重新回到学校。他们在欢迎信中读到,"在上课期间,你们应该尽量避免处理公司的各项事宜,你们应该暂时家庭放在一边。"在房间等着他们的是一摞关于政策、金融和市场营销的案例。

在首期学员中有批发商店和饭店的老板,有为原始设备制造商(Original Equipment Manufacturers, OEMs)生产零部件的企业经理人及建筑公司和通信公司的总裁或董事长。他们来自不同的行业,但大多数的高级管理人员具有两个共同特点:他们是通才,而且他们是决策者。一半以上的人是公司的董事长或总裁。学科负责人杜利说,"每次电话响起,这些人就要准备为商务中的某个方面做出重要决定。"

杜利采取措施保证这些经理人与他们的日常生活暂时隔离。就像上AMP和PMD一样,这些学习SCMP的人被分成由六到八人组成的"罐头小组",他们的私人房间与共同生活区、学习空间和浴室相连。每组成员都是根据他们能否互补,以及会否产生摩擦而精心匹配的。

杜利和他的同事们想培养一个以学术和友情,以及信任和挑战为特点的学习环境。这些都很难兼顾到。他们都不是一般的学生,他们白手起家,不会轻易拿出三周的时间;他们寄予哈佛商学院很高的期望。同时,他们绝不允许自己犯"初学者犯的错误"。

杜利渐渐感到自己肩上这个项目只准成功,不准失败的担子越来越重。1972年夏天,弗兰克·塔克退休。他离开后,帕特里克·莱尔斯接任为二年级创业学选修课(莱尔斯将其重新命名为"开创新企业")的学科负责人,而且很少有时间讲授SCMP了。

很快,哈佛商学院无法满足市场的需求。八十多位具有资格的候选人申请SCMP的前60个学员位置——还没到抢的地步,但这着实让那些教师信心倍增,他们本来还担心会不会一眼望去都是一排排的空座。为了不让另20名申请者失望,杜利和SCMP的教师们立刻开始计划开设另一轮三单元循环课,计划从 1973 年 1 月开课。

1973 年 1 月和 8 月,尽管存在由能源危机、水门事件和股票市场的低迷等造成的不稳定因素,学员们对参加这两期课的学习仍然很踊跃。回来参加第二期课程(最后是第三期)的学员们坦率地说出 SCMP 给他们自己及公司带来的种种好处。SCMP 班的"亲密小团队"很快可以与商学院 MBA 班的团队合作相匹敌,这是高级管理课程中很少见的现象。

但是课程内容还很不完善。1972 年第一期课结束前,杜利了解到需要额外的创业案例,他们不得不从零开始做。原因之一是商学院的案例"库"中关于小企业的材料一直都很匮乏。但是也因为课程学员们独特的特点:大多数创业者边干边学;一些学员只接受了很少或没有接受过正规的教育;很少有学员以前学过或自学过全套的商务基础。SCMP首先要填补这个空白。因此,前几期的课程集中讨论如政策制定、战略策划及财政和人事管理等问题。

后几期的课程主要讲授如何促进增长、提高生产率,介绍关于兼并、并购或出售企业的谈判等问题。由于早期的学员和教师之间交流充分,课程具有很强的针对性。例如,1974 年 6 月和 1975 年 6 月,教师为 SCMP重新编写了 50 个案例,反映出该课程对小企业以下问题的特别关注:税务方面的特殊问题、发展策略、家庭参与、团队与单人管理、产品创新、立基市场定位等等。

学院派创业者以前曾提到过的马蒂·马歇尔,1975 年加入 SCMP 的教师队伍。马歇尔最初是作为海军军官在二战期间被派往哈佛商学院的。战后,1947 年他回来完成 MBA 课程。他毕业后继续留在哈佛写案例,试着教书,后来决定取得博士学位(1953 年完成)。他的研究方向是市场营销。马歇尔发现自己对他教的学生越来越感到好奇。哪些人报名上 SCMP? 此课程的学员可以分为几类?他做了个调查,数据结果的

第四章

类型让他很感兴趣。

马歇尔回忆说,"大约有三分之一的人来自于家族企业,这些都是有独立见解的人,那些想做不同事情的人会与不想改变的人起争执。"其他的人要么是老板兼管理者,要么是高科技创业者,要么是问题解决者,解决公司遇到的棘手问题。

并不是每个学员都会成立公司。马歇尔认为有些人最终会成为"雇佣军"——职业经理人,他们占据极其重要的职位,但是没有受雇公司的所有权。马歇尔很清楚雇佣军和老板之间本来就没有爱。他说,"雇佣军们嫉妒老板,来哈佛上课也不会起多大的作用。他们上完我们的课,回去就找公司的麻烦,说他们需要公平对待。基本上,只有相对少数的人会冒险争夺公司的所有权。大多数人不想负什么责任。他们想要的是安全的保证。"

马歇尔认为,从SCMP中获益的人是那些刚开公司的人,或者至少是那些需要系统管理以便有效运作的实体。所以,当20世纪80年代到来时,马蒂·马歇尔准备让课程具有更强的针对性。

他回忆道,"SCMP现在需要做两件事情,第一件,也是最重要的,我们要让这一课程成为专门面向老板—经理人的课程。"1981年,马歇尔接任杜利成为课程的负责人。他首先着手严格筛选学员。自此以后,SCMP只为具有至少10年管理经验的CEO们开课,他们拥有公司所有或大部分的股权,公司的年销售额在300百万到7,500万美元之间。这种变化反映了学员结构的变化;几乎所有来上课的学员都是老板—经理人。马歇尔平静地说:"我们要传达的意思是,'如果不能同时拥有并管理公司,你就不要来。'我们不再需要雇佣军。"

第二件要务是为课程改名。这只是个象征性的举动,但对马歇尔来说却很重要。他已经了解到SCMP的一些毕业生对课程的名字感到困窘。课程名称中的"小企业"只是哈佛的一群教师闭门造车的结果,这个名称与外面的真实世界一点关系都没有。马歇尔解释说,"比方说我是个毕业生,在一个小城镇经营一家在那个镇子最大的公司。我不想让人们听到我去参加 SCMP!"马歇尔得出结论,新的名字也将反映并且加强在人们心中学员结构已经变化了的印象。

马歇尔断断续续用了差不多一年的时间为课程起新名字。最后,他发现自己在十个名字间举棋不定,但是教师与课程的学员对任何一个都不感兴趣。尤其是,他的同事们更起反作用。他说,"在这儿常年教书的人宁愿我叫他们'滑头',也没人出来帮我改变这个局面。"

最后的决定很自然,而且在商学院中一致通过,这个结果非常出乎意料。当课程管理人来到马歇尔的办公室宣布 SCMP 需要为 1985—1986 学年制定新的课程小册子时,马歇尔抓住了机会。他说,"我得让他们拍新照片,因为照片上人们穿的衣服已经过时了。既然我们打算按照重要程度的顺序进行改变,我刚刚想到并随手写下了一个新名字:股东/总裁管理课程(OPM)。"

他并不想刻意让人注意他一个人的创新,但马歇尔知道宣传是很重要的。为了让主要的支持者意识到这一变化及减少由此带来的困惑,马歇尔在《华尔街日报》登了一篇广告来宣布此次更名。(他后来分发了 6,000 多份广告的再版本。)他也为所有 SCMP 的毕业生颁发了新的毕业证,祝贺他们拥有了 OPM 毕业生的新身份。

没有任何异议。事实上,马歇尔笑着回忆,有些教师在更名之后好几个月才注意到这个变化。

在马歇尔的领导下,课程量增加了。OPM 学员每天至少进行三个 70 分钟的课上讨论,每个案例要求每个人和小组准备几个小时。而且,工作日是六个全天。并不是所有的学员都喜欢这样的强度,但是大部分人十分重视深入的交流和从中获得的坚固的友谊。

马歇尔也适当调整课程以便更好的利用系列课程的优势。他解释,

第四章

"在第一期和第二期课之间,学员们要查看一下影响他们公司的外部环境。他们要问自己这样的问题,'正在发生的事有哪些是重要的?'——然后他们交上一份关于这方面心得的报告。第二个任务是可选可不选的:他们可以交上一份公司的商业计划。完成了这些作业并与教师和其他人共同完成社会工作之后,所有参加过 OPM 的人都会告诉你——他们不再做与自己公司业务无关的事情了。"

令人高兴的是,行业多样性不会影响有用信息的交流,反而会加强人们之间的关系。马歇尔承认,参加 OPM 的人来自各行各业,有些行业他都没有听说过。然而,他们有一些共同的话题,这使得他们可以相互学习。他说这是因为他们都有一些重要的特点:"大多数都是或多或少不合群的人。他们都在经营自己的公司,在参加 OPM 课程之前,没有和别人分享过任何经验。在这里,他们可以互相分享他们没有想到的很多事情。"

药店和鱼店

以下两个案例有助于我们理解我们所谈论的观点:一个是连锁药店,另一个是连锁鱼店。

参加 OPM 课程的 15 名成员之一,杰弗里·罗斯(Jeffrey Ross)回忆道,"我在 8 岁时就在药店工作,所以知道怎样经营药店。但是我不知道怎样与银行磋商进行银行贷款,不知道如何看资产负债表,不知道什么是战略规划。"

当他父亲意外去世时,罗斯 30 岁。他突然接管家族经营的连锁药店,很快发现他需要帮助。不是因为公司遇到麻烦了。罗斯说:"相反,公司正在发展。每年的销售额都在增加:22%,33%,25%。结果是我不能再和小银行合作了。所以,我到波士顿拜访各大银行,但是我不知道如何做计划或预算,甚至不知道如何与这些人进行交谈。"

　　罗斯从小亲眼看着他父亲以手工方式经营生意。当罗斯从药学院毕业,和父亲一起工作后,他发现很难说服父亲用现代化的方法管理公司,这使他感到很沮丧。罗斯解释说:"我父亲生于贫困家庭,他不想用他赚到的钱去冒险。这我可以理解,但要改变这一点可不那么容易。"

　　当父亲去世时,生意传给罗斯和他的姐妹们。姐妹们表示对此没有兴趣,所以由罗斯经营。罗斯开始追回分布在科德角(Cape Cod)以及波士顿西部和南部郊区的 18 个药店中逾期未付的款项。他用计算机处理药品配送与储存,再重新上架。生意做大的结果是可想而知的,而且非常可怕。

　　他说,"我自己不能处理所有这些事,而且我不知道如何管理一个发展中的公司,包括如何委派任务。我们赚越来越多的钱,但我们不知道为什么没有足够的钱付员工的薪水。"

　　OPM 帮助罗斯解决如何以更高效的方法引导公司发展。他列举了几个 OPM 帮他培养的有用的习惯。他说:"多亏了马歇尔,我开始走进我的药店,将自己介绍给我的顾客。我会说,'感谢在我店购买药品。我是这个公司的总裁,我很愿意倾听您对我公司提出的意见和建议。'"当拜访朋友和家人时,他会查看他们的药箱。"如果他们正买我们的产品,我会问有什么我们需要进货的其他药品。如果他们没有购买我店的药,我会问为什么,是否我们能做点什么让他们来我店买药。"

　　罗斯学会了怎样跟大银行打交道以及令顾客满意。通过全方位锻炼他的技能,罗斯继续扩张他的公司。他有了 31 家店,年销售额 6,000 万美元。当第三方处方计划威胁他的成功时,罗斯决定卖掉连锁店。1992 年罗斯把自己的公司出售给 CVS(Consumer Value Stores)连锁店,不再回头。他说,"从大往小做很难,再做得更大也很难。已经没有了我们的竞技场。如果问我在 OPM 学到的最重要的是什么,那就是我

第四章

知道了什么时候该把公司出手。"

第二个例子是关于乔治·伯科威茨(George Berkowitz)(第10届OPM毕业生),波士顿合法海鲜(Legal Sea Foods)公司的创立人。这个例子始于伯科威茨到哈佛的一次不经意的拜访。他回忆道,"只有一个星期,但我却获得了启发。"

这次的经历让伯科威茨心甘情愿地暂时放下自己的公司去参加为期三周的OPM课程。离开三周并不容易,他承认,但应该可以。他说,"毕竟,如果公司离了你三周都不行,说明你没把公司经营好。"

伯科威茨的创业冲动早在一二十年前来哈佛时就萌发了。他父亲经营坎布里奇的肉类市场和杂货店("在茵曼广场非常有名——他卖的东西都是最好的"),伯科威茨是最小的儿子,没什么希望继承父亲的家族生意。他与他的堂兄合伙在隔壁开了一个鱼类市场。那年是1950年,他25岁。

他说,"并没有多少人做鱼类生意,我发现了原因!人们只在周五的时候买鱼,因为宗教传统,也因为他们认为那时的鱼新鲜。后来教皇说可以在周五时吃肉。我们想我们大概要倒闭了。但事实却是人们周一来买鱼了,周二也买,几乎每天都买。"因此,合法海鲜的鱼类市场不仅存活了下来而且生意开始兴隆。

合法海鲜现在在东海岸拥有十几家餐馆和市场。公司大获成功的原因一定程度上在于伯科威茨的大儿子罗杰(Roger)接手了伯科威茨的生意,而且罗杰受到父亲的鼓励去学习OPM课程。

"时机非常好,"罗杰(第13届OPM毕业生)指出。"我们有六七个经营项目,但是到了停滞期,发展非常缓慢。"伯科威茨家族当时正考虑除了海鲜餐馆之外再开其他种类的餐馆,但是罗杰在商学院的学习让他的想法发生了180度的逆转。他解释说:

马蒂·马歇尔问我从事什么行业。我告诉他我从事餐馆行业。这是在第一期课上。所以马歇尔告诉我去做这个行业的"环境分析",在一年后的下一期课上交上来。当我做完后,他根本没有看;他只是把报告拿到课堂上,说,"好吧,伯科威茨,现在你从事哪一行?"我告诉他,"我做鱼类生意。"确实是。鱼类是我们企业的核心,我已经意识到我可以开其他的餐馆,但是它们应该都是海鲜餐馆。

于是,罗杰得出结论,家族"继续做鱼类生意"。

课程成熟了

1997年——OPM具有代表性的一年——有14人上了这门课。约一半的人是公司总裁,11%的总裁同时是CEO。

其中约一半的公司的销售额在1,000万到5,000万美元之间;三分之一的公司的销售额在100万到1,000万美元之间。其中约35%的公司的员工数量在100到500人之间,约四分之一的公司的员工数量在50到100人之间,小企业的员工数量不到50人。尽管约10%的学员来自于"食品与租赁/其他服务"行业,但没有一个行业的学员在这门课程中占绝对多数。

1993年以OPM负责人身份退休的马歇尔将这门课看作哈佛商学院的经典课程。他认为他教这门课的那些年是自己职业生涯中最令人满意的部分。他确信OPM对学习这门课的创业者和他们的公司产生了很重要的影响。马歇尔说:"这些年来,很多人对我说,'你知道吗?OPM真的影响了我关于做什么的思考,我也因此赚了几百万。'"

他笑着归纳道:"我总是说,'好的。给我5%怎么样?'到目前为止,还没看到一分钱。"

第五章 三城传奇

当乔治斯·多里奥及新英格兰地区的合资人,在二战后充满渴望的年代里创立美国研究与发展公司 ARD 时,风险资本这个词在广义上已经存在一二百年了。

像费迪南德(Ferdinand)和伊莎贝拉(Isabella)就属于一种风险资本家,因为他们资助了一个年轻的创业者克里斯托弗·哥伦布(Christopher Columbus)。19 世纪还有一些风险资本家投资开挖运河和修筑铁路,开发了北美大陆。为了获得高额利润,他们将资金投入高风险行业。19 世纪末 20 世纪初,美国实业家迅速积累巨额资产,又重新运作手中的资金,从而获得更多的财富。

但严格来说,风险资本是 20 世纪中期美国的一项发明。美国数以百计的城市内广为盛行风险投资。但谈起运用它的经典故事,还应把目光聚集到以下三个经济活动的天堂:纽约、波士顿—128 号公路经济带和南起旧金山北至帕洛阿尔托(Palo Alto)童话般的半岛。这三个地区都各有各的优势与不足。

当然,在从事风险投资的群体中,最具创新又大为赢利的项目是由一小部分人做成的。他们中很多是哈佛大学的 MBA,或麻省理工学院、斯坦福大学及其他高端技术中心的工程师。这些精英既相互竞

第五章

争又相互合作,对于 20 世纪下半叶美国经济的空前繁荣起到了重要的作用。

路起纽约

故事开始于纽约。国家用金融资本支持各种企业,无论新企业、成熟的企业,还是老企业。在 20 世纪 20 年代,每年投入新企业的资本有 40 亿美元,并且大多数的投资集中在曼哈顿南端的几个街区中。

"经济大萧条"扼制了金融投资业的发展,投资金额减幅大约高达 50%。但是这种经济灾害在风险投资方面表现得更为明显。在整个艰难的 20 世纪 30 年代,美国最富有的家族财团,在其选定的几个行业里坚持进行大胆的投资。有些家族这样做是为了保护和增加他们的财富,还有一些则是由于紧迫感和责任的驱使:如果他们不去尽力拯救资本主义,还能指望谁?

例如,1924 年由富有的菲普斯(Phipps)家族与格斯特(Guest)家族投资建立的贝西默证券公司(Bessemer Securities Corporation)向许多公司做创始期、第二期及第三期的投资,并且在 20 世纪二三十年代进行了大量的杠杆收购。以资产颇丰的克莱斯勒(Chrysler)董事为代表的 H.E. 塔尔博特(Talbott)投资公司,在 20 世纪 20 年代非常活跃和成功。总部设在纳什维尔(Nashville)的公平证券公司(Equitable Securities Corporation)因购买新起步的公司的股本,帮助它们发展,最后使其上市,而受到瞩目。政府也进行一些"风险投资":1932 年美国国会成立了复兴金融公司(Reconstruction Finance Corporation)来应对"经济大萧条",1938 年,该公司开始向一些创业公司提供贷款。

或许,二战前最为成功的"风险投资人"是美国石油大亨的孙子劳伦斯·洛克菲勒(Lawrence Rockefeller)。他对技术及航空业非常着迷,所以他出售了自己在标准石油（Stand Oil）的部分股份，把资金注入新企业。他有惊人的独立捕捉机会的天赋，例如，他资助一战美军王牌飞行员埃迪·里肯巴克（Eddie Rickenbacker）建立了新东方航空公司（Eastern Airlines），并资助了詹姆斯·麦克唐奈（James McDonnel）建设飞机制造厂的构想。他也向自己的兄弟姐妹提供投资项目的机会。

另一个战前风险投资人是一个纽约报纸集团的继承人，约翰·海·惠特尼（John Hay Whitney）。像劳伦斯·洛克菲勒一样，20世纪30年代惠特尼独自进行了一系列大胆的冒险投资。他的战时经历，包括他在战俘集中营的那段痛苦记忆，促使他下定决心要做善事并把它做好。这件善事就是帮助资本主义战胜邪恶的纳粹主义。但他战后的投资取向更偏重专业化的领域，力求通过勤勉与刻苦的工作确保投资获得可靠的回报。1946年2月惠特尼公司（J. H. Whitney & Co.）开张。惠特尼个人出资1,000万美元作为资本，旗下有六名专业人士。后来，惠特尼评价道："惠特尼公司成立之初是多少抱着服务他人的宗旨的，当然，同时它也希望赚钱。"

惠特尼公司发明了"风险资本"这个词，这也是投资业的传奇之一。也许因为惠特尼厌倦了《纽约时报》把他的公司称做"金融投资公司"，它其实不是。在一次午餐合并头脑风暴之后，一个关于公司的全新描述诞生了：私人风险资本投资公司。这个名称是固定的，并且它的简称（风险资本）最终得到了整个行业的认同。

开张第一年的一天，一位身材矮小、有着法国口音的男士来到惠特尼公司。他就是乔治斯·多里奥。他用了几天时间在惠特尼公司提问并记录。这位颇具传奇色彩的哈佛大学教授正打算创立自己的风险资本投资公司，ARD。ARD与惠特尼公司在某些方面截然不同。ARD可以公开上市，可以多渠道融资。多里奥此举可谓相当谨慎。作为一位学者兼企业家，他想在踏入这行以前尽量多了解一些"风险投资"业的知识。

第五章

波士顿的超越

尽管多里奥精心准备，美国研究与发展公司（ARD）在其经营的最初几年里始终没有任何起色。由于总是为缺少现金而困惑，从1948年开始，它开始向它所投资公司的收取管理费。（是以收取直接服务费或管理费的形式，所有收费直接上交ARD。）但是，到1949年，ARD仍然入不敷出，公司出现了44,000美元的赤字。同年，其首次公开募股鲜有人问津：没有一家投资金融公司愿意承销它的股票。一年半过去了，这些新发行的股票还有57%未售出。

该公司本希望在1949年能出现盈余。但这一年，他们所投资的11家企业里只有6家赢利。有几家它最初投资的公司已经陷入经营困境。没有一家能够挑起大梁的。

ARD受到越来越多指责，但多里奥依然沉着冷静。ARD所投资的企业里有一半以上是新创立的，而且这些新创立的企业在各自的领域里是开路先锋。多里奥尖锐地提醒他的批评者，把公司做大，绝非一日之功。

到1952年，ARD已在16家公司投入了400万美元资金，当年的销售总额达到了6,000万美金。进步很慢，更糟的是人们看到的进步总是滞后于现实。1953年，该公司的每股净值仍然只有9.5美元，表明从公司成立起，每年只有2%的增长。[1]为提高公司知名度，提高股票价格，1953年2月多里奥为ARD投资的企业产品举办了"未来产品展"。有大约四千人观看了展览，参展产品既有自动冷却的枕头，也有用于制作皮鞋面料的硝皮机，无奇不有。这个展览后来每年都举办，ARD的股东与公司所投资企业的CEO们借此聚会，谈论和了解产品，会展也成了ARD股东与媒体代表交流的平台，还有ARD，与股东和媒体代表的交谈的会议。

毫无疑问，年会上的重头戏是多里奥对股东的发言。有一次年会上他对当年该公司在投资中的失利深感抱歉，为没有谨慎调查感到惭愧。人们对此产生了极大的好奇：哪一家公司应受责备？哪一家公司的管理者事先没有被调查清楚？"我们会更加审慎地进行，"最后，多里奥出人意料地抖出一句："……在国库券方面的投资。"人群中爆发出一阵欢呼。

但是轰动的效果取代不了业绩。第二年，该公司的董事会认为，投资者还要等待相当长的时间才能看到公司的起色，所以实行现金分红。另外，一些机构投资者不再持有分红前的公司股票。多里奥勉强答应进行分红，但鉴于公司现金短缺，必须出售公司一部分股票。股票售出后，每股将有25美分的红利。同时，该公司渐渐地从他们在苹果或虾加工一类技术含量较低的企业投资困境中走出。"从现在起，"1955年年度庆典上，多里奥告诉公司的股东："现在你们爱吃哪家的虾就去哪家。"

但是，批评还是纷至沓来。1955年2月28日《巴伦周刊》(Barron's)发表的一篇文章指出：

> 虽然有哈佛大学、麻省理工学院和道富公司(State Street)的资金和技术优势，但ARD在利润方面实在难孚众望。自从九年前成立至今，它是亏损大于赢利；只进行过一次分红，每股红利25美分。大多数情况下它的股价低于上市时每股25美元的价格。公司股票的长期持有者有些已经等得不耐烦了。但抛出股票的话，又往往血本无归。

但是，ARD所投资的一家企业现在给它带来了一丝曙光。麻省理工学院的附属企业高压电工程公司走上正轨了。1946年ARD给这家公司投入了20万美元。1956年，ARD开始给本公司持有高压电工程

第五章

公司股份的人进行配股。到了1958年，年度配股使得ARD的分红上涨到每股2.4美元。

可是，ARD的处境依然举步维艰。如果没有高压电工程公司的业绩支撑，ARD的每股红利只有可怜的3美分。这招致股东的满腹牢骚。但有一位敏锐的观察者，金融界有名的美国投资银行昂特伯格·托宾公司(C. F. Unterberg, Towbin & Co.)的合伙人之一，贝尔蒙特·托宾(Belmont Towbin)，有着截然不同的观点。他对《巴伦周刊》的人说：

> ARD只售出30万股。任何一个股东大量抛售股票都会给ARD带来致命的一击。看看现在电子股票有多牛：这年头，任何人，哪怕他手里只有一块烙铁和一根铁丝都可以出售股票。但是这些股票可都是未知数。若想把股票风险降低到最小，ARD就是不二选择。[2]

可能有些ARD的投资人，对公司飘忽不定的局势忧心忡忡，期待着多里奥尽快收回投资。事实证明，他们是杞人忧天。1957年春，应麻省理工学院财务主任霍勒斯·福特(Horace Ford)之邀，ARD的一个年轻员工参观了麻省理工学院的林肯实验室(Lincoln Labs)。这个年轻人叫威廉·康格尔顿(William Congleton)，1948年毕业于哈佛商学院，获硕士学位，有着"技术经理"这样一个不为人知的头衔。康格尔顿认为，ARD在技术方面存在严重不足，而且过于依赖与麻省理工学院的联系。访问林肯实验室期间，康格尔顿对美国计算机先驱、麻省理工学院的研究人员杰伊·福斯特(Jay Forster)表示，他对个人计算机领域非常感兴趣。那时福斯特主要专注于学术研究，但他向康格尔顿引荐了两位年轻的工程师：肯·奥尔森(Ken Olsen)和哈伦·安德森(Harlan Anderson)，他们不知名，却准备要"干一番事业"。

奥尔森比较活跃。他拥有麻省理工学院的电子工程硕士学位，上过美国海军雷达学院，二战中在海军部队服役。在福斯特的指导下，他带领研发队伍在林肯实验室做研究工作。这个实验室曾研制出号称世界速度最快的计算机:"飓风",以及美国空军半自动地面防空警备系统(Semi-Automatic Ground Environment defense network)的中央构建模块。奥尔森曾经是麻省理工学院和国际商务机器公司(IBM)(美国空军半自动地面防空警备系统两家主要承包商)的联络人,也是电子晶体管在计算机应用方面的专家。设备里的电子晶体管取代了真空管时,电子设备也就从"模拟"化走向了"数字"化。奥尔森带领他的研发队伍,研制出了几种数字设备,比如实验室检测设备等等,用于政府工作。

康格尔顿对奥尔森和安德森的工作非常感兴趣。在康格尔顿的建议下,奥尔森和安德森写了一份商业计划,以推动这些产品实现市场化。他们随后递上了一份长达四页的提纲,康格尔顿建议增加计划书的深度,还建议技术人员不能只搞计算机研究,应集中精力开发发展潜力大的数字构建模块。这些模块可以卖给实验室,然后实验室会把这些模块设计成完备的计算机。

康格尔顿非常清楚为什么要暂时搁置计算机的研究。尽管这个领域充满吸引力,但对 ARD 的许多人以及至少某位董事而言,微型计算机显得过于超前了。他们深信计算机的前沿领域早就是通用自动计算机公司(Univac)、斯佩里公司(Sperry)和 IBM 的天下。奥尔森和安德森接受了董事会的建议,将公司的名字由原来打算起的数字计算机公司(Digital Computer Corporation)改为数字设备公司(Digital Equipment Corporation)。

ARD 接受了商业计划书的修改意见。1957 年夏,该公司向 DEC 投资 7 万美元,这笔投资足够买这家新公司 78% 的普通股。奥尔森在马萨诸塞州梅纳德(Maynard)的一家毛制品厂以每平方英尺 25 美分的价格租了 9,000 平方英尺的厂房,开始生产基于数字的测试模块。预算很紧张。DEC25 周年庆典的时候,奥尔森对前来庆贺的人们说:"用 7

第五章

万美元就能做成一件事情，这太难得一见了!"非常值得一提的是，公司运营第一年，营业额达94,000美元，略有盈余。

在奥尔森做财务报告时，多里奥故作愁容地对他说："真遗憾竟然发生了这种事。""在此之前，还没有公司能这么快成功并且存活下来。"

舆论界对于在梅纳德的工厂生产出的产品还是一头雾水。（竞争对手，甚至ARD董事会成员也有一两个不知工厂在干什么。）1957年10月，ARD在业务通讯中告诉所有股东："工程师和科学家会将DEC生产的部件，运用到当今最先进的计算机电路和各组成部分的开发测试中去。"

但是奥尔森并没有止步不前。那个年代计算机的大小和房间相差无几，由技术人员操作穿孔卡片才能运转。那时候可没有"用户界面"。中央式计算机信息用户把他们的要求传达给身着白色工作服的技术人员，并期望得到尽快处理。奥尔森希望制造出更精巧、更灵活，可以让用户自己编程的机器。他把这一设计称做"编程数据处理器"或者叫PDP。它将采用半导体，而不是真空管。由一个可以供用户直接输入命令的键盘（通过阴极射线管），给用户一个"窗口"让用户看到操作的内容。第一代PDP——PDPI——于1960年年末上市。

ARD董事会成员私下里观察了PDPI，并且测试过其性能。他们对奥尔森和安德森用有限的预算资金得到的成就印象颇为深刻。公司一位老员工记得，研发队伍返回波士顿时，他们"有点不敢把这个消息告诉多里奥"。那时，计算机领域还是一处险地，能够经营得利的只有IBM。

当然，接下来就是计算机的发展史了。DEC取得了令人振奋的成绩。继PDP之后，他们又推出了一系列更精巧，更便捷的产品。这些产品十分畅销。奥尔森及他的公司几乎是单枪匹马地开拓出"微机"市场。它们的最初投资人——ARD，也因为此项创造而大大获利。

1966年，DEC上市时每股的出价是25美元。几乎一夜之间，ARD

的 7 万美元投资的面值已达 3,700 万美元。

随着 DEC 股票的上涨,ARD 的股票价格也跟着水涨船高。1967年夏,DEC 每股股价高达 80 美元之时,ARD 的投资价值则达到 1.4 亿美元。(三年后,这个数字变为 2.6 亿美元。)到了 1967 年末,DEC 的股票占了 ARD 投资组合的三分之二。DEC1946 年投资的 1 美元,当时已值 30 美元。[3]

这都应归功于里奥坚定不移的信念。1968 年,他在给股东的一篇文章里,写下了一段文字:

> 从公司创办到顺利经营,经历了许多年。起初我们经历了梦想的破灭,克服了许多突发性的挫折。
>
> 观察敏锐、勇气十足以及工作勤劳并不足以解决所有问题。当希望破灭之时,人往往不知所措。
>
> 金融状况从来不提前预报给人们。但是股东应该记住,风险投资是一个危险却又能有所建树的行业。

危险却又能有所建树:这句话抓住了 ARD 在风险资本领域的理念。

培养对手

尽管对 DEC 的投资最终证明了 ARD 投资哲学的正确性,但前方依然有三重挑战等待着它。每个困难都培育着新的竞争对手,并导致了这家公司的最终倒闭。

很不幸的是,第一个挑战就来自于多里奥自己。这个有些害羞的欧洲人,性格多变又鲁莽,还是一个典型的监工型人物。ARD 招募的许多有才华的年轻员工中,无论是从哈佛商学院毕业的金融高手,还是来自麻省理工学院的技术干将,都感到被公司束缚得无法动弹。这纯粹是多

第五章

里奥一手造成的。1960年初，多里奥认识了一位来自美国西海岸（West Coast）的年轻风险投资人。多里奥盛情邀请他加入ARD。他的意思很明确，就是在多里奥卸任时，这位年轻人将会领导整个公司。

年轻人给了他一个非常干脆的回答："多里奥先生，迁到波士顿已经很糟了，为您效劳就更糟了。"

ARD面临的第二大困难就是它对自己的员工超乎寻常的奉献要求。杰斐逊·阿舍（Jefferson Asher）在哈佛商学院时曾师从多里奥。1948年3月从商学院毕业后，由于家庭的原因，他婉拒了当多里奥助教的机会。但是，一年后，他非常高兴地应多里奥的邀请加入了公司。那时，公司的四名职员中，两名是哈佛商学院的硕士，两名是来自麻省理工学院的硕士。他们齐心协力发挥自身力量，对每日不断涌入公司要求公司投资的申请进行认真的筛选。

而且，有时候，这些职员还要去处理那些投入资金后运转不良的公司。多里奥认为，当公司处于危难时刻，个人做出牺牲是必要的。根据阿舍的回忆，这种苛刻的要求，往往导致了问题。

> 我被分配到一家不属于我负责的公司——库尔特公司（Coulter Corporation），海湾沿岸（Gulf Coast）最大的一家虾加工公司。它的基本情况是：25艘渔船，一间冷藏库，以及一条专用的虾加工生产线。尽管表面上看起来它像模像样，实际上我们的投资一直在亏损。
>
> 我观察它一年后，就告诉多里奥："嗨，怎么搞的。那里总有人搞破坏。"多里奥的回答是："你再继续观察，看能不能处理吧。"那里环境非常糟，我不能让我的妻子和两个女儿在那里居住。我只好让家人住在波士顿，自己去得克萨斯住了一年。
>
> 我解决了这家公司的问题。我关闭了五家收购站中的四家，让大家团结起来，使得码头不再发生大量的窃虾事件。盗

窃减少以后，我们开始赢利。但是鲍威尔和多里奥让我留在那儿，这让我很烦。于是多里奥把我召回，问我："怎么了？杰夫？你不想成为世界上的虾加工大王吗？"我说："不，去他的，我可不想成为世界虾加工大王。"他模棱两可地回答："你要知道这是你的工作。你必须这样做。"我接着说："见鬼去吧。"随后就辞职了。

做出类似付出的其他职员却没有什么抱怨。其中一个回忆道："当时我们刚失去工作，这儿有位将军给我们找活干。随他把我分派到任何地方。我都愿意去。"公司有时要求年轻员工把资助的企业完全扭亏为盈。在这样的情况下，他们觉得自己帮人赚下大把的钱，却一分也得不到。

由此就导致了第三个问题。从法律上讲，ARD 不过是个小型的商业投资公司，而美国证券交易委员会（SEC）规定禁止投资公司的雇员持有被投资公司的股票期权。多里奥骨子里是个学者和经济传道士，所以这法规对他而言没什么。（意识到相关条例对公司不利后，多里奥最终通过努力，使得美国证券交易委员会在相关条款上做了一些修改。但也是换汤不换药。）但这样的处理方式对他身边拥有远大抱负并帮助许多人富起来的年轻人是行不通的。ARD 的一名年轻雇员，把一个公司已经注入几百万美金的即将倒闭的公司，经营到能够偿清债务，并为公司"赢回"了那几百万美元。他受到任何奖励了吗？公司表示了很大的善意，奖励了他 2,000 美元。

另一个争论的焦点是在被投资公司的股票期权方面。一些比较幸运的人发了一笔横财，如电子设备公司 DEC 一类单位中拥有董事股票期权的那部分人；而那些没有的呢，则只能望"股"兴叹。这种方法可没有取悦 ARD 的雇员。并且绝对是个错误。例如，DEC 的所有董事会成员都有公司股份，包括 ARD 的成员威廉·康格尔顿、多萝西·罗（Doro-

第五章

thy Rowe)、韦恩·布罗贝克(Wayne Brobeck)及哈里·霍格林(Harry Hoaglin)。当DEC的股票飞涨之时,这些有股权的人可是发了一笔横财。而真正为此卖命的人,却一无所得。

那么许多ARD的成员对于这套制度颇有微词,也就不足为奇了。公司内的几名员工,包括康格尔顿本人,曾建议多里奥保留公司的一些股份作为酬金和分红用来奖励公司员工。但是,由于种种原因,多里奥最终没有采纳这种具有激励性质的奖励方法,员工的抱怨依然得不到解决。

第一个与ARD决裂的人是小约瑟夫·鲍威尔,哈佛商学院1926届毕业生。在公司成立之初,他是多里奥的得力助手。1951年,他离开公司去克利夫兰的一家公司做管理人员。[另一位是哈佛商学院毕业生,威廉·埃尔弗斯(William Elfers),1943届MBA,也是公司的创办人之一,接任ARD的副总。]1960年鲍威尔返回波士顿帮助创办了波士顿资本公司(Boston Capital Corporation),当年夏天,该公司以波士顿第一家小企业投资公司的身份上市。公司有150万股份被售出,这为公司净赚了2,030万美元。1964年的公司年度报告中称赞道:"这是自有风险投资股上市以来募集到的最大一笔单项资金。"

波士顿资本公司创立之初与ARD有很多相似之处。和ARD一样,它的员工多数来自麻省理工学院和哈佛大学。它的赞助人是毕业于哈佛的金融家约翰·蔡斯(John Chase)。公司的管理者是鲍威尔,多里奥的密友。麻省理工学院航空航天系的主任查尔斯·德雷珀(Charles Draper)同意作为一名董事会成员加入该公司。许多迹象表明,波士顿资本公司可能会走ARD成功发展的老路。波士顿资本公司向一家影像冲印公司——伯基摄影公司(Berkey Photo, Inc)投资22万美元,五年后其价值就上涨了五倍。

波士顿,风险资本游戏的第二大城市,正在非常出色地参与竞争。

当然,它还需要从纽约取经,但它现在已有许多自控能力。

纽约插曲

沿东海岸绵延200公里,投资集团就在这片世人瞩目的土地上发展。

不像多里奥和他的同事,纽约的风险投资家们并不担心会赶不上战后迅猛发展的经济步伐。纽约是金融业的中心,是美国公司的总部,这样的地位看来一时间是不会改变的。

还有一点,就是纽约没有什么特殊的创新传统。这儿没有麻省理工学院可以依靠,没有林肯实验室可以指望,也没有才华横溢又充满雄心壮志的像奥尔森一样的人。但是纽约有着长达一个多世纪的金融投资历史。由于这样的历史,纽约的风险投资人总爱把资金投入到某一特定的交易中,而不是技术方面。在金融投资领域里,风险投资可能是最为活跃又最为危险的一种。但它只是其中的一种而已。在投资银行业中,纽约是一个领导全球的金融领袖。

而且,金融领域的风险资本中的风云家族,也都彼此相知甚熟。洛克菲勒、惠特尼、菲普斯、格斯特四大家族经常聚会。他们一起学习,一起出席舞会和董事会等各式聚会。

或许可以说,纽约风险投资集团非常在乎"门当户对"。每笔交易的参与者是谁?他们的关系怎样?他们是否能彼此看"对眼"?一名前纽约银行家,现在在西海岸做风险投资的人讲了一件他的银行拒绝与一家公司合作的事情,尽管那份商业计划书写得非常漂亮。拒绝合作的原因就是,他听说那个公司的老板是因为尿床而被部队开除的:这可不是我们理想的合作对象。

然而,纽约的投资人还是跟着洛克菲勒及两名惠特尼家族成员走。

第五章

[1947年乔克·惠特尼(Jock Whitney)在其妹妹琼(Joan)向她自有的佩森 & 特拉斯克公司(Payson & Trask)投入500万美元之后,这两名惠特尼家族成员成了一对友好的竞争对手。]这些风险投资人始终在寻觅着新的投资机会。截止到1950年,他们不断地采用一种被称为"里程碑"式的投资方法,就是在那些有望赢利的公司每发展到一个新的阶段,他们就注入一笔资金。例如,首轮投资是支持产品生产;第二轮投资则是用于产品的测试等等。

在每次的融资过程中,纽约的投资人总想找到一些合作者来分担风险。他们是唇齿相依的关系。他们到北面的波士顿寻觅,最后找到ARD。

罗克的一举成名

1950年的一天,阿瑟·罗克(Arthur Rock)的秘书敲开门,问他是否愿意与一个没有事先约定的保险推销商会面。

罗克是哈佛商学院1951届毕业生。他当时在海登-斯通(Hayden, Stone & Company)公司的纽约总部工作。那是一家老牌证券公司和经纪公司,其办公地点大多集中在纽约和波士顿。罗克在公司企业署工作,负责公司大大小小各项事物。尽管海登-斯通公司有固定的生意伙伴,它也涉足一些新的领域。1958年公司的一份报告中说:

在戴维·麦克尼尔(David MacNeil)助理和阿瑟·罗克助理的协助下,海登-斯通公司财务部正紧锣密鼓地从数百家等待投资的小企业中展开调查,确定投资对象。本公司对高新产业的了解在业界颇有名气,尤其是在电子、核工业和仪表制造业。

公司的宣传手册中强调,尽管新兴产业"前景广阔",但是传统产业依然是"企业署的生命之源"。戴维·麦克尼尔和罗克一直有许多其他的杂事。但是罗克不介意，他喜欢在工作中与来自不同职业的人——科学家、工程师和发明家——接触。他还喜欢把事情放在一起做。比如，1955年，罗克为通用晶体管公司（General Transistor）制订了整套贷款计划。通用晶体管是第一家独立的半导体生产商。它的目标市场是助听设备。"我喜欢与（通用晶体管公司）的首席执行官赫尔曼·菲阿尔科夫（Herman Fialkov）打交道，""他能够证明晶体管具有实用价值。对于我来说呢，我又发现了一个新领域。"

罗克总是认为自己对未来市场有先见之明。1947年，贝尔实验室（Bell Labs）的三名科学家发明了晶体管，但八年以后这项发明才打入市场。"我能看出一个产品的市场前景，"罗克说："没有必要彻底了解它们，只要能从它们中分辨出哪些是无利可赚的垃圾产品，哪些会是市场中的抢手货。"罗克对晶体管的市场前景信心百倍。

在此关键时刻，罗克对他秘书的突然请示感到吃惊又烦闷。最近总是有保险销售商频频造访，罗克统统请他们吃了闭门羹。

"我问那人是不是从事保险业的，"秘书非常抱歉地回答："他说'我是John Hancock互助人寿保险公司的职员。'我的老板认为您可能知道一个人——乔治斯·多里奥，他认为您会接待他。我觉得这人可能是个法国人。"

平日里缄默不语的罗克笑了笑，并且同意了这次未预约的会面。他不是多里奥的学生，但他久闻这位波士顿风险投资大亨的盛名（以及多里奥是John Hancock互助人寿保险公司董事会成员这件事）。现在，多里奥没打算在保险业内有什么作为，而是在寻找机会购买坐落在芝加哥的一家名叫马格纳科德（Magnacord）的磁带传送系统公司。海登-斯通公司最终买下了这家公司，但很后悔买下的时候该企业已经完了。

在风险投资领域里，失败是常有的事。罗克继续寻找着投资机会。他喜欢在那些具有创造性的工程师和科学家身上花费时间。1957年的

第五章

一天,海登-斯通公司一名员工向罗克转交了一封信,写信人是尤金·克莱纳(Eugene Kleiner)。克莱纳当时在威廉·肖克莱(William Shockley)手下工作。肖克莱是发明晶体管的三名贝尔实验室科学家之一,曾经在西海岸建立过一家实验室。尽管肖克莱才华横溢,但却很难共事。在他手下的七位科学家包括克莱纳,都有一个非常模糊的想法,就是为一家现有的公司成立一个研究部门,以获得股权。他们给尤金·克莱纳父亲在其公司设有经纪账户的海登公司写信,问公司总部的态度。

罗克安排了一次与那几名科学家在洛杉矶的会晤。科学家的重重忧虑让他心有所感,并提出了一个新的解决方法。罗克回忆道:"我的打算就是让他们另组一个子公司或分支机构,那么他们就能够得到较好的管理,并且成功之日也可以分享收益。"现在这七名科学家里,又添了一位罗伯特·乔伊斯(Robert Joyce),八位科学家一致同意这样被"买进"。他们与总公司做了收益划分及八二分红:每位科学家可得到10%的分红,海登公司则为20%。每个人都同意投入500美元。

刚开始的结果比较令人失望。罗克回忆道:

> 我们游说了所有的大公司,它们大多数表示希望从事新兴科技领域的业务。战争已经过去了,但是它们没有一家这么做。它们都说:"我们不能这样做,我们欣赏这样的想法。但是,这不能在我们公司应用。"在我们遇到舍曼·费尔柴尔德(Sherman Fairchild)之前,大约有35家公司拒绝了我们。

费尔柴尔德在美国战后的经济发展中可是一位重量级的人物。他父亲是乔治·费尔柴尔德(George Fairchild)。他父亲曾经劝说托马斯·沃森(Thomas Watson)离开美国国立现金出纳机公司(National Cash Register),接手经营后改名为国际商务机器公司(IBM)的计算-制表-记录公司(Computing - Tabulating - Recording Company)。因为对IBM的巨大贡献,费尔柴尔德父子得到了丰厚的奖赏。20世纪50年代,舍曼·费尔柴尔德是该公司的第一大股东。费尔柴尔德在自己工作的领域里也是一位发明家。他创立了仙童相机与仪器公司(Fairchild Camera and Instrument)和仙童发动机与飞机公司(Fairchild Engine and Aircraft),以期待将来在航空摄影领域探索新的空间。他采纳了罗克的意见,由自己的总公司独资又组建了一个新公司——美国仙童半导体公司(Fairchild Semiconductor)。总公司投资了150万美元资金,并且对于新公司已发行的股票保留全部购买的权利。

两年后,也就是1959年,仙童相机与仪器公司开始行使其股票购买期权,并且买下了海登-斯通公司的所有股份。八名科学家组成的"仙童八人组"(Fairchild Eight)的名声不胫而走。参与这项业务的各方人员皆大欢喜。费尔柴尔德集团直接拥有了一家最为赚钱的子公司。海登-斯通公司获得了相当可观的分红;"仙童八人组"的每个成员从仙童相机与仪器公司获得了价值25万美元的股份。发表公司合并声明后,股价飞速飙升,翻了一番,这下他们手中的股票价值达到了50万美元。

更为重要的是,从长远来看:这为纽约风险投资团体和位于圣克鲁斯山(Santa Cruz Mountains)脚下斯坦福大学附近的飞速发展的新产业集团之间,搭起了一座桥梁。

源在半岛

杰斐逊·阿舍曾是ARD的工作人员,也曾不情愿地当过海湾虾制品公司(Gulf Coast Shrimp)的经理。1961年夏,当他接到过去的同事约瑟夫·鲍威尔的一个电话后,毅然辞去在西海岸的美差。阿舍曾与柯克·道格拉斯(Kirk Douglas)一起共事多年,他曾试图把这位大明星乱七八糟的个人财物理出头绪来。道格拉斯在最先的几年里,赚进数百万美元。但是,他仍然入不敷出,还欠着美国政府几百万美元。原因是,他

第五章

在那几年里完全被一些无耻的顾问给骗了,阿舍回忆道:"接手那项工作后,我学到的比我在哈佛商学院学到的都多。当我看到这行的欺诈和虚伪时,非常地吃惊。"

鲍威尔问阿舍是否愿意做波士顿资本公司驻西海岸办事处的经理,公司上年开张的时候搞得很隆重和热闹。阿舍对好莱坞的世风日下早已厌恶,这次,他抓住了这个机会。1961年夏季,他的波士顿资本公司的分公司在洛杉矶的威尔夏大道(Wilshire Boulevard)开张了。

阿舍也由此加入了西海岸风险投资人团体的小圈子。至少在纽约和波士顿,人们是这样定义风险投资人团体的。20世纪50年代中期,大家公认的多里奥在西海岸的竞争对手,春光大道资本公司(Spring Street Capital)被收购。但是它并没有从此从那片土地上消失。(一家营业公司接管了它。)1958年,《小企业投资公司法》(SBIC Act)鼓励银行参与风险投资,大多数的西海岸银行——包括美国银行(Bank of America)纷纷加入进来。1959年在圣迭戈(San Diego)成立的电子资本公司(Electronics Capital Corp.)作为小企业投资公司公开上市;如今它已凭借经营有方在该领域里声名显赫。同一年,曾经是投资银行家和战后重建德国、日本主要负责人的小威廉·德雷珀将军(General William Draper Jr.),利用洛克菲勒财团和拉扎德银行(Lazard Freres)的资金在西海岸成立了一家叫做德雷珀-盖瑟-安德森公司(Draper, Gaither, and Anderson)的风险投资公司。这家公司经营了大约十年。弗兰克·钱伯斯(Frank Chambers)(1939届MBA)掌控下的大陆资本公司(Continental Capital Corporation)开始对处于成长期的技术公司进行长期投资。

但在20世纪60年代初,大部分实质性的进展是通过旧金山的非正式社交网络达成的。创业个人和各公司间的交易人员会在午餐时间聆听一位科研人员的创新介绍。例如,里德·丹尼斯(Reid Dennis)的消防员基金公司(Fireman's Fund)就经常这样。吸引投资商的方式又上升到一个新的水平。一位善于言辞,阐述清楚的工程师,可以凭着一个具体可行的创意获得10万美元的风险投资。

许多科研人员能够在技术发明的沃土中他们的想法转变为现实,那片沃土就是:斯坦福大学和环帕洛阿尔托周边地区。曾就读于斯坦福大学工程技术系,后获得于麻省理工学院硕士的弗雷德·特曼(Fred Terman)单枪匹马地经过层层磨难成为一名高新技术企业家。1951年,特曼说服斯坦福大学在其地价特高的校园一隅建起了斯坦福工业园。(园区面积很大,斯坦福大学的校园面积居世界第二,仅次于莫斯科大学。)1954年,由特曼的两个学生创办的惠普公司(Hewlett-Packard)成为开路先锋,进驻工业园。随后的几年间,各种创意和新产品洪流般从工业园及其周围地区喷涌而出。

尽管西海岸地区"盛产"创意。但它不像东海岸那样有充足的创业资本。它也缺少把资金和创意相结合的有效途径。

向西发展

阿瑟·罗克对自己预感未来的能力深感欣慰。因为他已成功地帮助了八位愤愤不平的科学家成立了美国仙童半导体公司。罗克决定再次跟着感觉走。1961年,他又迁回了西海岸。

他后来回忆道,向西迁移的想法遭到了那些聪明的纽约同事的普遍反对。

> 大家都认为我疯了。但是我却看到了难以估量的机会。西部缺少可以投入到企业中的资本。那里没有东部家族基金会那种有组织的投资集团,传统上,大量的钱都是从东部流出来的。我知道那些钱在哪儿。我与汤米·戴维斯(Tommy

第五章

Davis)会面,我们决定向西发展。

一家崭新的风险投资企业——戴维斯罗克投创公司(Davis & Rock)的成立无疑是旧金山的一颗炸弹。罗克的新伙伴,汤米·戴维斯曾是科恩县土地公司(Kern County Land Company)的副总和谋士。他当时负责投资地产特权信托和其他比较有利润的信托。他已经成功地投资于一家来自斯坦福大学的高新技术企业——渥特强生(Watkins-Johnson),并且想做更多类似的尝试。令他沮丧的是,科恩公司的管理方式不像想象中的那样具有进取精神。当与罗克合作的机会出现时,戴维斯很快地做出了合作的决定。

他们合作的第一件事就是制定出有关风险资本的新方案。这个举措解决了困扰着 ARD 很久的薪酬问题。他们认为戴维斯罗克投创公司应该是一家合股经营的企业,而不是一家小企业投资公司或是上市公司。罗克提议资本所得应该二八分红,即有限合伙人(被动投资人)得80%,一般合伙人(罗克与戴维斯)得20%。

在此基础上,罗克动员他在东海岸的各种关系,募得资金500万美元。这后来几乎成了风险资本公司的典型启动模式。"那可是相当多的一笔钱",他淡淡地说,"比现在的500万美元值钱。"戴维斯罗克公司开始用这笔钱投资。

这是一项无止境的工程。直到1968年戴维斯罗克公司解散,它手里还有最先投入的500万美元中的160万美元。同时,他们已经从投资中获益9,000万美元。

"没有"把500万美元都投出去,这在很大程度上体现了罗克和戴维斯的个人经营方式。他们不仅事先认真调查投资项目,在投资期间也全程充当被投资公司的顾问角色。他们熟悉这些公司的总裁、他们的家庭和亲人。他们在那些公司的董事会任职。他们很快拥有了良好的口碑:戴维斯罗克公司的投资是一段美好关系的开始。

同时,这样的投资也反映了时代的特点。罗克回忆道:

> 记得那时候没有什么竞争。不像20世纪90年代,你要走出家门去敲别人的门找事做。人们知道我们在做什么,都主动走向我们。我们有充足的时间来调查。我们去评估所有值得评估的业务。当然,运气也是很重要的。

这家合股经营的公司证明了它占尽天时、地利、人和。在七年多的发展史中,戴维斯罗克公司的股价增长率达到54%。他们最为得意之作,就是向罗克曾在其董事会任职33年的特力得公司(Teledyne),以及科学数据系统公司(Scientific Data Systems)的投资。事实上,对科学数据系统公司的成功投资,成为戴维斯罗克公司友好解散的引信。从1968年起,罗克成为该公司的董事长。美国证监会(SEC)明确声明,只要罗克担任科学数据系统公司董事长,戴维斯罗克公司的投资人就无权销售科学数据系统公司的股票。科学数据系统公司是罗克的最爱,不得已,罗克和戴维斯选择解散戴维斯罗克公司。

更多"移民"

同一时期,值得一提的还有来自西海岸的投资人。

威廉·德雷珀(William Draper)(1954届MBA)是著名的德雷珀将军的儿子,德雷珀将军参与创建了德雷珀-盖瑟-安德森公司。从哈佛商学院毕业以后,威廉在内陆钢铁公司(Inland Steel)工作,在那里他遇到了另一位哈佛商学院的毕业生——富兰克林·皮彻·约翰逊(Franklin Pitcher Johnson)(1952届MBA)。约翰逊擅长管理工厂,而德雷珀最终转向了市场销售。德雷珀回忆道,那是一个乏味单调却又使他获益匪浅的职位:

第五章

我们都住在印第安纳州的芝加哥城东部。那是一个真正的工业城,如果你在周六洗过车,那你就要在周日再洗一遍。焦炭厂,炼油厂,水泥厂产生出来的垃圾全都落在你的车上。我在内陆钢铁公司待了五年,到1959年我加入德雷珀-盖瑟-安德森公司时,我对于美国工业已经了解了很多。

威廉·德雷珀加入了他父亲创立于旧金山的德雷珀-盖瑟-安德森公司。由于投资者都是重量级人物,这家公司创立之初就引起普遍的关注。《商务周刊》(Business Week)上也有一篇捧场的文章。在这家公司,威廉·德雷珀用了五年的时间学习风险投资。从1962年起,他开始自己创业。他与内陆钢铁公司的同事,皮彻·约翰逊,合办了德雷珀约翰逊投资公司(Draper & Johnson Investment Company)。公司总部设在帕洛阿尔托,这是一家小企业投资公司。

开始的几年举步维艰,为了保持收支平衡,德雷珀和约翰逊在公司的年薪只有1万美元。1965年,他俩决定与另一家专门从事商业中心融资的小企业投资公司——萨特希尔地产公司(Sutter Hill Land Company)合并。新的公司叫做萨特希尔资本公司(Sutter Hill Capital Company)。新公司的总经理由威廉·德雷珀担任,副总由组合前另一家公司的保罗·威思(Paul Wythes)担任。"我们合并就是为了共享复印机和接待员,"德雷珀说:"我们也就是刚能糊口。"

公司定位于帮助新企业运营,因为萨特希尔的早期创立人全都在成熟的公司中担任过运营的角色。这家位于帕洛阿尔托的公司很快在西海岸的风险投资圈中树立起鲜明的形象。投资位于圣克拉拉(Santa Clara)的美杰公司(Measurex Corporation)是一个早期的成功案例。美杰公司是一家新成立的从事造纸和纸浆机数控设备生产的公司。1968年美杰公司需要125万美元启动资金,而萨特希尔资本公司只有25万的投资能力。德雷珀和他的同事必须再找合作人,而来自纽约的贝西默公司签字加盟了。

1968年,美杰公司的股份每股价格为1美元。两年以后,变为每股40美元。由于对美杰公司的成功投资,萨特希尔获得"国家风险投资奖"(National Venture Capital Award,由哈佛商学院授予的年度奖项)。美杰公司于1971年12月首次公开募股,并且很快在纽约证券交易所(New York Stock Exchange)上市。1997年,霍尼韦尔公司(Honeywell)以6亿美元的价格收购美杰了公司。

萨特希尔公司筹措资金之时,又出了岔子。德雷珀谈起当时的情形:

> 乔治斯·多里奥是我的朋友。我们都在想办法赚钱。我们都在找投资项目,我就去波士顿找他商谈此事。他说:"我的公司在西海岸设个办事处,你去干不就行了?"我当时接受了这份工作。但是随着交谈的深入,每项决议都需经波士顿同意的意思也越明显。我要向波士顿的董事会汇报情况。我会成为董事会成员,但是却不能独立。

终于,在1970年初,为了寻找靠山萨特希尔公司投靠了一家在纽约证券交易所上市的加拿大大型实业公司,金斯塔有限公司(Genstar Ltd)。作为公司的唯一有限合伙人,金斯塔投入100万美元为该公司的80%财产利益提供保证。剩下的20%则由威廉·德雷珀和保罗·威思担保。在随后的30年里,萨特希尔公司创造了令人吃惊的记录。它投资的200多家公司的市场资本值高达500亿美元,年平均利润曾长速度超过了35%。

1969年戴维斯罗克公司的解散,以及1970年萨特希尔公司的重组,标志着一个时代的结束和另一个时代的开始。旧金山至帕洛阿尔托这块地区,一片充满信心与资源的热土。德雷珀约翰逊公司、萨特希尔公司以及戴维斯罗克公司的传奇故事被广为传颂。许多竞争者也摩拳

第五章

擦掌,准备涌入这片曾经沉睡的西部风险投资领域。

波士顿:新的开始

1965年,ARD的副总威廉·埃尔弗斯开始对自己的工作不满。在ARD工作了二十多年,当了十四年多里奥的助手,他已经从多里奥那儿学到了自己可能学到的东西。尽管埃尔弗斯是继任多里奥职位的第一人选,但当时多里奥还没有任何打算退休的意思。像待在多里奥身边许多有才干的人一样,埃尔弗斯想在风险投资业拥有一席之地。最终,他像其他公司同仁一样,希望能在比ARD让他得到更多经济回报的地方一展身手。

看到了共同的诱人前景,埃尔弗斯开始寻找可以给予他已经成立的一家公司寻找支持。这家公司位于他所住的韦尔斯利山大街上,叫做格雷洛克公司(Greylock)。埃尔弗斯的公司受到他的熟人和以前在ARD工作时结交的朋友的关照。许多知名的金融财团,对埃尔弗斯在ARD的贡献印象很深。他们都非常愿意帮助埃尔佛开启一番新事业。

"这就是格雷洛克公司'最初的开始',"埃尔弗斯说道。"可能除了戴维斯罗克公司,格雷洛克公司是第一家由多个投资团体投资合股经营的公司"。有一家公司想成为格雷洛克公司唯一的投资人,被埃尔弗斯婉拒了。他要把格雷洛克公司建成一家由多方融资的企业。另外,他想各通过不同的投资人来整合智慧资源(还有经济资源)。

舍曼·费尔柴尔德是埃尔弗斯头脑中的一个人选。费尔柴尔德在埃尔弗斯担任G. M. 贾尼尼公司(G. M. Giannini)副总时就认识他。那是一家位于帕萨迪纳(Pasadena)的公司(费尔柴尔德在董事会上为了自己公司的利益与埃尔弗斯代表的美国研究与发展公司发生过激烈的争执)。巧的是,埃尔弗斯来找费尔柴尔德时,正是费尔柴尔德买下了"仙童八人组"的所有股份并买下了阿瑟·罗克创立的仙童半导体公司一年之后。费尔柴尔德当时已经69岁，并不缺钱。他给埃尔弗斯投资是因为自己非常欣赏这位年轻的对手。埃尔弗斯认为，费尔柴尔德就是喜欢支持新的风险项目。

埃尔弗斯既需要合伙人又需要投资人。他的第一个合作者是丹尼尔·格雷戈里(Daniel Gregory)(1957届MBA)，波士顿投资团体的一颗新星。埃尔弗斯向格雷戈里描述了一派新奇的景象：一个会给"管理合格，产权清晰，资金充裕，计划长远的企业"投资的风险资本组织（正如该组织的一份备忘录向投资者们所描述的那样）。格雷洛克公司将会是私人企业，这就回避了ARD和许多小企业投资公司遇到的报酬问题，而且可以摆脱惠特尼和洛克菲勒的家族势力而进行多方融资。格雷戈里正想在风险投资领域开辟一块属于自己的有利市场，所以很快就签约了。1965年，格雷洛克管理公司(Greylock Management Corporation)正式成立。

威廉·埃尔弗斯起初没怎么打算专门招聘哈佛商学院的毕业生。但是，随着公司规模的不断扩大，签下的人大多是哈佛商学院的新科MBA。1966年，在与多里奥的合作中，埃尔弗斯与在ARD工作过五年（曾是多里奥的助教）的查尔斯·韦特(Charles Waite)(1959届MBA)签约。三年后，埃尔弗斯与其合作者又招聘了亨利·麦坎斯(Henry McCance)(1966届MBA)，麦坎斯加入格雷洛克公司之前在国防部做民用战略策划员。于是，格雷洛克公司最早雇用的14名合作者中有11名是来自哈佛商学院。

格雷洛克公司在最初10年里做成了50笔生意。它已成为波士顿风险投资公司中响当当的名号，甚至在全美国都数得着。截至1973年，它投资的50家公司里有17家已经上市，并且有4家已被出售给大公司。当ARD不知再继续向哪里走的时候，格雷洛克公司决定涉足处于

第五章

摇篮期的有线电视领域。1963年投资"小青年"阿莫斯·霍斯泰特（Amos Hostetter）(1961届MBA)和H.欧文（H. Irving）(1960届MBA)合作创办的大陆有线电视公司（Continental Cable Vision）是格雷洛克公司的得意之作，也牢固地树立起了格雷洛克公司作为长期投资者的形象（亨利·麦坎斯曾在大陆有线电视公司的董事会工作了25年）。格雷洛克公司也顺利地成为在医药界投资命中率很高的投资人，这部分得益于它参与了1967年对戴蒙公司（Damon Corporation）的投资。该公司在格雷洛克注资以后与另外一家格雷洛克公司的投资对象国际设备公司（International Equipment Company）合并，获得了20%的回报率。

格雷洛克经常与波士顿或其他地方的风险投资公司合作。美国研究与发展公司就是其中之一，格雷洛克公司与ARD管理层保持着友好关系。（除了双方的相互尊敬，彼此间还有太多的共同利益，使得双方必须采取友善的态度。）另一家是波士顿资本公司。是约瑟夫·鲍威尔将大陆有线电视公司引入格雷洛克的视线中的。

另一个友好的竞争对手是1967年彼得·布鲁克（Peter Brooke）(1954届MBA)创立的T.A.联营公司（TA Associates, Inc.）。布鲁克退伍后，在波士顿第一国民银行（First National Bank of Boston）工作。然后他开办了一家当时有悖潮流的叫做高科技借贷集团（High Technology Lending Group）的风险投资公司。他说：

> 银行不再给新英格兰地区的公司贷款，因为这儿的公司快要垮掉了。纺织业已向南转移，制鞋业向西发展等等。所以当地银行都转而投资全国性的大公司。
>
> 我还提到："我们并不是想要地方联营经销权才那样做。"我写了一篇文章，文中指出，银行应该集中所有的资金用在我们拥有优势并且能够使地方经济自给自足的产业：高科技。那时麻省理工和哈佛有着成堆的合同单子，还有其他的额外订

单,银行却对此领域视而不见。所以我站出来,向那些刚起步的规模小的高技术公司贷款。

布鲁克在贝西默证券公司待了两年,学习风险资本在纽约的运作规则。1963年,在波士顿投资金融公司塔克-安东尼-戴公司(Tuck, Anthony & R. L. Day)的赞助下,他成立了自己的投资公司塔克-安东尼集团公司(Tuck, Anthony & Co., Inc.)。但启动资金是通过与贝西默证券公司、洛克菲勒集团和其他纽约投资者发行风险资本证券筹措而来的。安东尼集团公司获利颇丰,就连(美国)国内税务局(IRS)都要求布鲁克拿出所得进行分红。当布鲁克清算出分红足够支付合伙人的税金以后,他又用剩下的钱建立了一个新的风险基金千禧I公司(Advent I)。这是一个新的实体,T. A.联营公司是这家有限合伙公司的主要合伙人。

在布鲁克与其合伙人C.凯文·兰德里(C. Kevin Landry)的有效管理下,T. A.联营公司一跃成为全国最大的风险资本合伙公司之一。凭借遍布各地的分公司和下属机构,加上布鲁克的积极鼓励,T. A.联营公司以及后来接替它的千禧国际公司(Advent International Corporation)成为美国第一家向国外"出口"风险资本概念的公司。最终T. A.联营公司即后来的千禧国际公司,成为大批年轻风险投资家的培训基地——他们离开公司后,都开了自己的公司。其中有1978年,由汤姆·克拉夫林(Tom Claflin)(1974届MBA)创建的克拉夫林资本管理公司(Claflin Capital Management, Inc.),和威廉·伊根(William Egan),克雷格·伯尔(Craig Burr)(1970届MBA)和琼·德莱阿吉(Jean Deleage)创立的伯尔-伊根-德莱阿吉公司(Burr, Egan, Deleage & Co.)。以及1983年由E.罗·斯坦普斯(E. Roe Stamps)(1974届MBA),史蒂文·伍德萨姆(Steven Woodsum)两人创立的高峰创业伙伴公司(Summit Venture Partners)。最后是1987年戴维·克罗尔(David Croll)(1973届MBA)创建的媒体通信伙伴公司(Media Communication Partners)。以上所提的

第五章

这些人都曾在 T. A. 联营公司工作过,是第二代经理人,他们又栽培出第三代经理人。总的来说,T. A. 联营公司即后来的千禧国际公司,以及它的第二代和第三代投资经营者已经积累了数十亿美元,并且向无数的创业公司投资。

ARD：日落西山

格雷洛克公司和 T. A. 联营公司蓬勃发展之时,它们的思想先导——ARD 正在走下坡路。

这家公司在 20 世纪 60 年代末和 70 年代初还是有过一些成功举动的。(例如,它给波士顿特立得公司投资的 100 万美元,1970 年该公司上市时,获得高达 1,500 万美元的收益。)但是,一个公司由一个人管理了 25 年,即使这个人是足智多谋的乔治斯·多里奥,这种毫无竞争压力的环境还是会使公司难逃厄运。ARD 在投资界不再一枝独秀。公司人才大量地流向其他十几个对手公司。1971 年末,公司年度报告称:"股票以低于资产净值 23% 的价格被折折销售。这是有史以来的最低价。"

出人意料的是,1972 年初,ARD 的舞台落幕了。它与罗德岛的德事隆公司(Textron, Inc.)做出将要合并的声明。根据双方协定,ARD 的每一股可以兑换为数字设备公司(DEC)的四分之三股以及特立得公司的三分之一股。表面上看,这样合情合理。多里奥和德事隆公司的董事会主席 G. 威廉·米勒(G. William Miller)曾经在彼此的董事会工作过许多年。德事隆公司也同意了 ARD 的前提条件,那就是 ARD 有权保留它的公司客户的商业秘密,因为有一些公司与德事隆公司旗下的分公司是竞争对手。时年 72 岁的多里奥也声明自己将从一线管理层退出。

在波士顿,没几个人会为此欢呼雀跃。长期股东做出怀疑甚至焦虑的反应。接受 ARD 投资的公司也是万分沮丧。一位客户公司的总裁则表示两公司的合并就像看着自己的老爹做错了事情,自己却无能为力。他同时指出 ARD 的所有投资企业中,只有数字设备公司被事先征求过关于合并的意见。ARD 就这样瓦解了。

合并还掀起了新一轮的人才外流浪潮。1973 年 1 月,在 ARD 工作了 12 年的约翰·沙恩(John Shane)离开公司成立了帕尔莫公司(Palmer Organization)。沙恩认为,这是注定要发生的。

> 我不赞成与德事隆公司合并。我们在 ARD 花很多时间与这些处于创业时期的公司打交道。创业者带着点子来,我们就帮他们把公司办起来。我认为自己还想拥有一席之地的企业家不会去向大集团摇尾乞怜。那无异于羊入虎口。
>
> 我还与德事隆谈到了报酬问题。我对他们指出,如果一家大型集团公司拥有一个风险投资公司,那么集团公司就要接受一个事实,那就是风险投资部门的员工可能要与其他部门员工的报酬不一样。我建议他们提供一些吸引风险投资家的条件。他们却回答他们做不到。所以整体投资环境和报酬都不具有吸引力。
>
> 所以,我与总裁做了笔交易。我说:"我会待到美国研究与发展公司独立经营的最后一天;之后我会离开公司。"这也是我后来所做的。

经原来公司同事威廉·康格尔顿的引荐,沙恩来到了帕尔莫公司。康格尔顿曾在筹划数字设备公司时扮演了重要角色。帕尔莫公司从 36 个有限合伙人那儿筹集了 1,300 万美元的资金。这些资金来自个人、家族财团、非营利组织以及各公司。尽管都是合作伙伴,沙恩和康格尔顿继续在新的公司里做着在原公司里的工作:沙恩继续关注已注入资金的公司,而康格尔顿则发掘新的投资机会。三年内,帕尔莫公司向 14 个公

第五章

司投资了 460 万，并且还在寻找更好的投资机会。

回顾起来，帕尔莫公司有些过于谨慎。公司运营的第一年，大部分资金都没有使用。尽管，它与格雷洛克公司和 T. A. 联营公司有着友好的关系，但是帕尔莫从未真正进入波士顿内部投资圈的核心。这在一定程度上可能是由于康格尔顿对于建立和保持必要的政治领地没什么兴趣。而且，尽管帕尔莫公司没有像数字设备公司那样取得轰动性的成功，但也有一些比较成功的买卖。首先要提到的就是工作制服生产商辛塔斯公司(Cintas)，该公司的投资回报率是 1%。

微妙的竞争烟幕，在从美国研究与发展公司羽翼下发展起来的几家波士顿风险投资公司之间悄悄弥漫。埃尔弗斯的格雷洛克公司对刚创立的企业不太感兴趣，帕尔莫对此则比较感兴趣。T. A. 联营公司最终热衷于对新兴企业进行后期投资，后来又主要依靠对公司重组和杠杆收购(leveraged buyout)来获取利润。

但是，当时在亲密无间的波士顿风险投资世界里，压倒一切的精神是精诚合作。所有的"选手"都知己知彼。（许多人和哈佛商学院或者和美国研究与发展公司有着各种各样的联系，或者二者皆有。）他们互相尊重，也互相尊重彼此的势力范围。当出现一笔生意时，人们总会想到这是格雷洛克公司、T. A. 联营公司或是帕尔莫公司的买卖。但是它们也欢迎其他公司参与竞争。这种亲密的关系不仅把波士顿的风险资本公司联系在一起，还联系着他们在纽约的同行。

新旧相逢

其中一个对手公司是最老式风险投资的化身。在二战后的大约二十多年时间里，劳伦斯·洛克菲勒继续着他那非正规（但是非常成功）的风险投资。1960 年，他和三个同事——其中有极富传奇色彩的风险投资家查尔斯·史密斯(Charles Smith)——雇了一个见多识广的年轻的哈佛工商管理硕士，彼得·克里斯普(Peter Crisp)(1960届 MBA)帮助他们顺利运营公司。直到1969年，洛克菲勒才决定对自己的家族风险投资公司实行正规化运营。他这样解释道：

> 我们需要行动快一些。我们不想再在家族12个成员间跑来跑去筹集资金。所以，我们成立了范洛克(Venrock)，有7名家族成员参与投资。1969年我们公司的总资本达到750万，其中150万是追加资本。

范洛克联合公司(Venrock Associates)延续了劳伦斯·洛克菲勒的投资传统，他们向航空，仪器和其他新兴领域进行投资。有限合伙人很快在新技术领域的投资中顺利开局。公司最初的几个投资，包括对新成立的英特尔公司(Intel)的投资，很快使公司进入帮助西海岸高技术含量的新公司创业的角色。

洛克菲勒家族常回避新闻媒体。有许多的风险投资公司喜欢将自己的成功事迹公之于众。金融出版物的版面上很少出现有关范洛克联合公司的文章。大多数情况下，人们只能推断洛克菲勒的风险投资模式。比如当洛克菲勒的长期合伙人，同时也是范洛克联合公司的普通合伙人查尔斯·史密斯于1974年2月去世时，一些人注意到他去世之前曾经在以下公司的董事会工作过：安施公司(AVX Corp.)、Iomec 公司(Iomec)、重播联营公司(Playback Associates, Inc.)、等离子化学公司(Plasmachem Inc.)、(美国)热电集团公司(Thermo Electron)及范洛克公司。他还担任过电子专业公司(Electronic Specialty Company)和Elron电子技术公司(Elron Electronics)的董事长。

1974年夏，范洛克公司打开了另一扇投资之窗。由于纳尔逊·洛克菲勒(Nelson Rockefeller)在参议院听证会上被提名为副总统，他拥有的股份也被公之于众。正如《风险投资》(Venture Capital)杂志报道的：

第五章

聪明的读者一定能找出过去几年里,这个家族曾经参与过哪些公司的风险投资项目。奥泰克斯公司(AUTEX),剑桥存储器公司(Cambridge Memories),相干辐射公司(coherent Radiation),伊康姆公司(EOCOM),资料科学创投公司(Data Science Ventures),益世电脑公司(Evans & Sutherland Computer),英特尔公司,Iomec 公司,卡斯巴仪器公司(Kaspar Instruments),新英格兰核(子)公司(New England Nuclear),等离子化学公司,科学数据公司(Scidata),美国热电集团公司,UMF 系统公司(UMF Systems)……沃辛顿生物化学公司(Worthington Biochemical Corporation)以及其他的公司。

通常,范洛克公司每配送给其投资家族成员 10 美元,就会得到 2 美元的返金用于下一轮投资。(当然也有例外,那是小额股份卖出套现时。)一种证券可以上市买卖后,它就会被配发给家庭成员。家庭成员就会把这些低基点股票售出来支持慈善事业。但是范洛克公司最初 25 年的成功经营,使得 20 世纪 90 年代中期的政策发生了重要改变。那时,洛克菲勒集团的金融顾问认为其家庭成员所持有的风险资金的股份在固定资产中所占的比例太高。范洛克公司的高层经理们——包括彼得·克里斯普,特德·麦克考特尼(Ted McCourtney)(1966 届 MBA),安东尼·孙(Anthony Sun)(1979 届 MBA)和雷·罗斯罗克(Ray Rothrock)(1988 届 MBA)邀请了六家重点教育机构作为有限合伙人加入第二范洛克公司(Venrock II)。所有被邀请的机构欣然答应参加,由此范洛克的合资人队伍又扩大了。

范洛克公司的发展轨迹描绘出了风险资金令人惊叹的力量。根据彼得·克里斯普所说,那时候范洛克共投资了 272 家公司。其中 159 家运转顺利,收入 19 亿美元。另外的 71 家比较失败,共赔了 9,300 万美元。陪审团始终没有去评估剩下的 72 家公司。截至 1999 年年底,这些公司的总收入为 3,300 亿美元，员工达到 130 万人。范洛克公司的 103 个投资项目，投资时价值 150 亿美元，到 1999 年年底，这个数目变为 920 亿美元。

新芽生根

1969 年在纽约成立的新芽投资公司（Sprout Capital Group），是一家风险合伙公司，由一家实业投资金融公司——帝杰公司创办。[4] 20 世纪 60 年代末的某一天，帝杰公司行政副总裁理查德·赫克斯特（Richard Hexter）在他的纽约新办公室中想象着风险投资基金不仅可以使公司得到丰厚的投资回报，将来还可以增加公司的投资金融客户。赫克斯特的办公室摆放着大大小小的各式植物，他渐渐地把自己的设想与办公环境联系起来，于是公司的名字就定为："新芽"。

虽然赫克斯特并没有亲自提出自己的绝妙设想，但公司董事长兼总裁——约翰·卡斯尔（John Castle）(1965 届 MBA) 于 1969 年末，投资 1,150 万美元成立了新芽投资公司[即第一新芽公司（Sprout I），为的是将其与后来的新芽基金（Sprout Funds）区分开来]。这是第一家直接由投资银行投资和控股的风险基金公司。

成立第一新芽公司的想法产生于 1969 年夏天。公司元老梅尔文·克兰（Melvyn Kline）负责起草第一新芽公司的计划书，卡斯尔负责拟定大纲。卡斯尔有过多次与合伙人一次谈判成功的经验，他将这种方法应用于投资组合。参加合伙的公司免税，招收的合伙人主要面向机构投资者和退休金基金。

到了 9 月，卡斯尔的队伍已经初步形成。斯蒂芬·菲洛（Stephen Fillo）(1963 届 MBA) 是新成员；L. 罗伯特·约翰逊（L. Robert Johnson）(1965 届 MBA) 从帝杰公司其他部门调入参与组建计划，后来还参加了

第五章

基金的多个投资项目；另外还有肯尼思·亚内尔（Kenneth Yarnell）(1969届 MBA）。

1972年年中，第一新芽公司做出了第一笔1,150万美元的投资。到了同年秋，帝杰公司报告中提到第一新芽公司的税前复合增长率已达到23.6%。此时，1971年12月投资1,820万美元成立的第二新芽（Sprout II）公司的运行也十分顺利。第二新芽的有限合伙人包括通用磨坊（General Mills）退休基金，亚特兰大·里奇菲尔德公司（Atlantic Richfield），几家家族托拉斯和许多其他的基金会。

尽管，新芽公司是一家只有五位全职项目经理外加卡斯尔和另外两位一般投资人的小公司，它在充分研究递交申请的项目的可行性方面做得很成功。如果申请被通过的话，项目经理就要继续与所投资公司的管理团队精诚合作。

这种模式证明行之有效：新芽公司最初投资的25个项目中只有一个失败。1972年，公司投资的三家公司的股票已经公开上市，并且新芽以总额170万美元的投资获得未兑现盈利340万美元。它1970年向媒体网络公司（Media Networks）的投资，在1970到1973年间，以每年50%的速度增长。它对超微半导体公司（Advanced Micro Device）的投资回报率是10%。

1976年第一新芽公司停业清盘，结束了其七年的投资生涯。它的表现略低于期望值，每年的税前复合收益率只在11%到12%之间。但是在当时的时代，这个数字已经相当了得。在第一新芽公司成立之时，道琼斯指数徘徊在1,000点左右，随后的一年里它就跌了45个百分点。

相较而言，第二新芽公司赶上了更适宜的经济气候。实际上，它的表现明显胜过老大哥。每年复合回报率在36%左右（在交纳管理费之前）。第二新芽有几个得意之作，包括第二新芽公司于1974年向生产软盘的舒加德联营公司（Shugard Associates）投入了50万美元，一年之内,舒加德联营公司以4,000万美元的价格卖给了施乐公司(Xerox Corporation),其中新芽公司的股份值2,000万美元。新芽公司的联合业绩非常出色,这让原来的管理团队又为第三新芽公司(Sprout III)筹资2,000万美元,其中有第一和第二新芽公司投资者的1,400万美元。

在这里详述了新芽公司的故事,因为它体现了纽约风险投资传奇中反复出现的主题。新芽基金投资的首选是一些摇摇欲坠的公司,而刚开始起步的公司是它的次选。因为纽约有很深的金融传统,而且拿到大笔资金是轻而易举的事,所以人们倾向于把资金用于公司的后续运转而不是公司的启动。在这里,金融工程的发达程度高于其他各种工程。

就它自身而言,这无所谓好坏优劣,但是,却与美国西海岸的情况形成了鲜明的对比。

投资硅谷

1968年夏季的一天,即戴维斯罗克公司友好解散几个月以后。阿瑟·罗克在其旧金山的办公室里接到老朋友兼露营伙伴鲍勃·诺伊斯(Bob Noyce)的电话。

诺伊斯和七位同事离开威廉·肖克莱实验室后,在罗克的帮助下成立了仙童半导体公司。十年后,原来创业的八人中只剩两个留了下来——诺伊斯和戈登·穆尔(Gordon Moore),他们都非常出色地工作着。诺伊斯是仙童母公司的副总,而穆尔是仙童半导体公司研发部主任。但两人的环境都已失去了创业的节奏与感觉,他们渴望再次开疆拓土。更进一步的威胁来自于非常有实力的竞争对手——(美国)国家半导体公司(National Semiconductor),它不仅挖走了仙童公司的技术人员,还蚕食了仙童公司的市场。看起来,仙童公司不能逆流而上。舍曼·费尔柴尔德去世了,仙童相机与仪器公司的管理层不愿用半导体业务的

第五章

期权来奖励员工,诺伊斯和穆尔却认为这是发展他们事业所必须做的。

那么——诺伊斯对穆尔说——现在是该离开的时候了。他和穆尔打算再次联手创业。他们认为,他们已经找到了一种用半导体做计算机内存模块的方法。如果他们能够使半导体内存的成本明显降低,就可以用半导体来代替磁芯存储器。进入低端市场尤其是 64 比特到 256 比特存储器市场,是非常诱人的。因为那个市场很小,所以对磁芯存储器来说没有多少经济价值。

于是诺伊斯心里嘀咕:"罗克愿意为这个新项目投钱吗?"罗克很快给了肯定的答复。罗克不懂技术,更没有判断半导体存储器是否能赢利的特殊能力。但他对诺伊斯和穆尔有信心,这就足够了。"我不会看技术,"他说。"但我会看人。"他与诺伊斯商定一起为新公司撰写商业计划——写了一页半纸。罗克说:

> 这是在律师参与之前完成的。现在的律师绝不会赞同鲍勃和我提出的计划。计划逐年增厚,因为律师不断为避免法律诉讼寻找新的方法。但既然这么多的机构资本参与投资,律师的做法也许是必要的。

拿着这份简洁的文件,罗克找了 15 位可能的投资人,他们全部答应投资。现在,就像威廉·埃尔弗斯重返波士顿时一样,罗克可以尽可能地把能给新公司带来任何额外好处的投资者都聚到一起。(实际上,罗克把配额做了削减,以使更多的初始投资者参与进来。)范罗克公司的彼得·克里斯普,另一位罗克的旧友,后来回忆道,这是风险投资有史以来,唯一一项通过邀请所做的投资。罗克和克里斯普每人投入 30 万美元;诺依斯和穆尔各投了 25 万美元;罗克又另外筹集到 190 万美元。

现在新公司已经有了领导人、产品和赞助人。但它还没有名字。诺伊斯和穆尔起初想叫它 NM 电子公司(NM Electronics),但是有人劝他们再想一个名字,因为这一个听起来太土。穆尔建议叫做集成电子公司

(Integrated Electronics)，后来诺伊斯建议将名字缩合为英特尔公司(Intel)。新公司于1967年7月16日成立。

随后的三十多年里，英特尔在芯片内存方面实现了突破性的进展。它还创造和发展了微处理器。微处理器不仅是世界上任何一台电脑所必需的"大脑"，也指挥着无数个其他"智能"设备的活动，从烤箱到丰田汽车(Toyota)。不到十五年，穆尔在英特尔投资的25万美元股票已经价值1亿美元。阿瑟·罗克再一次帮助一群才华超群的技术人员改变了世界，并且，帮助许多从事此行业的人过上了富裕的生活。罗克回忆道："我与哈佛商学院同学经营的电子内存公司(Electronics Memories)有一些接触，这使我对电脑内存有了一些了解。当他听说我做的事时，他说我疯了。半导体不可能代替磁芯。事实证明，若不是半导体，就需要全球人数那么多的磁芯存储器，才能满足今天计算机的内存需要。"

新生一代

英特尔公司的成功，加上戴维斯罗克和萨特希尔资本公司，为20世纪70年代的西海岸打开了风险投资大门。一些个人采用阿瑟·罗克的模式建立起了自己的事业。一些个人把自己的资金集中起来，并且全身心地投入到他们所投资的公司里，帮助其经营。"我真的没有想过发展自己的公司，"罗克说。"我想帮助那些我已投资的公司，从这个角度讲，我是一个创业者。"

另一个"独奏"艺术家是皮彻·约翰逊，威廉·德雷珀在德雷珀-约翰逊-萨特希尔公司的合伙人。1972年约翰逊在帕洛阿尔托创办了资产管理公司(Asset Management Company)。这家公司与阿瑟·罗克的公司有一样的结构并且靠近通往旧金山的公路，不同之处是，约翰逊还在斯坦福大学商学院任教，在那里教了12年的风险投资课程。

第五章

但是其他未来的风险投资家显然对成立公司更感兴趣。这其中有汤姆·珀金斯(Tom Perkins)(1957届MBA),惠普公司的前发展部主任和电脑部总经理,最近他忙于参与建立大学实验室,并且把一家私人公司卖给了光谱物理公司(Spectra Physics)。珀金斯在风险投资界可是非常红的,阿瑟·罗克的早期合作者与在波士顿的美国研究与发展分公司都愿与其打交道。(约翰·沙恩回忆道:"他是个很优秀的人。")珀金斯后来与克莱纳建立起了联系。克莱纳原来是"仙童八人组"的成员。现为私人投资者。1972年,他们决定成立一家公司,把各自在计算机和半导体方面的专长结合起来。总的来说,当时是风险投资和金融市场的风雨之秋。克莱纳、珀金斯开始着手筹集1,000万美元,但是最后他们还是放弃了,因为一共才筹到840万美元。

此后,他们筹集资金可谓是一帆风顺。经历了一些不见起色的投资和1974年的金融市场崩溃以后,1975年他们终于有了成功之举。他们资助前惠普员工和珀金斯的优先合伙人,詹姆斯·特里比格(James Treybig)5万美元去研究所谓的容错(fault-tolerant)计算机市场。他们对特里比格提出的观点非常欣赏,同意为他的坦德姆公司(Tandem Computers)提供创业投资。珀金斯是该公司的董事长,以后的时间里,他把自己一半的精力用在帮助特里比格发展公司上。

这真是一次巨大的胜利。克莱纳、珀金斯后来借这个皆大欢喜的故事印证了风险投资公司多多少少可以帮助"孵化"出创业公司。

仅仅一年后,克莱纳、珀金斯投资了第一家基因工程公司基因科技公司(Genetech)。此举巩固了他们作为最炙手可热的投资公司的盛名。基因科技公司是由克莱纳、珀金斯过去的合伙人罗伯特·斯旺森(Robert Swanson)创立的。为追求自己把生物和基因工程的成果商业化之梦,他从原公司辞职。克莱纳、珀金斯拿出了10万美金,这笔投资占基因科技公司启动资金的25%。第三轮投资后,不到一年半,公司价值1,100

万美元。1980年,基因科技公司上市后,已经价值3亿美元——四年里,它以每年7.5倍的速度增长。

1977年弗兰克·考菲尔德(Frank Caufield)(1968届 MBA)和皮彻·约翰逊过去在资产管理公司的替补布鲁克·拜厄斯(Brook Byers)加入了克莱纳和珀金斯的队伍。公司的名字就正式改为KPCB(Kleiner Perkins Caufield & Byers)。第二年,第一KPCB公司就在它的风险基金会中筹资1,500万美元。

那时,这是一笔飘摇不定的资金。但它代表着风险投资的规模、步伐和本质开始转型。KPCB在这场转型中起到了主要的领导作用。那笔1,500万美元的款项用了两年,1980年,第二KPCB公司开业筹资5,500万美元,这笔资金也只用了两年。接着是第三KPCB筹集了1.5亿美元,这无疑是枚重磅炸弹。

是什么造成了这种巨大的变化呢？1978年1月开始,劳动部员工退休所得保障法案顾问委员会(ERISA Advisory Council)要求修改"谨慎规则"[又称"谨慎人原则"(prudent man rule)]中有关限制使用养老金计划投资新兴和小型公司的条款。在此之前,联邦政府以风险高为由,明显不支持此种投资。但是,潜在的利润明显地超过了这种投资的危险。政府官员还说,如果放松对养老基金的管制,还可以阻止蔓延全国的投资损失,这正是20世纪80年代人们所期盼的。

1979年7月劳动部在其一篇有名的冗长文件中写道:"评判投资决策是否谨慎必须参考提出的投资在整个计划投资组合中的地位。"换句话说,用养老基金做风险投资是可以接受的,前提是它们必须在更大的投资战略中有实际意义。整个的一年里,养老基金成为新风险投资业最大的资金供应源。

突然间,风险投资成为一个全新的行业。从美国研究与发展公司的一职员救活一家濒临倒闭的虾加工公司,到阿瑟·罗克与鲍勃·诺伊斯为

第五章

新的公司起草商业计划书,再到珀金斯帮助吉姆·特里比格做出了一个成功的市场战略。新的风险投资公司实行高度专业化、行业化运营——部署大量资金用于技术,而不是用在人的身上;有时候甚至帮助发展那些技术。

这一进步的最大好处就是它帮助解决了长期困扰风险投资界的问题。风险投资公司的创始人离开公司后怎么办?例如KPCB在汤姆·珀金斯和尤金·克莱纳退休后制定出了一个方案,即通过不同等级的筛选,在公司高层给后起之秀留出位置。比如,1980年进入公司的约翰·多尔(John Doerr,1976届MBA)。多尔对康柏电脑公司(Compaq)、网景公司(Netscape)、有线公司(At Home)、亚马逊网络公司(Amazon.com)和健康保险网络公司(Healtheon)的成功投资,使他被誉为史上最成功的投资人之一。

可以说规模产生了极大的效益。KPCB模式已经被其他的风险投资公司反复应用。例如,1978年,由阿瑟·罗克的最初合伙人C. 理查德·克拉姆利希(C. Richard Kramlich)(1960届MBA),弗兰克·邦斯尔(Frank Bonsal)和查克·纽霍儿(Chuck Newhall)(1971届MBA)在东西海岸同时成立的新企业协进公司(New Enterprise Associates)最初融资800万美元;它的第八次融资达到了5.5亿美元。

但是这种规模的基金会往往也给自身带来挑战。一方面,它们有业绩压力。以5亿美元的投资要有20亿的回报,这可是个相当艰巨的任务。现在人们更关注团队,而不是个人的投资绩效。由于各种原因,风险投资公司与它们投资的公司之间那种亲密无间而且长期合作的关系,已经很难再有。主要是时间不再允许:年复一年,用在完成每个投资项目的速度在不断加快。年轻的风险投资家可能会亲眼看到新建筑拔地而起,第一时间看见停车场被车占满。但他不大可能在十年或更长的时间后,坐在董事会会议室里看年轻的首席执行官(和一家新公司)真正进入角色。只是因为,没有这个时间。

与天使合作

那么老式的风险投资已经消亡了吗?没有。如今我们有"天使":把自己的钱投入到新成立公司里的有钱人,在许多情况下,他们也会全心全意投入到那家公司里去。从某种意义上来说,这个行业又回到了起点。像半个世纪前的惠特尼家族和洛克菲勒家族一样,富有资金和经验的个人继续帮助年轻人实现他们的事业之梦。"天使"创造出纽约,波士顿和旧金山——并且创造出几十个近几年雨后春笋般兴起的专门从事高新技术产业投资的风险投资中心。

比方说,阿瑟·罗克在今天勉强称得上是一位天使。尽管他本人愿意说自己很可能参与别人项目的投资,而不是仅仅寻觅自己的项目。站在旧金山市中心可以欣赏金门大桥(Golden Gate Bridge)独特风景的办公室里,罗克每周都要浏览大量主动送上门的商业计划书(包括电子邮件发送过来的)。由于有着哈佛商学院情结,他承认自己会对哈佛商学院校友的提案另眼相看,看得更加仔细。("要是有人打电话说,'我是哈佛商学院的毕业生,'我往往接听这人电话的时间比接听其他人的长。")他也注意给那些他所重视的人提供的信息。例如,前英特尔的工作人员麦克·马克库拉(Mike Markkula)的电话。25年前正是他的一个振奋人心的电话,最终使罗克向一个很小的叫做苹果电脑(Apple Computer)的公司投资。

"如果麦克给我打电话,"罗克说,他严肃的脸上笑出了皱纹,"我是一定会回电话的。"

第六章　用脚表决

1962 年春天——就在弗兰克·塔克、理查德·杜利和年轻的同事们着手开始"股东/总裁管理课程"的前几年——哈佛商学院开始了艰难的自我评估的过程。原因之一就是在第四章提到的,1961年那份《策划变革》报告。当大家的情绪渐渐平静之后,各个部门的人坐到了一起,开始商量具体的评估策略,其中来了不少教授和学术带头人。用波士顿当地话来说,性命攸关,因为某门课程,甚至某类课程,都有可能被砍掉。

其中一个委员——艾得霍克委员会(the Ad Hoc Committee)——会受学校委托,对塔克等人正在着手的、看似相当有前途的领域开始了调研。艾得霍克委员会负责小企业和创业相关课程的调研。成立这个委员会,部分原因是由于温莎·霍斯默(Windsor Hosmer)教授将面临退休,而他在1958年开设的课程——"制造业小企业",现在还处在发展初期,可是它的主要设计师,很快就要离开岗位了。

这门课开始的第一个学期,只招了32名学生,这跟霍斯默对课程的设计有关。他希望课堂像研讨会一样,所以把学生人数限制在了30人左右。但一年之后,情况有了变化,到第三年的时候,完全取消了人数的限制。1962年春天,有63名学生选修了这门课。

这个人数并不是非常可观。看一下同期开课的"创业企业管理"吧。

第六章

它最初由迈尔斯·梅斯教授开设,这个时期的教授先是保罗·多纳姆(Paul Donham),后来是赫伯特·斯图尔特(Herbert Stewart)。选修这门课的学生平均每学期都有100多人,最多的时候还达到过200多人。

但是,选修温莎·霍斯默教授的学生也占到了总人数的十分之一。哈佛商学院一直以学生的兴趣为重,所以学生多的课会受到重视。学生们"用脚表决",对MBA课程的合理设置起到了决定性的作用。

现在,霍斯默教授即将退休了,如果学校不采取积极措施,这门课肯定会叫停。可是,它值得学校这么做吗?

激情有余,而构建不足

要回答这个问题,委员会首先要判断,离了霍斯默教授,这门课是不是还能开下去。学校很多极有人气的课程,都是某位教授毕生开拓和努力的结果。但是,一旦这个教授离开,课程往往也就相继终结。

那么,霍斯默教授是个什么样的人呢?公众对他的关注并不多。一份面向毕业生的报纸《哈佛商学院学报》(Harvard Business School Bulletin),在1963年春,曾刊登过一篇报道:"在过去的几年里,霍斯默教授积极参加学校有关小企业的活动。商学院近年来很多的毕业生,出于个人偏好,进入了小企业工作,这些人大多是霍斯默教授的学生。"

霍斯默开始小企业研究的时候,年纪已经有点儿大了。他1894年出生在纽约的里加(Riga),1918年哈佛毕业;在第一次世界大战中,参加了法国军队的救护团;1921年拿到了哈佛的MBA学位后,在哈佛商学院教了两年的"商业政策"(Business Policy);然后回到家乡,在纽约杰尼瓦的霍巴特大学(Hobart College)教起了经济学;1931年才又重新回到波士顿的哈佛商学院。

温莎·霍斯默的长项一直是经济学,尤其是应用经济学。他在回到商学院的第二年就被提升为会计学副教授,五年后评为教授。1934年,他因为在公开听证会上作证,人们对他颇有微词。听证会指控的是马萨诸塞州的司法系统,由于对财政控制不力,导致纳税人的钱可能用到了不该用的地方。听证会之前,霍斯默花了很多时间和精力,对司法系统的现金流向做了详细的调查和研究。经过三个多月的研究,他仍然认为,法院系统的实际花费与书面数字之间相差了50万美元左右——这差得也太离谱了,因为20世纪30年代的马萨诸塞州法院系统,是不可能用这么多钱的。霍斯默在法庭上坚定地说,法院亟须一个现代会计系统来管理财政。

霍斯默编写出版了几种会计教材。1939年出版的案例教材——《会计中的问题》(*Problems in Accounting*),被誉为"精心收集汇总的资料宝库"[这本书曾被《纽约客》(*New Yorker*)的"关注与评论"(Notes and Comments)栏目提到]。霍斯默不断地应用会计学,解决遇到的问题——有时候是政府机构出现的问题。20世纪50年代的时候,他被聘为原子能委员会(Atomic Energy Commission)的会计顾问。当时,原子能委员会正在经历着成长的痛苦。

但从始至终,霍斯默最关心的问题还是那些困扰小企业的问题。小企业的问题成了霍斯默关注的核心。他对这一领域既亲自实践又学习研究。为了开展学术研究,霍斯默协助建立了两个位于新罕布什尔州(New Hampshire)的小公司。1955年8月,在一封写给密尔沃基(Milwaukee)的制造商——A. G. 巴兹(A. G. Bardes)的信中,霍斯默说道,自己对制造业小企业"感兴趣已经有30年了,曾经做过理查德酿造公司(Richard Brew Co.)的董事长、霍斯默木材加工公司(Hosmer Machine and Lumber Co.)的总裁"。

霍斯默面对的挑战,是把自己对小企业的兴趣与哈佛商学院的课程设计联系起来。这就意味着首先获得学校的许可,开设一门新的第二学

第六章

年课程——1956年的时候,学校终于同意了。霍斯默立即表示,他将为哈佛的 MBA 在读生提供"一个有史以来在重点院校里最好的(关于小企业管理的)专业"。

这么说有点夸张。事实上,商学院并没有分专业。毕业生的 MBA 学位,只是一种通才教育。但霍斯默却决心把制造业小企业作为一个专业,他觉得需要做一点宣传。在1956年3月,他写了一封信给以前的同事迈尔斯·梅斯,因为梅斯当时正在位于贝弗利山大街的利顿公司的电子设备部做副总裁。霍斯默对他说,自己这门课的调研估计要用两年时间,重点将会放在"规模策略"上——也就是小规模的优势上。霍斯默沉浸在研究的兴奋中,因为他看到"在有利于小规模企业发展的环境中,通过适当的管理,五六个人就可以经营好一个企业"。

在准备课程的过程中,霍斯默给无数小企业写过信,寻求企业运作中的各种细节。水泥公司、工具制造厂、造纸厂、土豆种植户、小化工厂、塑料信封厂——企业的回信让他兴奋不已,因为他看到,它们提供的信息证实了他关于规模优势的想法。很显然,在这个被同事们嗤之为无聊、无系统性的领域中,霍斯默正乐此不疲地研究着其潜在的经营模式。

正如他在一封给爱尔康公司(Alcon Labs, Inc.)副总裁的信中所写的那样,"工业企业在创业初期是很有意思的。从最初的想法、设计,到整个家族或者整个团体,必须靠顾客的光顾才能维持生活,再到后来的发展和成长,都会牵动着你的心。但是,我们商学院却没有对此给予足够的重视。相对于大企业来说,我们对小企业的关注太少了。"在另一封信中,霍斯默引用了1951年的数据。据统计,全国99人以下的小公司提供的工作岗位,是那些大公司,像通用汽车(General Motor)、福特、克莱斯勒、史蒂倍克-帕卡德汽车公司(Studebaker-Packard)、美国汽车公司(American Motors)、美国电话电报公司、美国钢铁公司(U. S. Steel)以及标准石油公司(Standard Oil),所提供岗位总和的两倍。

霍斯默对他这门课程的研究,终于结出了两个硕果。一个是发表在《哈佛商业评论》(*Harvard Business Review*)1957年11月12月合刊上的一篇文章,标题为《制造业小企业》;另一个就是1958年这门课的正式开讲。

尽管温莎·霍斯默对课程的热情像个年轻的教徒,但他毕竟也是60多岁的人了,而且面临着退休。他曾经把这种激情称为自己学术生涯的最后一个阶段。阿诺德·库珀(Arnold Cooper),1962届DBA,在1959和1960年为霍斯默写过案例。据他回忆说:

> 他的头发花白,如今已经到了事业的尽头。他经常会给大家讲一些故事,但他的心脏病已经发作过两次了,这使他不得不慢了下来。现在,他只会坐电梯而不去爬楼梯了。有时候,就连他的声音也会颤抖。但是他依旧还是那么强硬,那么坚决果断。

霍斯默孜孜不倦地工作,完全是为了学生——那些希望在小公司和小企业就职的学生。他发起了一场个人运动,决意要把哈佛学生和毕业生送入合适的小公司中。为此,他给朋友和同事写信,夸赞学生的才华:"我们学院有一大批学生,不想去大公司创业。他们有着开拓的精神,无畏的勇气,以及在小企业发展的决心和毅力。他们中间有着学校最优秀的学生。"除此之外,霍斯默还广泛联系企业界和学术界人士。其中有一封信,是写给卡内基理工学院(Carnegie Institute of Technology)的一位朋友的,写于1958年6月。他在信中请求理工学院,希望他们能够帮忙,向中小型企业散发这样一个消息——哈佛的MBA愿意为你们工作。

霍斯默的这种热情,不仅来自于他的信念——小企业所起的重大作用,以及它们中很多企业也有高水平的管理,而且来自以前毕业生工作之后的感想。有一个学生(现在做生产商代理,是个自由工作者)写信

第六章

给他说:"我讨厌办公室政治,不擅长那些伎俩。离开之后,我高兴极了。我从来没有做过任何像现在这样投入、感兴趣、让我开心的工作。"另一个学生毕业后到小公司任职,说自己在那儿的每一天都是不可预知的,"早上到了公司之后,你肯定想不到10点钟的时候会发生什么事。但你唯一知道的是,要做自己必须做的事。我喜欢这样的工作,即使有大公司开大价钱,我也不会离开。"

霍斯默对自己的工作也有同感。现在,课程正沿着令人满意的方向发展,他开始与编写案例的阿诺德·库珀,以及刚加入的同事弗兰克·塔克一起,合作编写一本教材——《小企业管理》(Small Business Management)。这本书于1966年出版发行,随后被美国及世界各地的三十多所院校用做教材。尽管选修这门课的学生人数不是特别多,但仍相当可观。这让霍斯默有足够的理由相信,自己关于小企业重要性的表述,已经引起了人们的重视。

现在回过头来看,这个"表述"似乎有些模糊。很明显,霍斯默认为,小企业的重要性是与生俱来的,小企业可以成为大企业很好的隐喻。他解释说,"这门课关注的是小型制造企业,因此,这些公司中所有的管理职能都涉及到了。从某种意义上说,这门课针对的是该领域的经营策略。"

在某种程度上,"小企业是大企业的隐喻"这个观点是站得住脚的。事实上,学校有很多成功的案例,就是由小企业的问题作为出发点,来解决较大的问题。但是,霍斯默课程的另一个基本理论——"规模策略",却并不十分站得住脚。在第一份课程概要中,他写道,该课程将"检验一个假设,那就是,在未来20年里,制造业在此前90年中的'大'趋势,将发生逆转"。

这一假设最终证明是站不住脚的;于是在两年后,重新修订课程概要时,它便悄无声息地消失了。迈尔斯·梅斯在和霍斯默交往很多年后说道,"他是个很好的人,但就是不知道自己到底在说些什么。"

我们把霍斯默教授的故事非常详细地讲给了大家。这是因为,教授的故事,反映了企业研究初期,我们所做的好的一面和不足的一面。他有足够的热情和投入,但是没有提出系统性的假设,因而不能构建一个成功的研究领域。因此,在同事中,他没有同道,也没有徒弟。1963年,由于年龄原因,他不得不离开自己的事业。可是,却找不到什么人来继承他的事业。

委员会的结论:YES

负责小企业和创业等相关课程调研的艾得霍克委员会,参与了1962年课程调查的工作,他们非常清楚温莎·霍斯默在这门课上所花的心血,也明白,他最近正在竭力使这门课保留在选课表上。

但是,为这门课找一个继承人,是否还有意义呢?这门课(包括梅斯的那门,选修的人数多得多)是不是应该继续下去呢?企业的那些问题是否已经构成了一个独立的领域,值得进行专门研究呢?再往大一点儿说,经营小企业的事业是否有足够令人满意的回报,能让哈佛商学院的MBA取其道而行呢?

经过一年的调研,委员会宣布,对上述问题的回答是:是的。

委员会在1963年春发布了一份报告,其中总结到,霍斯默(还有梅斯)的课程,值得我们继续下去。一个原因就是前面提到的选课的学生数:学生对课程的需求一直很高。按照哈佛的传统,学生们是"用脚表决"的。即使减去小部分同时选择霍斯默和梅斯课程的学生数,也有大约四分之一的二年级学生(600人中有150人左右),来到他们的课堂上,学习企业管理所必需的技能。

委员会注意到,在1963年,很多哈佛的MBA选择到小企业创业,

第六章

而不是省事地去大企业提供的岗位。这些学生在努力和企业接触——大部分是小企业——因为通常情况下，这些企业没有足够的实力来哈佛招聘毕业生。

委员会保留课程的另一个原因是，根据对毕业生的调查，在小企业创业和工作的毕业生，比那些在大企业工作的，更有成就感（而且，他们挣的也不少）。让我们看看1949届的毕业生的情况吧，当时媒体称他们为"最有钱途的班级"，也就是说，"班里很多人都是大公司的CEO"。但是通过调查，这个看似事业有成的班级，却有大概60%的人认为，事业有成指的是"自己当老板"。有超过三分之一的人劝自己的学弟学妹，"一定要为自己工作，可别给别人打工。"相比之下，只有16%的人建议大家到大公司工作。

由于上面提到的这些，以及其他一些原因，委员会最终的结论是：保留霍斯默和梅斯的课程。并且建议学校在小企业及创业领域，应该支持鼓励、积极研究，以促进课程发展。

弗兰克·塔克1963年10月在《学报》的一篇文章中写道，商学院的学生们应该为委员会提出的清晰、有力的建议而高兴。他本人深信，来读哈佛的好多人，对小企业有着极大的兴趣——只不过，他们这个念头被"洗脑洗掉了"。这些人中间，有很多人忽略了以至最终失去了，"原本可以在小企业中，获得成就感和利益的机会"。现在不同了，学校坚决支持大、小两类企业的教学与研究，这样的话，学生们就可以按照个人兴趣，选择一条自己喜欢的道路。

学生和小企业

《学报》也发到了毕业生的手里，他们才是塔克这篇号召大家庆祝胜利的文章的主要读者。事实上，商学院的学生并没多少人看到。但是，即使没有老师的鼓励，他们也在积极行动，让小企业的课程引起学校重视。

1958年秋天的时候，150名二年级学生——占这一级学生总数的25％，基本上与学习创业及小企业课程的学生数相同——每人出资15美元，创办了一个特殊的公司：学生小企业就业安置方案公司（Student Small Business Placement Program，简称SSBPP）。公司主要由学生出资和经营，这可是独一无二、前所未有的。《波士顿环球报》（*The Boston Globe*）在1959年1月报道说，"没有哪个商学院的学生组织，会创办这样一家公司。"

SSBPP成立的目的，是对学校就业安置办公室进行的工作做一些补充。在MBA毕业生的就业上，学校把重点放在大公司，这一点儿都不奇怪，因为大企业招聘很多MBA，而且有据可查。大公司是学校的同盟军：它们的代表会在应该出现的时候出现；会在校外举行学生招待会，还为毕业生提供很好的待遇，并使就业办公室的各种统计数据（就业率、起薪等）保持在相当高的水平。而且，这些大公司在招聘的时候，往往会派许多刚刚加入公司的哈佛毕业生到场，因为他们了解这些学生，知道他们需要什么，期待什么，所以这些毕业不久的毕业生担任招聘者，效果很好。

与之相比，小公司一般没有财力去学校招聘或举行招待会。很多公司甚至不符合学校最基本的条件，所以根本无法让商学院的学生了解到自己的公司。而且，也不会有哈佛的毕业生去为他们说话。所以，大多数小企业的经理，要么觉得去哈佛根本招聘不到什么毕业生；要么觉得即使招到了，那也很可能是个太自以为是的学生，根本不屑于融入小公司的氛围——那样会更糟。

这就意味着，商学院的学生必须积极地，把自己愿意为小企业工作的兴趣表现出来。SSBPP在全国各地设立了"地区主席"，并形成了一

第六章

个网络,展开了一场"地区就业运动"。SSBPP 成员向感兴趣的公司投递简历,并给哈佛的毕业生、小企业经理、银行、就业服务机构、制造业协会、小企业投资公司(SBIC)——任何的个人或组织——写信、邮寄宣传册子。这有助于 SSBPP 与企业建立广泛的联系。SSBPP 的代表在每年的 12 月和 3 月会飞往各大城市,用个人的努力,使愿意为小企业工作的人与各个企业建立联系。SSBPP 还建立了校内工作室。1963 年的 3 月,工作室举行了一次活动,向新生介绍 SSBPP 的一些情况,这时候的新生还在观望,不知道自己该选择什么;而二年级的学生却已经在忙着准备小公司的面试了。

冬天快要结束的时候,SSBPP 又举行了一次会议。会议最后,温莎·霍斯默教授主持提问。那个时候,教授马上就要退休了。从 SSBPP 成立以来,他一直作为非正式顾问,但教授的退休就是给 SSBPP 提出的重要问题。尽管 SSBPP 已经证明了,他们有能力做好自己的宣传,但是,有一位专家在旁边指导,绝对是一笔巨大的财富。可是,哪位老师会接替霍斯默教授,来帮助这些决心创业的学生呢?

继续前进

现在已经有几个候选人了。其中一个是马蒂·马歇尔教授。他虽然教了两门市场营销课,但是,学生们在小企业创业方面一直保持的兴趣,给他留下了深刻印象。他回忆说,"在 50 年代后期,有这么多的学生想要学习企业管理,我决定要帮助他们。"

马歇尔觉得,这些想要学习企业管理的 MBA 学生,虽然自己在积极主动地创造途径,来接触这一领域,但接受到的来自教师的指导却很有限。温莎·霍斯默和弗兰克·塔克为他们做了很多,但还远远不够。马歇尔没有教创业课程,也没有什么官方的理由让他发展对小企业的兴趣,但他觉得,作为个人,自己还是可以做点什么的。某一天,一个学生代表团请教他,学习小企业管理有没有什么新的方法。他给了一个不寻常的回答:"我们每周三见一次吧,"他建议道,"咱们可以到快思捷(Kresge,麻省理工学院中的建筑。——编者注)那儿吃午饭,然后谈谈你们想了解的事。"

这个被马歇尔称为"特殊研讨会"的聚会,就这样开始了。按照事先约定,这个"班级"将不会出现在正式的课程表上,而是一个自由论坛——在这里,可以讨论在小企业工作的意义,以及创业的一些话题。一年之后,有人把这个聚会称为"小企业支持团"。加入聚会没有任何前提条件,只要对小企业感兴趣就可以。

出席论坛的学生人数是有规律的,一般随着校历而变化。"每年开始的几次聚会往往有30多人参加,"马歇尔说道,"然后,尤其是一月份之后,人数就减少到了四五个人。"这不仅反映了学生在学期中间的委靡不振,而且反映了学生兴趣的改变。难免有学生会想,至少在他们事业的初期,进入大公司工作还是有好处的。

一月份也是开始校园招聘的季节。"那个时候,"马歇尔回忆说,"我会警惕起来,还有些担心。现在想起来觉得有点好笑。"大公司在校园里开设了招聘处,向学生们介绍他们诱人的待遇。对那些参加周三聚会的同学,马歇尔提出了一个做决定的建议:如果你真的下决心要进入或创建小企业,就不去校园招聘处面试。"相信我,"他告诫说,"你会被那些大公司卷走的。"马歇尔说,是否听从这个建议,就可以把未来的企业家和对创业的想法只是浅尝辄止的人区分开来。

对聚会中的铁杆学生,马歇尔给予了很大的帮助。"到了一定的时候,我会让学生写一份计划书带来,计划书是关于他们毕业后要做的事。"实际上,这就是在起草一份非正式的商业计划书。马歇尔教授负责主要的指导,其他人也参与意见。这样一来,不好的点子就被消灭在萌

第六章

芽状态,而好的想法将会经过改进而更加完美。

马歇尔也通过自己的人脉关系,为即将毕业的学生推荐合适的工作机会。有个学生,曾表现出领导的潜能和创业的决心,但是却没有明确的商业理念。马歇尔建议他和银行联系,找一个处在困境中的,需要"英雄"出现的公司。于是,通过芝加哥的一个银行,他找到了这样一家位于内布拉斯加州(Nebraska)一个小镇上的公司。"也就用了一年的时间,"马歇尔回忆说,"他就买下了半个公司,并且成了小镇上的名人。"

另一个稍微有点波折的例子是劳埃德·科特森(Lloyd Cotsen),1957届的MBA。"给一年级学生上市场营销的时候,他在我的班上,"马歇尔回忆说,"可是后来,他就不见了。"

他去了哪儿呢?原来,科特森在商学院读到了一半,就转到了耶鲁大学,并拿了考古学的硕士学位。然后,他又回到了哈佛。"我现在需要挣钱了。"他告诉马歇尔说。

科特森加入了那个有志于创业的学生的聚会,每周三和马歇尔一起吃午饭。他们花了很多时间,一起思考创业带来的机遇和挑战。

获得MBA证书之后,科特森去了Natone。这是他岳父在洛杉矶开办的一家小化妆品公司,创建于1930年,早期只提供产品给为电影界人士服务的美容院。从20世纪40年代起它开始面向大众消费市场。Natone最独特的产品是一款外观透明、质地非常温和的香皂。在50年代中期,公司的创始人伊曼纽尔·斯托拉罗夫(Emanuel Stolaroff),在一次赴欧洲出差的时候发现了这种香皂。1957年的时候,他决定把这个刚刚起步的香皂部交给自己的女婿——劳埃德·科特森。

那个时期,露得清(Neutrogena)香皂的销售额是8万美元,而整个公司的销售额为50万美元。随后的几年里,劳埃德·科特森使露得清成为了一个独立的品牌。他邀请马蒂·马歇尔来加利福尼亚,做公司的新品牌开发顾问。在随后的几年里,马歇尔对产品的广告宣传和定价提出了很多建议。马歇尔说:"劳埃德会给我送来露得清的近期情况,然后我会把它交给学院的秘书,听一听他们的看法。我跟公司是一种非正式的关系——我不过是个后台顾问——但我觉得很有意思。"

不久,露得清赢得了人们更多的关注。科特森于 1961 年成立了露得清公司(Neutrogena Corporation),公司于 1973 年上市。公司在营销上很下工夫,推出了一个超级洁净的形象,并首次打出"皮肤科医生推荐使用"的广告,产品顿时行销全国。1994 年强生公司(Johnson & Johnson)将科特森的公司纳入旗下,这时候,露得清的销售额已经超过了 3 亿美元。

这些灰姑娘变白雪公主的故事,只是我们的期待,因为并不是每个人都可以像灰姑娘那样幸运。"那些获得巨大成就的学生毕竟是少数,"马歇尔说道,"但是,他们在小企业里做得都很不错,不少人还创建了自己的公司。"他最后很中肯地总结说,这些 MBA"做了自己渴望做的事"。

反向就业

1963 年秋天,有 100 名二年级的 MBA 加入了学生小企业就业安置方案公司,也就是 SSBPP。据《学报》上一篇关于学生观点的文章报道,这些学生认为,小企业能够提供有趣的挑战、更大的责任和机会,并且会很有个人成就感。

这个秋天,SSBPP 的朋友和导师——温莎·霍斯默已经退休。但是,SSBPP 有理由满怀自信地继续前行:这一年,有超过 15% 的毕业生选择了小企业。

1966 年春末,《商业周刊》的一篇报道,给 SSBPP 带来了 20 份小企业的工作。这时候,SSBPP 已经在 10 个地区设立了 21 个地区主席(这是它成立的第 8 个年头,会员已经达到了 130 人)。

第六章

越来越大的知名度让SSBPP想出了一个新的策略。1966年的秋天，他们在《华尔街日报》上登了一则广告：现有哈佛商学院的一些MBA，有着各种背景，受过专业训练，希望管理、拥有中小型企业。优先考虑挑战性强、要求高的企业。

之后，他们收到了至少50个回复。学生们被鼓励投资各种特许经营权，比如专门垃圾堆放处，或者爆米花自动贩卖机。还有一个新发明，"可折叠单间房"——作为三角帐篷的竞争对象——只卖2万美元。很多公司向他们提供了管理的工作，这些企业经营着医疗器械、电脑组件、粗麻袋或者钢铁。

从20世纪60年代到70年代，这个由学生经营管理的就业组织，一直在实施着自己的"反向就业"。他们已经努力了差不多20年，许多做法被人们争相效仿。（到1967年春，芝加哥、哥伦比亚、斯坦福、沃顿等商学院的学生，也成立了类似的就业组织。）尽管随着时间的变化，SSBPP换成了一个同样长的、麻烦的名字——比如，"哈佛商学院学生小企业事业探索公司"（HBS Student Seeking Careers in Small Business）——但是，它的初衷一直没有改变。许多证明很成功的策略，继续被发扬光大。例如，在1978年秋，有250多个有意进入小企业的学生，每人出了20美元，在12月份的《华尔街日报》上再次刊登了一则广告，希望小企业的老板和经理需要全职或暑假兼职的时候，能够考虑一下哈佛商学院的学生。短短的几个星期，就收到270多个公司的回复。

呼唤更多后来者

1963年，弗兰克·塔克从退休的温莎·霍斯默手中，接过了"制造业小企业"这门课。那年的冬季学期，塔克又开始负责"创业企业管理"的教学。该课程由迈尔斯·梅斯创建，其间的十几年里，不少教师教过这门课。

随后的六年，塔克一直负责这两门课的教学。在这段时间里，上"制造业小企业"课的学生数增加至三倍（每学期平均有大约170人）。而选修"创业企业管理"的学生人数更是空前地多，每年有很大的增长（从1963—1964年的223人增加到1968—1969年的318人）。在最后一年，塔克总共教了479个学生。在这些年里，有三分之一到三分之二的二年级学生选了塔克的课，这个数字包括那些两门课都选了的人。

像之前的霍斯默一样，塔克在课外花了很多时间，帮助学生搞清楚创业中存在的挑战，并且在学校领导面前为他们说话。作为学生"创业俱乐部"（New Enterprise Club）的顾问，塔克强烈要求学校"对学生和毕业生在小企业就业投入更多关注和支持"。他很尖锐地向学校发问，1965年全国的小企业净增长了5万个，可是，学校有没有对这一现实做出反应呢？

同样像霍斯默一样，塔克利用自己的人际关系网，为学生们寻找就业机会。他一直留意各种工作机会，并建立了合作档案，记录下正在筹集资金的企业家，和寻找机会的投资者，希望学生能够去这些企业工作。

由于以上这些原因，塔克1969年的退休，对课程来说，无疑是个巨大的打击。但是，选课的学生人数却证明了，他们对创业学的兴趣变得越来越大。而且，他们的热情不会因为某个教授而改变。学生给塔克的评分并不特别高，但是每年都有学生选他的课。——后来有同事评价说，塔克的教学"有点古板，但是很有内容"。在1969年，也就是塔克教学的最后一年，"创业企业管理"被《学报》评为"最受二年级学生欢迎的选修课之一"。

在1970年，根据学生会的调查，有超过70%的一年级学生，以及甚至更多的二年级学生，打算今后到小企业发展。那年冬天，这两门课因为太受欢迎，导致"想学的人必须要早点选课，否则就没有位子了"。还

第六章

有一群学生，想在国际上寻找小企业的就业机会，并成功筹得了数千美元，以资助他们的活动。这样的趋势在 70 年代中后期迅速发展。据 1975 年 3 月 4 月号的《学报》，校园里"到处可见想在小企业供职的 MBA 学生"。这个时期的调查也显示，毕业 20—25 年的哈佛商学院学生，大部分从事着小企业的工作。

院长劳伦斯·福雷克注意到了这种现象，并写了一篇《院长致词》（"From the Dean" letter），发表在 1978 年 3 月 4 月号的《学报》上。福雷克说道，尽管全国最大的工业企业和金融公司中，大约 10％的 CEO 都是哈佛的 MBA，但是，每出现一个这样的 CEO，就会有 50 个 MBA 加入小企业，例如银行、保险公司、小制造厂报纸业和零售企业。"我们应该用新的眼光，和持续发展的目光，来对待学校的课程设置。"福雷克写道，"以确保小企业经营管理和创业问题，得到应有的重视。"

事实上，创业课程从最初开设，已经有二十年了。如今，由于教师方面出现了一些问题，整个领域似乎有被学校放弃的危险——尽管学生的热情一直很高。由霍斯默创建的面向制造企业的创业课程，在传给塔克之后，又传给了理查德·杜利。1970 年，课程被重新命名为——"小企业管理：运营中的问题与策略"（Management of Small Business: Operating Problems and Strategies）。（正像一位老教授说的那样，"当一门课程来回改名字的时候，那肯定是遇到问题了。"）教这门课的老师不固定，老的老，小的小，这门课渐渐就像个没人喜欢的孩子。

迈尔斯·梅斯的课程，也被重新命名为"小企业管理：新企业的创建"（Management of Small Business: Starting New Ventures），运行得还算顺利，至少在刚开始的时候还可以。这主要归功于一位年轻的副教授——帕特里克·莱尔斯。

莱尔斯——这位出生在路易斯安那州的哈佛学生，1964 年获得了商学院的 MBA，1970 年又拿到了 DBA——悄无声息地发动了一场革命。据他的朋友兼同事霍华德·史蒂文森说,"帕特(Pat,帕特里克的昵称)接手这门课的时候,课程已经变得很无趣了,但是,他却把重点转移到了'如何做生意'上。随着时间的推移,梅斯的课更像一门小型的'商业策略'课:作为小企业主,你该如何应对收件箱里的各种问题?但是,再看看帕特的书吧:《创业企业与企业家》(New Business Ventures and the Entrepreneur)。这是关于怎么做生意的。从报价到定价,再到如何投标等等。这让学生们觉得很有意思。"[1]

就像史蒂文森说得那样,莱尔斯把课程的重心从关注企业运营问题转为鼓励学生注重"做生意的方法",并且要了解与自己合作的人心里的想法。这种转变的成功,一定程度上是由于莱尔斯玩了个戏法。"一个刚升为副教授的人,就要创建一门新课程,很多人都不会接受。帕特当时就是这种情况。"史蒂文森解释说,"但是,如果他说自己只是把课程从原有的版本变成了自己现在的版本,大家就能接受了。所以,他在课程后面先加了个冒号,再加上一个名字。很快,大家开始用后面的名字称呼这门课:新企业的创建。"

为什么这样一位才华出众的年轻副教授,在这样一个最受欢迎的领域里工作,却要如此地谨慎呢?这与学术研究的传统有关。商学院的核心科目一般是:市场营销、会计、金融,以及最近刚刚兴起的组织行为学。这些学科已经为年轻的学者们铺好了道路。这里有学术会议可以参加,有学术期刊可以发表文章,有良师益友可以寻求指导,有全国的同事可以一起合作。但所有这些,在创业领域都没有。大部分商学院甚至都没有把它作为一门独立的课程。创业学,对很多学者来说,范围太大、太泛了,很难进行系统的研究。正如一位商学院的教授曾经说的那样,创业学就像一颗学术洋葱:当你把它一层层剥开,终于到了它芯儿里的时候,却发现那儿什么都没有,只有你一个人在那里——于是你哭了。史蒂文森回忆说,"人们都劝帕特,如果他想学术有成的话,创业学可不是什么

第六章

合适的领域。那时候，它还不是主流。"

莱尔斯每年有两个学期教新企业的创建。从1970年到1973年，他教了三年，获得了极大的成功。学生们都很喜欢他。但是最后，他还是听从了一个老教授的劝告，离开了这个领域，转向其他更加"主流"的学术研究。他的离开，更加证实了大家心里对这门课的看法：这门课是个死胡同，对那些想成为终身教授的人，只能是死路一条。温莎·霍斯默和弗兰克·塔克在这个胡同里走完了他们后半生的事业。而在迈尔斯·梅斯之后，就再也没有哪个年轻的教师肯在这里赌上一把了。帕特·莱尔斯的例子活生生的就在眼前，谁还会愿意再走上这条路呢？

周围的冒险家

事实上，一些人已经走上这条路了。他们处在另外两个独立的领域。但是，他们在研究和讲授与企业学相关的问题时，因为用的名字不同，看起来似乎是边缘学科。

其中一个人是詹姆斯·赖泽·布赖特教授（James Reiser Bright），他着迷的科目也是那些企业家、投资家和总经理们感兴趣的话题：技术与创新。布赖特的技术创新课程在1964年秋首次开课，之后一直作为秋季课程。在1967—1968年的时候，布赖特给春、秋两季的班级都授课。

他的课主要讲发明和发现是如何产生的，以及如何将它们转化为新商品。在1971年秋季，布赖特把课程重新命名为"技术创新管理"（Management of Technical Innovation），并把它交给了理查德·罗森布洛姆（Richard Rosenbloom）和莫德斯托·麦迪奎（Modesto Maidique）。之后直到1984年，它一直是二年级的课程。在22个学期中，有19个学期开了这门课，尽管选修的学生人数没有超过100人（有时候只有几十个人）。或许是因为"科技"的东西，对商学院学生不太有吸引力——网络和互联网时代远未到来——课程没有引起太大的反响,也没有产生后继课程。

另一个边缘领域,一个在哈佛商学院最终被证明与创业企业的长期发展息息相关的领域,就是房地产业。

故事开始于1967年春出现的一个并不引人注目的课程。这就是菲尔·戴维(Phil David)教授开设的"城市地产开发"(Urban Land Development)课程。最初他只想把这门课做成一个面向博士生的研讨会。但是,为了应对MBA学生对这门课的大量需求,第二年,这门低调的课程被推到了舞台中央,开始面向硕士生。1968年春,有150个MBA(和1个DBA)坐在教室里,接受关于变幻莫测的城市地产开发的教育。第二年秋,选课人数竟然达到了210人。

为什么会有这么多人感兴趣呢?城市地产开发,虽然看起来并不是为企业家设计的课程,但却囊括了一个成长中的未来房地产巨人想要了解的知识领域。就像课程目录中所说的那样,"该课程讲述的是从土地的获取、规划,到融资、建设,再到后期的出租和销售的过程,以及影响工程的各种社会因素、政治因素和人口因素。"

戴维讲课非常有技巧,很受学生欢迎。每年都有很多MBA涌入他的课堂。1969年春天有大约200人,到了秋天就成了209人,第二年春天一下子增加到了250人。

1971年秋,课程停了一学期。之后,戴维把火炬传给了年轻的副教授霍华德·史蒂文森。这位获得DBA学位毕竟只有三年的副教授,在房地产领域还远远称不上专家。所以,在接下来的1972年春季,上课的二年级学生只有187人。

"该课程重点放在房地产业和住宅产业的一些管理问题上。"史蒂文森在课程目录中写道,"着重介绍财政分析、市场分析、谈判知识、融资渠道以及政府的作用。课程从多个角度展开论述,这些角度包括开发商、

第六章

作为房地产投资者及管理者的机构,以及进行房地产投资的个人。"

很多年之后,史蒂文森承认自己迈入房地产领域时充满不安和担忧。"我一生中最忐忑的时候,就是走进教室,上第一堂房地产课的时候。"但是,学生对这位老师表现出极大的热情。20 世纪 70 年代初,房地产已经很火了。到下个学期的时候,史蒂文森和他的房地产课已经吸引了 303 名学生。史蒂文森不断对课程进行改进,使它更加有趣,更加系统,更有挑战性。他还采取了其他的一些措施,比如找到了威廉·普沃(William Poorvu),当地的一个房地产开发商和投资商,请他来帮助设计和讲授这门课。(20 世纪 60 年代末,普沃曾在哈佛大学设计研究所教过房地产课,后来就下海了。)史蒂文森和他一起,将课程内容进行了重组,并在 1973 年秋季把课程更名为"房地产管理"(Real Property Asset Management)。

和普沃一样,史蒂文森对房地产有着浓厚的个人兴趣。但他更注重行业中潜在的模式。房地产的自身特点是什么?它为什么与众不同?"我那时候 31 岁,"他回忆说,"已经拿到了博士学位。我曾经注意过投资银行之类的服务业,那里确实可以挣很多钱,但是你必须得天天工作。一旦今天你什么事都没做,那明天就会没饭吃了。于是我就想,肯定有什么行业,今天做完之后,明天、后天、大后天,你都不用再忙活了。就是在那时候,我认定,房地产就是我想要找的。"

1973 年春天,史蒂文森开始教一个新的研讨班:"房地产管理"(Real Property Asset Management,简称 RPAM)。在 1974 年春季再次开课的时候,他将其更名为"房地产开发"(Real Property Asset Development,简称 RPAD)。之所以改名,是因为自己接手后重组的菲尔·戴维的课,也叫 RPAM,容易让人混淆。因为 RPAD 的初衷是为"有志于管理拥有地方和开发地方的公司的同学设计的"。自此之后,想要选修房地产开发研讨班的学生,必须要先上房地产管理课。

为什么这些有趣的缩写,晚了 20 多年呢?据史蒂文森说,RPAM 和 RPAD 是当今很多创业学课程的先驱。它们很系统,并且利用"框架"来表现行业的发展。温莎·霍斯默在这个领域的挣扎,很大程度上是因为缺少这样的框架;而史蒂文森和普沃设立了强有力的框架。

这些框架最终被证明可以经得住考验。史蒂文森说,"举个例子来说,我们的框架,与现在的企业融资课使用的框架是非常相似的。我们认为,成功的房地产投资取决于人的因素、资产的因素、具体交易的因素以及社会大环境的因素。现在的融资课上,用到的词一般是人的因素、机遇因素、具体交易因素以及社会大环境因素。可见,两个框架有很多的重叠。"

这个框架的关键,也是房地产开发商由来已久的传统:用他人的钱做交易。从某种意义上说,这也是创业企业在挑战中总结的精华:即使条件有限,也要识别出机遇、抓住机遇,并尽可能地规避风险。正如史蒂文森说的那样:

> 做房地产,像做其他行业一样——你永远都不可能等到东风来了才开始。你会说,我看上一处房地产,可我没钱。但是我又想要,该怎么办呢?你可以这样想:我可以先得到这个房地产的经营权。然后,找个想租房子的人,提前和他签一份租约。接着,让设计师做出设计方案,再到银行贷款——如此这样进行下去。换句话说,你所做的这些,和任何一个企业家在完成一笔交易时所做的,没什么两样。

比尔·萨尔曼——现在是史蒂文森的同事,但 1975 年的时候,只是一个二年级的 MBA。他回忆说,RPAM 是他"在哈佛上过的最好的课"。学生们必须仔细审核房地产投资的每个方面:涉及哪些人,他们的动机是什么,这些人有过什么经历,周边环境如何,涉及的相关法律,能够利用的资源,以及该房地产的性质,等等。"你必须将这些因素综合起

第六章

来考虑，"萨尔曼说道，"然后根据未来需要做出决定。"

在萨尔曼看来，20世纪70年代中期的哈佛商学院，这种培养学生综合思考能力的课程并不多。很少有课程提供"自己思考的机会"。"商业政策"（Business Policy）课上出现的企业，大部分都是世界500强。虽然这门课很多年来一直标榜，是为了培养二年级学生的综合分析能力，但是，它不得不把错综复杂的、多层的管理问题极大地简化，使其不超过一个案例20页的篇幅。和它比起来，房地产案例却可以在同样的20页中保持其完整性和复杂性。萨尔曼回忆说，"那些对交易和情况的描述，让你禁不住去思考，要点到底在哪儿。你明白不能单独考虑任何一个因素，必须综合各种因素：相关人员、资金、资产、法律，所有涉及到的。"

萨尔曼认为，史蒂文森这种广泛的、综合的教学方法，是之后很多课程的"基础核心"，并且推测，它也是之前很多成功的创业学课程的核心。"很可能迈尔斯·梅斯在1947年的时候，就是这么教课的。"他猜测说，"多里奥（Doriot）讲授制造业的时候，肯定也是这样：综合的、多角度的教学。现在的课程已经大部分都是这个模式了。"

RPAM的成功还有另一个因素。据萨尔曼回忆，霍华德·史蒂文森本人和他所教的课一样，令人难忘。他对学生要求严格，同时又很通融。在萨尔曼看来，不论是课内课外，史蒂文森都不怕让别人知道自己的弱点。"他让人觉得，他也是个常人。"萨尔曼说道，"他会让我们从他的错误中汲取教训。记得有一次，他在林肯市买了一大块地，打算把它分成几块卖，可是却发现，这块地根本不能渗水。他在这儿教我们如何经营房地产，可是自己呢，却被一块不能盖房子的土地给套牢了。他把这些告诉了我们。在这个校园里，他绝对是个与众不同的人。"

又有人离开了

霍华德·史蒂文森和威廉·普沃一起（有时候只是普沃一个人），把房地产管理课上到了1977年秋天。第二年春,也就是1978年春,史蒂文森给58个学生,上最后一次的房地产开发研讨课。这一年,他主动提出要离开学校。

这不过是一个老故事的新版本。创业学课程在学生中的需求很大,然而在学术界却没有地位。史蒂文森因为教授房地产,被评为终身教授——这几乎是绝无仅有的。在商学院,他是第一位获此殊荣的。他还有一大批尊敬他、崇拜他的学生和年轻毕业生,但是,却没有同事(除了兼职的普沃)。房地产是否算得上一个研究领域呢?这样的疑虑在他的心中一天天增长。"在评定终身教授的过程中,"史蒂文森说道,"你会想要搞清楚,自己是否还有其他选择。我花了很多时间找老教授们谈话。"虽然他最终被评为终身教授,但一直有一些让他泄气的话。就在评定过后不久,有个老同事把史蒂文森叫到一边,建议他应该"开始做点重要的事"。

同事们的观点让史蒂文森很受打击。他认为,即使继续待在哈佛的话,也没什么机会为房地产课程做贡献了。他开始收拾行李。然后,去了马萨诸塞州的斯普林菲尔德(Springfield),在一家造纸公司的董事会谋得了一个席位。

现在,房地产课只剩下威廉·普沃独自前行了。(1982年,为了表彰普沃在这一领域的贡献,学校授予他一个很少见的头衔——兼职教授。他成为学校历史上第一位被授予教授职称的兼职教授。)但是,更多的有关创业及企业管理的课程却在走下坡路。自1979年秋季之后的四年间,只剩下两门相关课程。帕特·莱尔斯的新企业创建课程,一直在继续,但是每年都会有不同的人来教。那些年,选课表上的教师一栏,往往都是:待定。

看来,帕特·莱尔斯和霍华德·史蒂文森未完的路,似乎没有人愿意继续了。

第七章 星空闪现

20 世纪 50 年代,最能吸引孩子的要属太空了。1957 年 10 月第一个星期的某个晚上,美国各地的孩子和父母站在郊外的草地上,仰望天空。他们看着苏联(USSR)研制的 184 磅重的人造地球卫星 Sputnik 静静地滑过夜空。大多数孩子记得该经历,有些孩子再也走不出对太空的痴迷。

这一章将介绍其中三个孩子以后的人生经历。

苏联人造卫星成功发射一年后,为对抗实力渐增的苏联太空,美国国家航空航天局[National Aeronautics and Space Administration(NASA)]应运而生。但是,在早期,苏联看起来总是第一:第一个把狗射入太空,第一个发射载人飞船进入绕地轨道,第一个成功发射多人宇宙飞船,第一个有女太空人的国家。美国人正等着看自己的国家在这个新奇的太空领域的竞争中取得成功。但失望总是接踵而至:一系列的计划流产,还有发射台火灾——葬送了三名美国第一代航天员。

对 20 世纪 50 年代记忆深刻的孩子们依然坚信自己的愿望。他们一口气看完了斯坦利·库勃里克(Stanley Kubrick)的电影《2001 太空漫游》(2001:A Space Odyssey),并且耐心等待。他们最终如愿以偿。美国缓慢地迈出向月球靠近的步伐。与此同时,苏联被甩在后面。它最终

第七章

放弃了太空竞赛,而转向追求轨道耐力记录及其他乏味的宇航成就。曾被苏联卫星上天搞臭名声的美国技术,又一次占领了上风。1969年,当尼尔·阿姆斯特朗(Neil Armstrong)第一次踏上月球时,美国上下举国欢腾。他们说这不是什么殖民或占领,这"是人类迈出的一大步"。

当证明月球是一个比预想的更为光秃、可怕、无趣的地方时,一些美国人(尽管现在已经很少了)却看得更远。他们梦想建成永久性的轨道空间站;将太阳能发送到能源贫乏的星球;可以进行太空旅游和太空望远。他们把目光投向火星。

他们仰望天空,点点繁星和如幕夜空在向他们召唤。

远大理想

布鲁斯·弗格森(Bruce Ferguson,1979届 MBA)承认:"我们都被那些迷恋太空的'太空虫'给包围了。""这是全国性的太空热。"[1]

事实上,年轻的布鲁斯·弗格森没怎么在国内待过。他大部分童年在泰国(Thailand)和内罗毕(Nairobi)度过。弗格森的父亲是维和部队的地区专员,后来又担任美国驻肯尼亚(Kenya)大使馆大使。这就是说,他们家大部分时间是在国外,并且很少能在一个地方定居一至两年。

就像许多回到俄亥俄州和犹他州(Utah)的孩子一样,或者说,无论在哪里,弗格森都会幻想着太空,梦想成为一名宇航员。怀着这个梦想,他开始制作火箭模型。"我上小学时就试着自制火箭模型。"他回忆道:"他们都在发射台就烧毁了。"

长大后,他开始购买发射所必需的炸药,弗格森学习过宇宙飞船制造,开始订购一些火箭配套元件。在那个年代,有关产品安全性的问题还没有引起人们的关注,年轻的宇航爱好者几乎不需要回答什么问题就能得到功能相当强大的材料。如果这些材料组合适当可以使一个火箭模型飞到天上更远的地方。

"令人感到失落的是,"弗格森说,"无论我住哪儿,都没有足够的室外空间。所以每次我发射出的火箭总会丢失。火箭会飞得很高,不知会飞到哪里。当然,正如它的飞行路线,这也是一种生活哲理。"

弗格森当时并不知道,火箭发射带来的困扰,也将困扰美国国家航空航天局(NASA)多年。在六七十年代,每一次的太空探险之旅都要靠一种造价极高的发射飞行器完成,或者说是靠一次性发射飞行器(ELV):一种动力足、代价高的只能使用一次的火箭。电视镜头总是对准被发射升空的宇宙飞船、登月舱(LEM)和满载了珍贵人类物品的人造卫星。巨大的一次性发射飞行器在完成使命之后就会落回地面,其烧焦的残骸在落到海面、沉入海底之前早已被人遗忘。

NASA的工程师知道这种方式非常浪费,并且不够酷。(这种发射方法耗时,又刻板,但作为已为人所掌握的技术,它会带来很多好处。)过了一段时间,由于预算的压力日渐增长,NASA决定发明一种可以重复使用的飞船。实际上,直到布鲁斯·弗格森上大学,NASA还只是处于为这种所谓的"航天飞机"("space shuttle")做计划的阶段。

从名字上就可看出:NASA已经让过去以浪漫、幻想、爱国为主题的航空业转向更为实际的内容。(shuttle就是一种普通的车辆,可能是人们用以前往停机坪的机动车,两地间短程穿梭运行的公共汽车,也可能是一列分节火车。)弗格森梦想着太空探险,并且对大学招生官员说他想从事"科学管理"方面的工作。他内心十分期望再一次出现太空热。

最终,他得出结论:那是不可能的。进入哈佛不久,弗格森找到了为世界进步做贡献的途径。就是为他童年在国外所看到的满目荒凉和贫瘠做点事。他开始专供政治学,并且完成了该学科所要求的所有课程,三年内就拿到了学士学位。他结婚后,又在哈佛待了四年(拿到了一个硕士学位)。他的妻子也修完学业。之后,她陪他前往印度,在那里做了

第七章

一年的慈善工作。他把这段时间称为："第二次蜜月"。"水管里流不出热水，没有冰箱。真是一次美妙的感情经历。"

弗格森那时对自己的期望值是很高的，现在也依然如此。在他的理想世界里，自己更是一个梦想者，而不是一个务实者。"你经常会梦想自己会有什么样的成就，"他解释道，"你用自己的梦想衡量自己的成就，而不是用其他的衡量标准。"

这种衡量标准早在弗格森年轻时就产生了。比如，从印度回来后，1977年，他开始攻读要求严格的哈佛法学士和工商管理硕士联合学位（J.D./MBA），"我在桥两边来来回回。"（哈佛法学院和商学院分别坐落在查尔斯河的两边。）"我特想用四年时间完成五年的课程。"他半开玩笑地说："多省时间呀。"

作为联合学位学生，要完成两边学院的必修课程。弗格森选择选修课的机会就不多了。第四年即最后一年，他在浏览课程表时，脑子里突然闪出要选一些商务课程的模糊想法。他决定在哈佛商学院选修一门企业学课程。在1980至1981年的商学院课表中，只有一门与创办企业有关——新企业的创建。但这跟他想学的东西不太吻合。"我在找一门与国际商务更相关的课程，"这样解释也许显得礼貌一些。

弗格森在哈佛商学院学习的那一年，正是创业领域失去其光环，实际上，应该说是面临逐渐消失危险的时候。教房地产企业课程的霍华德·史蒂文森教授去世了。在其病重之际，威廉·普沃勇敢地挑起担子，房地产课程才得以维持下来。其他的教师把注意力都转向别的地方了。"新企业的创建"由已故的帕特·莱尔斯创立，已经失去了发展动力，并且缺少连贯性。

所以，布鲁斯·弗格森看哈佛商学院的选课表，想找一门有意思的课程时，发现只有一门还算与他的兴趣接近，叫做创意营销战略（Creative Marketing Strategy，CMS），一门需要实地考察的课程。这门课通过具体的市场项目进行实战式的学习,非常吸引弗格森。他马上报了名。

创意营销战略是什么?除了乔治斯·多里奥独树一帜的制造业课程,创意营销战略课程就是哈佛商学院第一门需要进行实地考察的选修课。它是哈里·汉森(Harry Hansen)教授智慧的结晶,侧重于观念创新和动手解决问题。它让哈佛商学院的学生走出课堂,进入企业。在企业中,他们需要实地研究和策划解决问题的方法。

任何规模的企业——无论是新创企业还是巨型企业——都会提出市场营销方面的问题;一年后,学生们以口头报告形式宣布解决方案,那些公司的高管(往往是CEO)会准时出席这样的报告会。公司支持这类项目,研究结果往往要保密——有时还真的会得到实施。比如,1976年,根据创意营销战略团队的结论,美国财政部决定发行面值2美元的纸币。

20世纪60年代到70年代间,特德·莱维特(Ted Levitt)开设了创意营销战略课程。许多人认为这段时间是创意营销战略课程发展的全盛时期。他后来回忆说:"我从未把它看成一门实地考察课,我把它当做一个咨询项目,是以一个顾问的身份解决公司问题的项目。"莱维特执教期间,有一年多的时间是研究每个项目。他每周都要与学生开下午会,很多时候一直开到晚上。

"我们承担的项目很重要。"他回忆道,"每个人都要全力投入,在学校的那段时间,我很少回家吃晚饭。"

随着时间的发展,这门课程逐渐可以反映出主管教师的偏好。莱维特说:"哈里·汉森往往把学生分成组。""他认为学生应该学会与组里的每一个人合作。我没这样做。学生要在一个小组待一年,如果相处得不是很愉快,这将会是一种负担,所以我让他们自己决定与谁一起合作。"

许多创意营销战略项目组的成员之间往往结成了深刻的联系。"这种联系让大家毕业以后还可以共同做事,"莱维特说,虽然毕业生不一定

第七章

选择留在他在创意营销战略课时所研究过的领域。

这就是1980年秋弗格森选课时的背景。他在看一些创意营销战略项目招募书时,突然发现,有一个NASA赞助的项目。是NASA的!主要是研究太空商业化的可能性。弗格森感到,他内心深处的儿时梦想又一次燃烧起来。他马上打听他是否可以加入这个项目。已经加入的六个人在考虑是否让第七个人加入。最终,他们认为弗格森的法律知识对他们有益,所以对弗格森的加入表示欢迎。

弗格森没有意识到,自己走了一条迂回的人生之路。再有几门课程和几个月,他就可以完成学业,得到两个非常有名却又难得的学位,然后开始法律和国际发展方面的生涯。他没有对NASA的这个项目有多大期盼,他只是想满足自己小时候的梦想:太空,火箭,宇航员。

小城大志

先行参加NASA项目小组的六人中,有一个二年级的工商管理硕士研究生,叫做斯科特·韦伯斯特(Scott Webster)。韦伯斯特的青少年时期是在明尼苏达州(Minnesota)东北部的埃弗莱斯(Eveleth)度过的。那是一个盛产铁矿的小镇。它坐落在米萨比山脉(Mesabi Range)的西坡。但这个小镇带给韦伯斯特的知识实在有限。(有一年,它的人均消费啤酒量位居全国小镇第一名。)韦伯斯特上高中时,就意识到在这片钢铁厂中,他想要的不只是一份工作。

"我想要知道这些机器是怎样运作的,"他说,"那么机械工程学就是我最佳的选择。我也非常确定,自己想在某些方面取得一定的成绩,做一些不一样的事情。"

非常幸运的是,铁矿给埃弗莱斯带来一笔非常可观的税收。而且,公立学校条件非常好。韦伯斯特考上了明尼苏达州立大学,学习机械和电气工程。毕业后，他去了明尼阿波利斯(Minneapolis)的利顿微波厨具公司(Litton Microwave Cooking Products)。在那里，韦伯斯特马上对年轻的创业董事长——比尔·乔治(Bill George)(1966届MBA)产生了很深的印象。"他那时候只有29岁，"韦伯斯特说，"他已经成为这个新兴的微波厨具行业里的开拓者。"

但是尽管他非常尊敬这家公司和比尔·乔治，没几年，他就辞职了。当时，离他的25岁生日只有三个星期。[2]"我后面还有许多人在做着我当时做的工作，"他说道。"他们做着微波项目研究工作，他们已经干了很多年了。我突然想到我也许会一辈子只做同样的一件事情。"

事实上，这位年轻的工程师想成为一名创业者。几年前，出于一时的孩童般的自负，他暗自发誓在25岁时要成为董事长。他知道，这时再去这样做，有点晚。但他决定为着那个梦想尝试一下。

"我辞职纯粹是个玩笑，"他说。"现在快25岁了，我还是想成为一名企业家。也不知道为什么，我总是希望能够兑现自己的誓言。"

韦伯斯特第一次尝试着去实现自己的想法。"我这个人比较传统，"他笑着说，"我要设计出一款新型扩音器。"过了几个月，他清醒地意识到：明尼苏达州立大学让他学会了机械是"怎样运作的"，却没告诉他企业是怎样运作的。他承认："我对金融和营销没有一点概念。"

他苦苦寻找着解决的办法。最终他选定了利顿公司老总比尔·乔治数年前走过的路线："哈佛商学院。"韦伯斯特从乔治那拿到了推荐信后，申请研究生课程，并回到公司里做顾问工作。目的很明确，就是为读研究生攒钱。

到目前为止，关于韦伯斯特的故事里还未出现什么邮寄火箭模型零件或是关于太空旅游的梦想。难道斯科特·韦伯斯特从没有受到太空热的影响吗？他的同龄人几乎都被太空热影响过的。

"绝不是，"他笑着解释说："我看过所有有关水星号(Mercury)和双

第七章

子座(Gemini)火箭,还有阿波罗号(Apollo)的探险片。我常说,要是我能早出生 20 年,我肯定在阿波罗号上工作。阿波罗号可是这一代的标志。"但 20 世纪 70 年代,NASA 从不对外发布新闻。所以,韦伯斯特下决心成为一名创业者和年轻的董事长时,从未想到过能够有机会参与太空贸易。当时他还不知道什么是太空贸易。太空贸易是为大公司(包括利顿)保留的项目。这些公司往往与政府有着密切关系,还有多年的军火贸易经验。

韦伯斯特在哈佛商学院的第一个学期,非常意外地听到了一种召唤:营销。他将这种冲动归功于哈佛商学院的教授雷·科里(Ray Corey)的教学方法和教学热情。当时,雷·科里负责教授一年级的必修课营销学。"对于我来说,这是一门全新的课程,"韦伯斯特承认,"我已经被深深地吸引了。"

1979 年秋季的营销学课,使韦伯斯特不光走入他注定要从事的领域,还遇到了一个叫做戴夫·汤普森(Dave Thompson)的热情的年轻人。"我们是一个小组的,"韦伯斯特说。"开始上科里课的一段时间,我坐在他旁边,碰巧看到了他的笔记:非常令人钦佩——一页一页的课前准备,上面都是图表和矩阵,而且字迹工整干净。那是我注意的第一点。后来我发现他在课堂上很少发言,但一旦开口,都是非常切题的。有趣的是他思路清晰,但不爱说话。我对他的思考能力印象很深。我还比较喜欢他那从不刻意吸引别人注意的特点。"

月上宾馆

总有一些人知道他们一生中想做什么,而且是永远地烙在心里。对于戴夫·汤普森来说,他最让人嫉妒的是(或者看来似乎是)在 20 世纪 50 年代到 60 年代期间,应邀加入美国太空计划。

孩提时，汤普森就打算将来的职业能够以研究火箭和太空飞船为主。在佐治亚州（Georgia）农村和加利福尼亚州南部（South California）小镇上长大的他，已经往天空中发射了数以百计的自制和组装的火箭。汤普森的许多火箭都是"有人驾驶的"。起初是蚱蜢，然后是老鼠，最后受到一次高中科学展览会的鼓舞，他把一只猴子放入火箭内。

"为了参加科学展览会，"汤普森回忆道，"我设计了模型火箭的马达，你可以在爱好者商店里买到并且把它们升级。在火箭的上半部分有一个小座位，猴子可以坐在上面。火箭可以飞到高达一英里的高度。三次（发射）总有两次能够成功地返回，就是对于美国政府，这也是很好的记录了。"

今天，在汤普森的办公室里，摆着一张发射猴载火箭的照片：一个六英尺高，有五个引擎的火箭。每个引擎的推动力为50磅。无论过去照片中的他还是现在的他，都是满脸的笑容。"当时所有的人都知道我是'火箭小子'，"汤普森有点害羞地说，"他们都知道我对此很着迷。"

汤普森在MIT学习航空学；到夏季去NASA和德雷珀实验室（Draper Labs）工作。这是一个国防领域的研究智囊，是20世纪60年代学生运动过后从麻省理工学院派生出来的。1977年，他从美国加州理工学院（Caltech）毕业拿到航空学硕士学位，就开始在NASA工作。他相继登上一些可以大展宏图的职位——比如他做过一个高级火箭引擎的项目经理——但他从不满足于已有的工作。

"太空计划正处在最为萧条的时期，"他解释道。"什么也没发射。这可不是我所期望的。"实际上，1975到1980年间，NASA没有把任何人送入轨道。

萧条，静止，无聊：在汤普森看来这一切都是因为运气不佳和规划不当。"在60年代，"他解释说，"太空计划已经远远超越了其自身的意义，但我们那时并没有意识到这一点。美国已陷入对抗苏联的泥潭中。我

第七章

们有些意想不到的漂亮的动作,他们也没什么两样。彼此彼此。但我们没有打好经济和社会基础,使那些太空计划无法继续。因此太空计划经历了一段停滞期。它只是减速发展罢了。它只是在整个70年代都在试图搞清楚,经历了成长之后该做什么。"

汤普森深信60年代的展望——在未来,火箭将会非常重要——这个未来不是梦。只是这个未来还未到来而已。"如果你要绘图,"他拿起一支笔和一张纸,画出了一条轴线。他边说边绘出几条向上延伸的线。"你从50年代到60年代开始,然后沿着这个太空计划轨线走到90年代,看看到时候会发生什么。"

汤普森画的轨线从左向右陡然升起。但实际上,到了90年代,太空计划的发展水平还是远远低于那个轨线所描绘的高度。那个描述是:"你会在一个与今天所处的截然不同的地方。小时候,我们确信到了1999年任何人只要买一张票,就可以直飞太空。价格也就和乘坐协和飞机(Concorde)飞往伦敦的票价差不多。我们认为月球上会有宾馆。"

作为一个年轻人,汤普森希望得到的远比NASA所能提供的多得多。他开始思量,他也许能做点别的事情。那么,尝试一下太空领域的商业公司怎么样呢?

"想到这一点是非常疯狂的,"他现在承认。"这个市场是完全未知和未经证实的。当然,技术要达到顶尖水平。整个行业应该整饬有序。它是一个你必须与政府进行竞争的行业,这就更难了。"但他在NASA的经历使他确信绝不会让手中的机会溜走。许多为太空探险而开发的技术未被政府充分使用。看起来汤普森会利用它们。可能那些技术中的某一个会被用来支持一家私人企业。

万事开头难。对于汤普森来说,私人企业是新事物。如果他想建立任何形式的公司,他需要给自己各方面充电。1979年秋天,在哈佛商学院,他见到了斯科特·韦伯斯特。无意间,他对韦伯斯特认真做笔记以及精心准备课堂材料留下了深刻印象。很快,汤普森断定,他能从此人身上学到东西。

汤普森和韦伯斯特课上互相学习,课下交往频繁。他们一起参加创意营销战略的实地考察,并且(与其他四名商学院的同学)抓住了NASA赞助的项目。后来,布鲁斯·弗格森加入进来,经过几番讨论,大伙一致认为这个小组需要一名不错的律师。至少,是一名即将成为律师的未来创业者,当然,他还得对火箭感兴趣。

即使不考虑其他四名小组成员,这三个人——韦伯斯特、弗格森和汤普森,他们技能和兴趣的互补性足以使他们成为一个无敌的团队。韦伯斯特,一个从北方山区小镇走出的工程师,缺乏一些营销知识。弗格森,从小周游世界,上过三所研究生学院,见多识广,对复杂的法律和金融环境有着天生的好悟性。汤普森,则是在高新技术领域造诣颇深,对政治有着最敏锐的直觉。

戴夫·汤普森说:"当然,我们并不是有意把个人所长拼在一起。""是善于发掘新奇事物的天赋把我们聚集到一起。但我对这个小组有一种感觉。我觉得,如果我们一起为NASA的实地考察项目工作的话,可能会有更多的意外收获。"

不受欢迎的调查结果

1980年秋。NASA已经造好闪着银光的航天飞机。经过多年萧条、预算削减和活动停滞之后,NASA已经准备在下一轮伟大的太空探险中把整个国家都送上太空。

NASA也想知道怎样才能劝说那些商业团体来分担航天飞机的花销。

"我们这个创新营销战略小组做的NASA项目主要是关于微重力

第七章

的现场研究，"布鲁斯·弗格森说。"有可能在近地轨道（low earth orbit）做出一些在地球上做不出来却又非常有价值的新材料。比如铝和锌：它们在地球重力下是不能形成合金的，但把它们放到轨道上做，就能形成合金。航天局就是想让我们研究这件事的可行性，即有没有公司愿进行这次风险投资。"

创意营销战略小组有6个月时间和4万美元的预算经费。小组的7名成员将会深入各行各业，调查在医药、半导体、光学玻璃和其他领域里有没有公司愿意投资。

"最后，"韦伯斯特说，"我们写了一份航天局不愿看的长篇报告。主要是时机不对。美国各行业还没有准备为你在太空所做的物有所值的试验进行投资，或者增加投资。"

其中一个难以克服的问题就是花销。即使今日，如果买一张没有任何补助的美国航天飞机机票，你得花5,000万美元。（而且现在还没有这样的机票可买。）另一个问题就是，很少有公司考虑太空的特点能为他们带来什么。这是个典型的第22条军规（Catch-22）（指互相抵触的条件或不合逻辑的情况）。太空研究的高昂费用阻碍了研究的发展，而不能进行研究意味着没人会发现航天飞机的有益用途。

NASA希望航天飞机计划能吸引更多私人投资的想法，在1981年春季收到创意营销战略小组报告时被击得粉碎。（"他们勉强地表示感谢，"斯科特·韦伯斯特说。）公平地说，NASA忙于自己更为重要和令人欣慰的事情。第一架航天飞机——哥伦比亚号，于4月进行首航。在喧闹之中，哈佛商学院的那份令人扫兴的报告早就被他们抛到了脑后。

对于创意营销战略小组的每一个成员来说，能够为航天飞机计划出一点微薄之力都很开心。现在课程已经结束，马上就要毕业了。这个研究小组的成员，以及他们其他的同学，都要准备各奔东西。

"在我们离开之前，布鲁斯邀请我到昆西居（Quincy House）一起共进早餐,他当时在做辅导员,"戴夫·汤普森说。他们与一群本科生一起坐在了一张长桌前,吃着威化饼,喝着咖啡。他们分享了对哈佛商学院学习生活的感悟,并且像其他即将毕业的学生一样,憧憬着未来。

当时,弗格森把手中的叉子放在盘子上,用一种出人意料的语气说了句话。他说:"嘿,我们应该开一家太空公司。"

就这样,点子有了。

"这是第一次有人明确地提出来,"汤普森说。"这个想法在我脑子里思量了很长时间,但是我却说不出口。它看起来太遥远,太不成熟。但布鲁斯只说了一句,嘿,我们应该做这件事。"

但问题是:做什么？弗格森和汤普森都给不出答案。他俩同时感到,在 NASA 项目的工作经历,使他们了解了开办私人太空企业的机会(和风险)。他们决定保持联系和交换彼此的想法。也许什么也不会发生,也许会发生些什么。

到了夏天,斯科特·韦伯斯特去了西雅图(Seatle)市区,找到了一份工作,为超声波最先进的应用方法做营销。布鲁斯·弗格森则前往芝加哥享有盛誉的柯克兰(Kirkland & Ellis)律师事务所工作。为了追寻自己的梦想,戴夫·汤普森接受了一份在洛杉矶休斯飞机公司(Hughes Aircraft Company)旗下的导弹系统公司(Missile Systems)的工作。

可能一切就这么结束了。"实际上,"韦伯斯特说,"我纳闷的是,怎么就发生了后来的事。"

是这样:当戴夫·汤普森翻看商业出版物时,发现了一个有关太空方面的有奖比赛通知。奖金由休斯敦(Houston)市的一个新组织,太空基金会提供。这次比赛是此基金会举办的第一次全国性的比赛。(这个组织现在已经不存在了。举办那场比赛,是为了促进大学毕业生参与太空领域的商业化发展。)戴夫·汤普森决定不能错过这次机会。他把那份创意营销战略小组报告装进信封,邮寄到休斯敦,然后很快忘了这事。当

第七章

他们那个小组获奖的消息传来时,汤普森比谁都吃惊。

小组的所有成员10月在休斯敦聚会,简单庆祝了一下。奖金少得可怜:几个人一分,也就能够支付他们从全国各地飞到休斯敦的往返机票。但所有人都为这一次重逢而高兴。后来还有更多的事情。"在休斯敦,许多事情接踵而至,"韦伯斯特说,"那次颁奖大会是一支催化剂。"

一家太空公司是怎样诞生的

因为意外获得太空基金会的颁奖,弗格森、汤普森和韦伯斯特在从哈佛商学院毕业几个月后又再次见面。10月的一个晚上,他们与另外四个小组成员挤在一个廉价宾馆的房间里庆祝了一下。其间,戴夫·汤普森说有一件事情要宣布。

"布鲁斯和我准备办一家公司,"他说。"一家太空公司。"他环视了坐在桌旁的每一个人。"谁想参加,谁不想?"

斯科特·韦伯斯特当即说:"我参加。"

在当天早些时候举行的太空基金会颁奖仪式上,韦伯斯特听到了非常有号召力的演讲人本·博瓦(Ben Bova)引用詹姆斯·米切纳(James Michener)的小说《太空》(Space)里的一段话。"引用的那段话是关于每一代人都面临一个新领域,"他说。"如果你没有找到你这一代人开拓新领域的道路,你就不能完成时代所赋予的使命。我们的新领域就是太空,我想探索这个领域。"

韦伯斯特的当即表态是独一无二的。(其实即使是他也在正式签字加盟前对这项计划深思熟虑了好几周)。房间里其他的人着实犹豫了一番。最后,他们其中的一个站起来,问了一个大家都想问的问题:"戴夫,你是不是疯了?"

汤普森和弗格森没觉得这个想法有什么疯狂。整个夏天他们都在彼此交换意见，他们相信他们最终找到了一个行得通的方法。获得太空基金会的大奖，飞往休斯敦——这不过是给他们的想法添了一把火。

的确，他们最初一些关于太空公司的想法全都不行。其中有一个想法是建立"太空加油站"。他们希望借此收回从航天飞机中喷出的多余火箭燃料，存在油罐里，然后使它跟随沿轨道飞行需要补充燃料的航天飞机。这在理论上是可能的，但实际上是不可能的。除非有更多的火箭在这个太空加油站附近巡游。"那个夏天，"汤普森说，"NASA宣布在未来几年内每两周发射一架航天飞机。我们的想法比现实超前了一步。"

但是很快另一个机会探出了头。汤普森通过在NASA的关系，得知有一个项目可以做：将半人马上节火箭（Centaur Upper Stage），改装成航天飞机，辅助重型人造卫星进入轨道。为什么不创立一个私人公司，从这个项目中分一杯羹呢？这就是汤普森和弗格森在休斯敦那晚提的想法。

最后，小组成员的七人中只有汤普森、弗格森和韦伯斯特决定继续实现这个想法。他们三个都非常清楚，他们有充分的理由放弃。最可怕的一点在于，向前只要他们把这个想法推进，就意味着向世俗所公认的观点挑战，这个观点就是，任何与太空有关的私人公司都不会赚钱。私人太空公司需要令人望而生畏的大笔投资。到目前为止，每一个成功的公司都是由政府提供资金。步骤是众所周知的：国会给NASA拨预算资金，NASA再与它的"伙计们"订约，让他们承担航天局不能完成的项目部分。

由于以上的情况，这三个哈佛商学院的毕业生都没打算辞掉他们的工作。他们通过远距离的联络拿出了一个方案。他们的计划具有创新性、阶段性和连续性：他们希望航天局批准（或至少盖章同意）他们购买已制成的上节火箭。得到批准后，他们就能吸引私有资本为工程和试验

第七章

投资。实际上,他们可以成为航天局新火箭研发项目的经理。

1982年4月,他们三人成立了轨道科学公司(Orbital Sciences Corporation, OSC)。这时他们改装半人马上节火箭的方案快要完成了。运气帮了点忙——就在做好准备之后,企业家的最爱——相宜的政策出台了。7月,正是OSC对其提案做最后的润色之时,里根政府(Reagan Administration)开始实施新的《国家太空政策》(National Space Policy)。为了配合政府功能全面私有化的方针,政府继续支持航天飞机计划。但会采取措施来促进私人企业参与这项计划。

尤其是,里根派(Reaganauts)鼓励在太空领域创业,并宣称个人在太空领域的投资将会获得减免税收的奖励。再没有比这更为绝妙的时机了。同一个月内,OSC为了半人马上节火箭项目向NASA递交了提案。除了他们的提案交得比较及时以外,他们的资助者并不觉得提案有什么新意。

"半人马上节火箭是一个用液体燃料推进,部分制冷的上节火箭。它带有很多安全隐患,"布鲁斯·弗格森说道。"将它改装成航天飞机将会耗费5亿美元——换句话说,耗资非常巨大。NASA的领导听完我们的提案后,说,'非常感谢,年轻人,但你们为什么不尝试一些难度低一点的事情呢?'"

尽管《国家太空政策》提出了私有化,NASA还是自己决定自行改进半人马上节火箭。但也许是为了表示拥护与私营企业的合作,NASA又为OSC介绍了其他的项目。这个项目要求要有5,000万美元的资金,这个数目在NASA看来比较容易运作。

这样一来挑战虽然没那么大了,但是依然很可怕。由于其预算资金大多投在了其他火箭项目中,NASA不能继续进行新的中程火箭项目——"转移轨道级"(Transfer Orbit Stage)或者就叫TOS。这个项目是用航天飞机把中等容量的卫星发射升空。航天局鼓励OSC设计出这款火箭,并且在私营公司制造它。

汤普森、弗格森和韦伯斯特考虑了一番。如果他们承担了这个项目,他们就必须像上一次准备半人马上节火箭项目那样,再拿出一个方案。半人马上节火箭对于 OSC 来说属于长远的考虑,TOS 似乎更适合他们的现状。但这反过来使 TOS 项目的前景更加令人忧惧。面对即将到手的项目,OSC 意识到他们的举措要更审慎。项目的赌注很高——5,000 万美元。无数人都看着这个项目。OSC 的风险不在于它是第一家尝试"太空私营化"而失败的公司,而在于它可能是第一个在这方面成功的公司。

1982 年 12 月,OSC 第二次向航天局提案。OSC 将会为 TOS 项目从私人领域筹集资金,并且协调好整个项目。当然——航天局要同意买这个项目产品,并且不资助任何与其有竞争关系的项目。

"我们告诉他们我们会从他们关于 TOS 的概念入手,筹集资金,管理项目,将它商业出售给客商,"斯科特·韦伯斯特。"我告诉他们,我们的花费绝对比政府部门的少,并且我们的产品有助于提高航天飞机的运载量。"

NASA 动心了,但仍很谨慎。航天局第一个反应是再看看其他提案。"他们首先将我们的想法拿给一些大的公司,如波音公司(Boeing),"韦伯斯特说。"很幸运,没有人愿意接这个项目。那个项目看起来是一个轻率的想法,如果政府不投入资金,那些大公司都不愿意尝试。对于他们来说,没有资金就开始行动,是不可思议的。"

正是由于大公司的这种态度,OSC 最终做了 TOS 项目,并证明了自己对整个太空相关领域的贡献。

"我们用一个非常老套的想法提醒每一个人,"韦伯斯特说。"这个想法就是,你提供资金,你得到回报。OSC 将这一想法,运用到无人涉足的行业中去。我们将建造这个火箭当做一次私人商业风险投资。没

第七章

有人愿意冒这个风险,所以我们就轻易得到了这个机会。"

OSC 展示提案的一个星期以后,NASA 给他们亮了绿灯。突然间,TOS 项目和 OSC 同时启动了。

发射升空,又回归地面

1982 年 12 月,斯科特·韦伯斯特彻底告别了超声波营销。这是在 NASA 给了 OSC 关于 TOS 提案的肯定答复不久。他辞去了在西雅图的工作,将自己的东西往拖车上一扔,直接往南开向戴夫·汤普森在洛杉矶郊外的家。

"我在那儿住了六个月,"他回忆道。"那真是一段惬意的时光。"

那时,汤普森几乎把他所有不睡觉的时间都放到 OSC 上了。他的妻子,凯瑟琳(Catherine),也为此忙活。她因此练出了个本事:能够在清晨五点电话铃响时用非常清脆和清晰的声音说:"早上好,OSC。"然后就把电话放在枕头下,让对方"稍等"。此时,汤普森会马上从床上爬起,用冷水往脸上扑。与此同时,布鲁斯·弗格森离开了他的律师事务所,开始为轨道公司在总部之外办公。

这次的全面出击是个简单的生存策略。NASA 给的绿灯并不是什么合约,甚至不是什么背书。实际上,它不过是一份备忘录,提醒 OSC 要在六个星期内证明此项目的生存能力。如果 OSC 能拿出充足的资金,拉一家有声望的大型航空公司入伙,NASA 就批准 OSC 做这个项目。

六个星期的时间几乎是不可能的。尽管机会很小,但 OSC 很有可能只有这一次机会。弗格森、汤普森和韦伯斯特(还有些家庭成员)全部投入到这场近乎疯狂的活动中来。

一笔关键的钱帮他们开始了这场冲锋。事业有成的休斯敦石油和天然气开发商——弗雷德·奥尔康(Fred Alcorn),一位太空基金会的董事会成员,向OSC注入了他所谓的"启动资金"。这30万美元的投入使得OSC所有人员全力以赴投入到工作中去,他们需要:(1)找到火箭制造商和(2)筹集到需要的巨额资金。

成功总是来得比预想中的快。第一个好消息就是,在航天局的支持下,OSC劝说航空公司承包商马丁·玛丽埃塔公司(Martin Marietta)以3,500万美元的固定价格(这包含了设计、制作和测试的所有费用)同意加入这个项目。唯一的隐患,就是马丁·玛丽埃塔公司坚持要无风险交易:微不足道的OSC必须为财大气粗的国防承包商支付他们所提供的一切形式的服务。

令承包商吃惊的是,汤普森和他的合伙人在筹资方面初战告捷。他们已经算出,这个项目需要大约20亿美元的启动资金。他们拜访过的风险投资公司一上来就慷慨解囊。税收激励政策,航天局的正面声明,里根政府的公开鼓励,这一系列的优势结合在一起,在风险投资业中产生了连锁反应。OSC搭乘这趟顺风车,筹得18亿美元风险投资。他们还得到了真心的支持者——其中有弗雷德·奥尔康以及几位航天局的前官员——他们都同意加入OSC的董事会。

艰苦的六个星期之后,NASA和OSC又开了一次会。这一次,汤普森和他的合伙人带着一些知名的董事会成员来参加,这可是新公司实力的充分证明。马丁·玛丽埃塔站在旁边,只等双方签约。他们在银行有资金,奥尔康董事已经在银行为他们做了20亿美元的担保,并且表示要全力支持这家新公司。最后,NASA被说服:OSC的确有这个资质。

OSC和NASA之间的协议规定:NASA监督TOS项目的进程,提供有关TOS与航天飞机兼容技术的必要信息,不对任何与此有竞争的项目直接提供资金。这是个好事。不好的是,协议只确认了双方关系的某些方向:航天局把筹集必要资金的重担直接推给了OSC,但又不承诺

第七章

购买任何 TOS 火箭。

但是已经开场了。OSC 和马丁·玛丽埃塔签订了固定价格合同(这是一种在此行业中不常用的合同。)几乎一夜之间,马丁·玛丽埃塔方面的员工开始为制作火箭而努力。几个月后,事实清楚地表明 OSC 需要补充创业资金。"我们几乎一个月花一百万美元,"斯科特·韦伯斯特说。"所以,往后的一年半时间里,我们三人要不停地募集资金。"

最终,一个由布鲁斯·弗格森构思出的研发合伙经营公司模式使 OSC 得以生存下来。他第一次产生这样的想法,是在哈佛商学院读书时,做 NASA 赞助的项目的时候。后来,弗格森在芝加哥工作时,更加系统地考虑了研发合伙公司。他确信这种公司是 OSC 生存下来的唯一途径。"多亏当时有税收政策支持,"他说,"不管合伙公司的投资者是否真正参与到该项目中来,他们都享有税收优惠政策。"投资者可以马上把损失抵税,即使也许将来的某一天投资回报会突然出现。

凭借这些有吸引力的条件,OSC 的创办者向私人投资者大肆宣扬 TOS 项目。这些私人投资者大部分是富有的医生和律师。这的确行之有效。这三个太空推销员筹得一笔一笔 5 万美元,总共筹资 5,000 万美元。当时,这是一个航空业公司募集到的最大数额的私人资本。

或许令人吃惊的是,弗格森和他的合伙人并没有向哈佛商学院的同窗求助。"我们当中没有一个人特别依靠老同学关系,"韦伯斯特解释道。弗格森认为 OSC 的创建者并没有运用他们读研究生时建立起来的各种关系。"我曾犹豫过是不是单纯以那些关系为基础筹资,"他说。"我宁愿让他们参与项目。如果哈佛的同学关系中有什么可以帮得上忙的,那再好不过了,但我不会特意分心去注意这些。"

OSC 的创建者认为共同的经历能够使两个人、两个投资者或两个公司之间建立起紧密联系。"你们好像早就认识似的,"弗格森说。HBS 的关系网帮助 OSC 叩开了西尔森莱曼公司(Shearson Lehman)的门。

该公司的执行董事——保罗·金洛克（Paul Kinloch）（1968届MBA）在推动和引导研发合伙公司的过程中给予了巨大的帮助。"没有他的支持，我们不可能募集到那么多的钱，"弗格森坦率地说。金洛克后来加入了科学发展集团的董事会。

哈佛商学院的背景帮助三名创业者获得NASA的信任也是理所当然的。时认航天局局长的吉姆·贝格斯（Jim Beggs）曾在哈佛商学院就读工商管理硕士（1955届MBA）[3]。有一次，汤普森和他的合伙人并没有直接向他流露出他们曾就读于HBS，但后来一想，校友的这种关系的确起到了作用。许多情况下，弗格森说，"毕业证是绝对必要的。它意味着一些值得尊敬的人见过你，并且认为你聪敏伶俐，值得信赖，也许是一个可以依靠的人。"

成功的建立起研发公司模式以后，弗格森又陷入了担忧。"我经常感到我们要碰壁。""时而是资金快用光了，时而是我们必须奋力达到某一个阶段目标。第一年，我们总是频频碰壁。"

戴夫·汤普森承认他们心里有"壁"，但也认为三个朋友建立起来的合伙人关系会战胜那块墙壁投下的阴影。"早些时候，"他说，"我们之间有个契约。一致同意无论公司会多么困难，即使真的宣布倒闭，我们也要坚持让公司再经营6个月。"停业的危险，隐约出现过好几次，但是他们从未宣布过倒闭。"我认为，我们拒绝谈'败'，从心理上说，正是我们这股士气，成为我们成功的法宝。"

斯科特·韦伯斯特记得自己天亮之前在戴夫家的厨房里身穿浴袍给东海岸打电话，说服投资人拿钱出来。早先几个月的疯狂工作，不仅有绝望，也有喜悦。

"如果哪天运气好，"他略带点激动的语气回忆道，"我们也就有5%的机会谈成一位投资人，不是，应该是3%的机会。当时我们处于很不利的情况下。我们是个名不见经传的公司。许多人认为我们的想法离

第七章

经叛道。以前从未有人做过这些，等等。

"同时，为了把公司做起来，我们当然还要赠送股票期权。但老实说，这个过程本身对我们已经是一种奖赏。"

公司的市场营销负责人韦伯斯特经历了尤其崎岖的历程。往最好了说，他推动 TOS 火箭打入市场的努力成果也是令人失望的。他和汤普森于 1983 年 5 月离开加州，在华盛顿特区西边，弗吉尼亚州郊区的环形公路旁租了办公室，成立了门店。这样，他们使 OSC 离东部的投资财团更近一些。"如果我们离纽约城更近一点，"汤普森说，"我们就不需要不停地在全国从东到西地筹措资金了。"当然，这一举措也使 OSC 离他的潜在客户又近了一步。韦伯斯特的市场目标，不仅包括航天局和美国空军，而且还有需要或可能需要发射卫星的一些公司。老牌的卫星用户像 MCI 公司、Comsat 公司以及美国电话电报公司等，都在首都设立办事处，所以 OSC 也要在那儿设址。

但韦伯斯特找到的投资人还是少得可怜。

"一个问题是，"他解释道，"当时还没有能够放入 TOS 中的人造卫星。相匹配的卫星正在研制中，但还不能马上投入使用。"

1983 年 8 月，当布鲁斯·弗格森从芝加哥返回弗吉尼亚时，公司工资单上已有八名员工，可三位创业人却始终未领薪水。那一年和第二年，公司依然在风雨飘摇中向前迈进。虽然有着许多与众不同之处，但从根本上讲它还是与其他公司一样的——也要将自己的产品卖给顾客。TOS 项目依然进行着；有限合伙关系使得 OSC 继续运营，但基本上是白忙活。"总觉得没人打算推我们一把，"韦伯斯特说。NASA 虽然紧紧盯着项目的进程，却还是没有做出购买的承诺。

项目进行三年后，即 1986 年 1 月初，OSC 做了一笔交易。NASA 与公司签约订购了两枚 TOS 火箭，一枚用于火星观察者号（Mars Observer）宇宙飞船，一枚用于发射高级通信技术卫星（Advanced Communications Technology Satellite)。两枚火箭都将于1988年发射。

所有OSC公司的工作人员都欣喜若狂。整个公司，尤其是对它的TOS项目来说，又有了新的动力。戴夫·汤普森开始考虑是否需要再招聘几个人，或者换一个大一点的地方办公。

但同一个月内——准确地说，是1986年1月28日，美梦又泡汤了。那天早上，航天飞机"挑战者号"(Challenger)被发射出去，这是它进行的第10次航天飞行。不到两分钟，"挑战者号"爆炸了，7名机组人员全部遇难。这是美国进行25次载人航天飞行中首次发生在空中的大灾难。造成了世界航天史上最大的惨剧［后来只有2003年2月"哥伦比亚号"(Columbia)航天飞机的不幸坠毁可与之相比］。

有关方面对于事故原因进行了大量调查。最后，发现问题出在了一个O形环密封圈与飞机的固态燃料火箭助推器的衔接上。但是，航天局依然注意到"挑战者号"是第一个在其有效载重舱内携带半人马上节火箭的航天飞机。"挑战者号"和"发现者号"(1984年8月30日首次飞行，1988年9月29日在挑战者号发生意外后执行首次恢复的航天飞机飞行任务——编者注)航天飞机都配有降低半人马上节火箭风险性的特殊连接和控制设备，而且，半人马上节火箭被认定并不是引发那场惨剧的原因。但半人马上节火箭不再有第二次机会了。"挑战者号"爆炸后，NASA提出，发射航天飞机时，在有效载重舱内载有充满燃料的上节火箭容易造成不可估量的风险。此后，半人马火箭就只能装入无人驾驶的一次性发射飞行器中被运载上天。

"挑战者号"的爆炸和宇航员的牺牲，彻底打乱了航天局的航天飞行计划。OSC等待事情的下一步进展等了几个星期，又等了几个月。公司靠航天局的项目进程拨款维持着。当时，NASA已经与OSC签订了价值大约9,000万美元合同。即使这样，OSC还是盼望航天局尽快进行下一次的太空发射，但没有。在长达两年半的时间里，没有任何航天

第七章

飞机飞入太空。

"挑战者号"爆炸的六个月后，NASA 宣布所有的商用卫星将改由一次性发射飞行器发射。NASA 还声明从今以后他们将尽量多采用一次性发射飞行器。这主要是为了减少外界对 NASA 的航天飞机计划的诟病。OSC 的所有人已经心灰意冷。为与航天飞机相匹配而设计的 TOS 火箭，在航天局发表声明的一周后进行了公开展示。就这样突然几乎没了市场。

OSC 公司无助地坚持下去，NASA 根据合同规定进行项目进程拨款。但是未来依然一片渺茫。公司人员折损中留下的人开始寻找新的项目，有些工程师和技术人员开始寻找更有发展前景的工作。

1988 年 9 月，"挑战者号"爆炸已经过去 32 个月了。NASA 成功地发送了"发现者号"航天飞机。对于外行来说，"发现者号"在外形上与"挑战者号"非常相似。实际上，新的航天飞机耗资 20 亿美元改进其安全性能和其他性能。

OSC 为"发现者号"的发射欢呼，为航天飞机项目的复苏喝彩。但公司并没有因此得救。实际上，到"发现者号"成功离开发射台的那一刻，OSC 已经在过去的三年的大部分时间里，为摆脱这次漫长的困境，挣扎求生，全部彻底地改造了它自己。

绝地逢生

"挑战者号"爆炸后不久，OSC 的创办人开始寻找一名新的总工程师。原因是，公司几乎流失掉其所有骨干工程师和科学家。现在，他们知道，他们必须找到一个不仅技术过硬，而且愿意面对风险的人。OSC 的领导知道这是个非常挑剔的条件。他们不知道的是这条件到底有多挑剔。

OSC董事会一董事,原在麻省理工学院教书,看似很有前途,此时已经返回马萨诸塞州的坎布里奇发展。他就是年轻的大学教师——安东尼奥·伊莱亚斯(Antonio Elias),公认的航空学与航天学方面的专家。这位才华横溢的年轻助理教授好像刚刚得知他在麻省理工学院得不到终身职位。由于以上原因,他现在对非学术领域的工作邀请很感兴趣。

在1986年4月一个温暖的日子,伊莱亚斯接到了戴夫·汤普森从弗吉尼亚的OSC办公室打来的电话。汤普森介绍了一下他的公司——并不是一个刚起步的公司,却仍然在苦苦挣扎中。他言辞诚恳地说了一下未来可能存在的困难。省略了任何程序,汤普森直接给了伊莱亚斯一份工作。

对于伊莱亚斯来说呢,这份工作是对他的极大肯定。他对毕业于麻省理工学院的汤普森只有一些模糊的记忆。(汤普森在那里上本科的时候,伊莱亚斯正在读研究生。)他发现自己被汤普森的邀请深深吸引了,但新婚不久就要迁出波士顿,这让他有些顾虑。不过,他还是与来此地开会的汤普森见了一面。

"我们一见面,我就觉得特投缘,"伊拉亚斯说道。"我痛苦地斗争了好几个月,最后决定加入OSC。"

1986年9月,安东尼奥·伊莱亚斯以总工程师的身份加入了OSC。起初,他代表OSC,大部分的时间用于监督TOS火箭项目——该项目由马丁·玛丽埃塔公司具体实施。"当时我们已经意识到我们要从航天飞机项目上转移,"斯科特·韦伯斯特说。"问题是,我们还是怀揣火箭梦的一群人,我们还是想造火箭。"

伊莱亚斯、汤普森和OSC的其他人开始研究另一个上级火箭项目,该项目是由美国空军提出的。"我们马上乘飞机到达加利福尼亚的竞标现场,"伊莱亚斯说,"当我们程夜班飞机返程时,我们讨论该找谁和我们合作这个项目。我们想不出该和谁合作。我就说,'不需要找业内承包

第七章

商和合伙人,我们为什么不单独竞标呢?"

戴夫·汤普森听后,直接对飞机通道上的航空乘务员说:"对不起,这位先生需要一个氧气罩,马上。"

这是第一次有人提出,OSC能够(并且必须)做的事情,不应仅限于做一项工程的协调和管理工作。这是OSC的转折点。今天,在安东尼奥·伊莱亚斯墙上的一块匾上挂着一个黄色的氧气罩。"这是为纪念那次飞机上的提议,"他说,"从那时起,我们开始改变当初对这家公司的设想。"

OSC参与竞标的空军招标工程没有中标。这样的结果,拿伊莱亚斯的话说,其实太好了。

"首先,"他解释道,"空军于六个月后取消了整个项目,但好几家公司已经在早期的设计方面投入了数百万美元。其次,我们失去那次机会以后,就开始更认真考虑小型低轨卫星(low-orbit satellite)的发射业务。"

正如上面已经说到的,航天飞机已经不可能参与商用,可一次性发射飞行器又成为发射卫星的最佳选择。这非常诱人。但一次性发射飞行器对汤普森和他的工作团队来说是个新领域。他们没有业绩,没有长期客户,同时他们的投资人,又希望收回投资。如果OSC想要参与竞争并取得成功,必须撼动这个市场。

那时的卫星还比较庞大,在高空(高于地面22,000英里的高度上)以相对于地面同一位置的速度绕轨道运行。它们为人们提供一系列有益的服务,但价格实在不菲。向距离地球这么远的卫星发送和接收信号需要很大的动力,这要求卫星和接收器都具有复杂的结构和技术,这又需要巨额资金。对于大多数公司来讲,因为不是必须用到卫星,所以不单独列支卫星使用费。

OSC的商机就有了。公司的第一位投资人和董事会成员——弗雷德·奥尔康提供了一个实例。奥尔康德公司拥有遍布得克萨斯州的油井。这些油井大多在荒郊野外,由人独立开采,其防盗设施只是一些防护网。一个"偷油贼"(油价上涨时会出现很多)能够轻松地得到这个远程资源。

"那些偷油贼需要做的就是,"安东尼奥·伊莱亚斯解释道,"切开铁丝网,走进去,从油井中偷油。那儿没有报警器,没有电话服务,没有有效的途径去看守那些油井。"

奥尔康简单地说明了问题。他的公司需要远程监控广为分布的油井。人工看护要么花费太高,要么不怎么奏效,要么这两个缺点都有。(偷油贼可是一大群狡猾的人。)按照设想,地球同步卫星能够监控油井,但是费用高得令人退后三尺。

但如果 OSC 能发射一系列小卫星——一个被伊莱亚斯称做"星座"("constellation")的卫星系统——会怎么样呢?这些卫星(在地球上空大约 400—500 英里的地方绕地球飞行)在设计上更简单,制造和发射的价格更便宜。并且,通过组群操作,能够提供更为可信的服务。"星座"的费用将由一群用户来分担;它提供的覆盖范围和便利条件是独一无二的;没有个人或是政府赞助过这样的卫星系统。

1987 年的深冬,安东尼奥·伊莱亚斯开始对可能的承包商进行调研,寻找可以制造并且发射火箭的公司,好把他的小卫星发射到低地轨道上去。

"但我返回时,心情一路沉重,"他回忆道。因为他获悉价格问题仍然是一只拦路虎。无论他到哪里,得到的答复都是同样的:发射费用高得令人望而却步。看来,便宜的火箭能够制造,但把它们送上轨道仍然需要发射台和动力十足的一次性发射飞行器。这笔投资对于正在寻找新方法远程监控资产的普通公司来说,还是太高。

回到公司的办公室,伊莱亚斯就把这个坏消息告诉了戴夫·汤普森。

第七章

"就目前的情况看，"他难过地调侃道，"我们得自己建发射台。"

"安东尼奥，"汤普森答复他，"私人发射台的战场上可是尸横遍野——你应该非常清楚。"这两人一致认为他们应该避开火箭发射业务。

但是发射问题还是像一个谜一样在伊莱亚斯脑中挥之不去，他很快想到了另一个主意。空军最近用 F-15 飞机成功发射了反卫星火箭 (antisatellite rocket)。该火箭的设计动力不能把它自己送入持续轨道 (sustainable orbit)。如果修改设计会怎么样呢？如果空中发射火箭 (air-launched rocket) 不用整套的发射台流程就能够将卫星送入轨道，那会怎么样呢？

安东尼奥·伊莱亚斯是 OSC 的传奇人物。1987 年 4 月 8 日，在开一个无聊的会议时，他又开始思量与戴夫·汤普森的谈话。如果火箭发射的方法不同的话，或许 OSC 没必要避开这一领域。故事继续进行下去，伊莱亚斯开始在一张纸上描画着，并且后来还实施了一系列彻底改变公司命运的举措。他描绘的是什么？一幅 F-15 载着装有卫星的火箭图，一种不久就要面世，叫做"飞马"(Pegasus) 的新发射器。

有利的市场位置："飞马"

不到三年，飞马火箭从草图上飞进了现实。1990 年 4 月 5 日，人们对它进行了测试。

飞马是伊莱亚斯自己构思出来的。他搞清楚了飞机发射火箭的基本原理。如果试验成功的话，会打开拥有成千上万家公司的卫星市场。它们一直被大型卫星、火箭和发射台的巨额花费阻挡在门外。

汤普森听着伊莱亚斯的方案，摘取其中的优点。具有在空中发射火箭的能力可以助 OSC 在竞争中胜出。这些基本原理并不全是未经验证的。几年前，即苏联人造地球卫星问世之前，美国空军成功地发射了其著名的 X-15 火箭飞机(Rocketplane)。空军先将 X-15 火箭飞机悬挂在巨大的 B-52 型飞机机翼下方,然后再在空中将其发射。B-52 实际上就是 X-15 的发射台。"实际上,"斯科特·韦伯斯特说,"如果苏联没有发射人造地球卫星。那么 X-15 就会发展成为我们的主要航天飞机。苏联的人造卫星把我们的注意力都引到如何尽快制造出卫星并将它发射出去。结果,我们忽略了 X-15 火箭飞机。"

伊莱亚斯在推进计划的过程中,很快遇到了火箭最初下落问题,这让他有点灰心。一般来说,一个火箭从飞机中被发射出来时,必须在无动力的状态下下降到一定距离它的发动机才能被激活。(否则发射出的火箭可能会给发射器带来火灾,与发射器相撞或以其他方式毁坏发射器。)但把这个沉重的物体有力地射入天空,火箭就要消耗大量的燃料。"实际上,在我的设计中,我们的火箭一定会在初始飞行阶段用掉它自己大部分燃料,"伊莱亚斯说。

戴夫·汤普森在伊莱亚斯修改设计和进行计算机模拟时,亲自督阵。最终,汤普森这位过去的"火箭小子",问了一个非常有趣的问题。"你为什么不给它装一个机翼呢?"

伊莱亚斯疲倦地摇摇头,回答道:"不,机翼没用。它只会是个累赘,增加火箭的重量。"

汤普森却对此十分坚持。"我还是觉得它需要个机翼,"他说。"如果给它装一个机翼,它会更完美一些。"

值得庆幸的是,伊莱亚斯考虑了他的后台老板的建议。他渐渐明白汤普森的坚持可能反映出一个有关美学和航空动力学之间关系的这个由来已久的古训。"它是这样说的,"伊莱亚斯解释道,"如果一个物体是气动的,那么它就会是美丽的。任何人看见气动的物体的同时,就会欣赏它的美,就会惊叹它的形状。他甚至自己也不知道为什么。我感觉戴夫看火箭时,他没有被火箭的形状所打动。"如果火箭看起来不是那么美

第七章

观,或许是漏掉了一些东西。

伊莱亚斯给设计的火箭加了一个机翼,然后试飞火箭模型。这次,飞行记录非常令人满意。"装了一个机翼后,"他说,"火箭能够像小飞机一样飞行。它没耗太多的能量,实际上,它只耗了一丁点。机翼给火箭增重,增加了负担,但反而是件好事。"

那现在,戴夫·汤普森心惊胆战地回顾了"飞马"的研发过程。"我们已经把整个公司都押在这个想法上,"他说。"我们为此投入了所有的资金,后来才少一些。"

公司要经历许多风险,其中之一是要为这项工程寻找新的制造商。在"飞马"火箭设计接近尾声时,OSC 联系了一个犹他州的火箭发动机制造商赫尔克里士航空航天公司(Hercules Aerospace Company),现在叫做阿连特技术系统公司(Alliant Tech Systems),并提出建立风险合资公司。这对双方都有利:OSC 可以不再依靠外边的总承包人;赫尔克里士航空航天公司,做了多年的转包商后,也想逐渐地扮演主角。

"他们会成为股东和风险合伙人,"斯科特·韦伯斯特说,"我们给了他们一次和我们一起坐在前排的机会。他们专为'飞马'火箭设计出三款崭新的优质固体火箭发动机。飞马将会成为高效、经济的火箭。"

火箭其他的配件由 OSC 制造。OSC 与赫尔克里士合资项目的一个内容是 OSC 获得了太空数据公司(Space Data Corporations)。这是一家集制造火箭、火箭电子和数据系统、发射设备及火箭专用装备于一体的公司。

当合资完成时,OSC 已经从工资单上只有不足 40 人的小公司发展为拥有接近 450 名雇员的公司。"突然间我们能够处理所有的事情了,"布鲁斯·弗格森说。"我们能够设计产品、制造和组装各部件、对产品进行测试,还可以发射它们。"

在对不同大小的飞机和火箭进行组合测试后,安东尼奥·伊莱亚斯和OSC的研发队伍得出结论,最有价值的发射模式是一架大型飞机承载一架大型火箭。

"我们的第一架飞机是从NASA借来的,"斯科特·韦伯斯特回忆道。"就是20世纪50年代曾用来发射X-15火箭的B-52型飞机。当然这不是巧合,我们的'飞马'火箭与老式的X-15火箭的体积、重量和重心位置都是一样的。"

计划有序进行,很快,不能飞的火箭模型就制造出来并在加利福尼亚爱德华兹空军基地(Edwards Air Force Base)进行了公开展示。接着,就要制造真正的火箭:在第一级装有机翼的三级固体火箭(three-stage solid rocket)。"飞马"火箭长49.2英尺,装载后的重量为40,000磅,翼幅达到22英尺。发射"飞马"火箭的成本大约是600万美元,也就是说还不到除它以外最低报价的一半。

OSC开始有了第一个签约客户。弗雷德·奥尔康(以及他那没有监控措施的油井)倒不是第一个客户。那时,把一组小型卫星发射到轨道上的想法等待着"飞马"火箭的成功来证实。第一批装载的物品有航天局进行科学实验用的仪器和一颗美国军用通信卫星。按照计划日程,"飞马"火箭将于1990年4月的第一个星期发射,如果成功的话,这个火箭将是美国第一架由私人设计出的太空发射器。

"那一刻将决定我们公司的命运,"韦伯斯特说。"成败在此一举。把火箭组装在一起的方法有100万种,但是把它组装又能发射出去的方法只有一个。如果'飞马''飞'不起来,我们公司会全军覆没。"

随着发射日子的临近,戴夫·汤普森和公司的员工,都为公司上市做准备。"这意味着成功与否取决于'飞马',"汤普森说。"我们的成功、声誉、我们可能将来拥有并且也需要的资金,一切一切,都寄望于'飞马'。"

1990年3月22日晚,首次公开募股价格确定下来,第二天就要公开发行股票了。但3月22日早上,《华尔街日报》在头版头条刊发了一

第七章

篇有关 OSC 的文章。那篇文章提醒读者,"飞马"火箭的发射可能会失败,如果那样的话,该公司也会随之关门大吉。一个小标题写着:新公司涉险。另一个小标题则把 OSC 的创立者说成三个哈佛"太空疯子"。

OSC 有些动摇了,推迟了首次公开募股的时间。

"我们决定推迟发行股票,"汤普森说,"直到我们发射完火箭,证明那些说法是错误的为止。"

"飞马"研发队伍已经精疲力竭,士气消沉。然而,小组成员再次团结在一起,为最后的冲刺做准备。为保证发射成功,他们昼夜不停地工作。逆境也是好事。"你不需要八年半的时间,1,000 个人和 120 万美元,"汤普森充满自信地对着采访人说:"我们的研发队伍人数不多,但每人都非常尽心尽责,我们能够创造奇迹。"

1990 年 4 月 5 日的早晨,巨大的 NASA 老式 B-52 飞机静候在爱德华兹空军基地的跑道上。长长的白色"飞马"火箭紧贴在它的右翼下。"飞马"上的每套系统都被一遍又一遍地检查过。控制室里站着满怀期待的技术人员,等待着那一刻的到来。清晨在烦琐的工作中渐渐褪去。

B-52 飞机准备开始起飞时,安东尼奥·伊莱亚斯在飞机上担任发射控制板操作员。"不管什么人在什么时候,问起发射一个离飞机那么近的火箭的安全性问题,"他说,"我都提醒他们我会在那架飞机上。显然,我认为它是绝对安全的。"

最后,那架尊贵的飞机轰隆隆地滑过跑道,喷出四股灰气,开始起飞。戴夫·汤普森和他的合作人在地面上观察。在控制室里,有些迷信的技术员祈求着好运。所有人的眼睛都紧盯着视频监视器,监视器显示出那架老式大型飞机正升向碧空。

飞机上,一个可怕的想法总是跳到安东尼奥·伊莱亚斯的脑海中:"如果我按错了按钮,一切都完了。"

B-52 飞机到达 40,000 英尺的高度时,伊莱亚斯准确地按下了按钮。"飞马"火箭发射了出来,断开了它与 B-52 飞机的联系。过了漫长的五秒后,火箭静静地在空中下落。接着火箭的石墨合成发动机点燃了。在耀眼的炽热气体中,用力地推动那装有白色机翼的火箭向前冲去。"飞马"开始向上飞奔——起初是以一个缓慢的角度,接着就越来越陡,直冲云霄。地面上的工作人员以及技术人员为他们的成功欢呼雀跃——加油鼓舞,热情拥抱,击掌欢呼。

　　B-52 飞机滑行回来。戴夫·汤普森跑去迎接伊莱亚斯返回地面。他热情拥抱着汤普森,并且向他表示感谢。"成功了,我们把那些谣传彻底击碎了!"他兴高采烈地大声说。

　　OSC 公司首次空中发射火箭是个漂亮的成功之举。二十天后,公司开始上市,"飞马"的成功发射捍卫了首次公开募股价格(甚至稍稍抬高了它)。

梦想成真

　　从 1990 年 4 月起,OSC 已经用他们的"飞马"火箭运送了几十颗人造卫星升空。"'飞马'火箭依然是我们公司的台柱,"戴夫·汤普森说。4月里那一天的一飞冲天始终是那段时间里最美好的回忆。

　　但是,空中发射火箭现在只不过是 OSC 公司许多创新产品和服务的中的一种。该公司已经完成了满天卫星的梦想。(汤普森认为)今日的 OSC 已经像诸如波音和洛克希德(Lockheed)这样的大公司一样进行了纵向整合。它在相关的产业中也有许多分公司。因为没有什么固定的模式去引导"太空产业",OSC 在涉足各个领域。"我们一直在向前发展,"汤普森说。

　　事实上,公司已经把提供一条龙式的项目服务,当做自己的招牌。"我们可以为您制造卫星,也可以发射它。我们能够制作您用来控制卫

第七章

星的系统和卫星地面站。"作为 OSC 的顾客,你可以按照自己的需要订购硬件——例如卫星、通信设备以及卫星遥控装置。你可以购买处理卫星传送信息的软件,你可以买进[装有与全球卫星定位系统(Global Position System)]的整套系统,它们可以提供导航定位和精密测量信息。如果你从事的是机器人技术业或国防业,OSC 也有专门的电子器件。

当然,你也可以签约参与发射。(为降低费用,OSC 鼓励其顾客参与到发射中来。)现在的发射器包括"天马"、"金牛"(用于发射更大的负载物),以及小一点的次轨道火箭(suborbital rocket)。到了 20 世纪末 21 世纪初,这些发射器一共将 78 颗卫星送入轨道。公司的"目录"中依然包括其最早的产品——为航空飞机所建造的 TOS 火箭。在"天马"火箭发射后的第二年,即 1991 年,TOS 火箭也被派上用场。"直到 1994 年前后,它带来的效益一直比较好,"汤普森说,"但是对它的市场需求几乎消失了。这就是我们的成效:商业化卫星发射比以前容易多了,所以一般不需要使用航天飞机来进行发射了。"

随着公司的发展,OSC 又搬了两次家。从 1993 年起,它就搬到了现在的地址——弗吉尼亚杜勒斯(Dulles, Virginia)一幢洁净的白色办公楼里。门外有一个巨大的"天马"火箭的模型。在业务迅猛增长时期,OSC 也到别的地方租房。公司有两家子公司和两个"附属机构":ORBCOMM(一个以星座卫星为基础的商用低轨道小卫星通信系统)和 ORBIMAGE(一种全球卫星图像系统,已经发射了两颗卫星,还有三个在计划之中)。

星座卫星系统,ORBCOMM,值得特别提一下。尽管其他的公司也在同一领域竞争,但 OSC 的卫星总是先人一步,因此体现了当今人们使用卫星方式的重要变化使用卫星的变化趋势。这些成就成为加里·多尔西(Gary Dorsey)所著《硅天空》(Silicon Sky)中的主题。经戴夫·汤普西的批准,多尔西曾花了三年的时间从内部研究 OSC。

ORBCOMM 的种子在"天马"发射之前就已播下。当时 OSC 的创办者刚开始思考怎样才能使商用卫星服务更容易,更便宜和更可靠。一个计划渐渐有了眉目:这是由 28 颗低轨道卫星连接地面接收站组成的一套系统。ORBCOMM 于 1989 年成立,这在很大程度上要归功于布鲁斯·弗格森的努力。1997 年,该公司已经使用"天马"火箭发射了 10 颗卫星进入轨道,并且能提供部分服务。1998 年 9 月这个系统全部完成,开始提供全部的服务。加上其他的发射,到 1999 年底,整个网络由 35 颗卫星组成。

在谈到 ORBCOMM 时,斯科特·韦伯斯特又给我们提起了弗雷德·奥尔康的油井:"如果一个偏远的油井出故障了,一个人开着最小卡车需要花上一星期的时间才能到达事故地点,然后再开始巡查。同时,已经产生了价值 5 万美元的生产损失。再比如你有一节冷藏车厢,发往全国各地。如果它停止制冷,你又根本不知道,那么价值 30 万美元的肉就要坏掉。我们公司可以阻止这些损失的发生。"

它就像是个"魔毯,"韦伯斯特补充道,对于任何一个寻找特殊的资产监控设施的经营者来说。"它使你能够以光速到达任何地方。"

每一颗 ORBCOMM 系统中重达 92 磅的卫星每 90 分钟绕地球一圈。整个星座卫星的构造是使所有的轨道有效地"毯式覆盖"地球。"我们的卫星在功能上和覆盖面积方面都是一样的,"韦伯斯特说,"这就意味着我们的系统中存在有冗余服务。所以,服务短缺是不可能发生的。"

作为母公司,OSC 在其扩张的同时也发生了改变。弗格森在 1997 年半途离开公司时,已经在 OSC 担任过许多高层职务。他打算重新开设一家(与航空无关的)自己的公司。

"我都没想到自己待了那么久,"他现在说。"这是个大公司,但我总喜欢做不同的事情。从出生直到我 26 岁,大约每隔一年半我就会搬到一个新地方。我喜欢——也许是需要——改变。"

第七章

斯科特·韦伯斯特离开OSC的时间比较晚(尽管他还保留公司董事长一职)。2001年底离开公司后,他准备做一名雕刻家。韦伯斯特过去曾休过三年的假,他要重新找回生活的正常状态。"我的生活变得太单一了,"他解释道。"我需要减压,我希望多一些社交活动并且能参加一些旅游。"

在他"休假"期间,韦伯斯特遇见了现在的妻子,并且与她结了婚。他获得了飞行员执照并学会了青铜铸造。"青铜是一个古老的媒介物,"他解释道,"一个青铜器可以保存几千年。我的目标就是能够反映我们这个时代的特征。我还希望每一件作品都美观、持久、有内在的价值,有一天它会被作为一个家族最珍贵的财产。青铜器就是浓缩的历史。"今天,韦伯斯特是个全职的雕刻家,已经完成了二十多件作品,其中包括在OSC总部一个会议室门外矗立的青铜"飞马"火箭。

畅想未来

1999年,OSC的三个创建者被授予"哈佛商学院校友成就奖"。乍一看,这就像一个有着皆大欢喜结局的童话故事一样。

"的确,"汤普森说,"这可能听起来有趣。但是说实话,只是回忆起它的时候很有趣。你要先花五年的时间去经历那些风风雨雨,然后才可能回顾说:'瞧,我们度过了多么美好的时光'。"

布鲁斯·弗格森非常同意汤普森的说法。"有快一些幸福的时刻,"他说,"但是作为一名创业者,需要面对相当多的困难。这是一个煎熬的过程。在OSC令我最高兴的是,能够和一群出色的好朋友共同努力。每一个人在生活中都要试着这样做:与使你精神迸发的人们一起工作,将这些变为生活的乐趣。我从未单独做过这样的项目。它太难了。"

脚下的路还很漫长。像所有的公司一样:OSC及其子公司,ORB-

COMM 和 ORBIMAGE 都经历了成长的痛苦与挫折。例如，1999年末，当投资人质疑 ORBIMAGE 公布的损失时，OSC 宣布它将重新整理公司从 1997 年起到 1999 年第二季度的财务状况；母公司当时面临一场股东集体诉讼。

韦伯斯特马上结束自己的第一个休假，回来解决这场危机。经过讨论，制定出一个解决方案，从 2000 年起实行。尽管这场危机已被成功化解，但是 OSC 的股价却非常令人失望。部分原因是许多投资大户比较关注商用卫星近期的销售前景。另外，因为 OSC 在 ORBCOMM 和 ORBIMAGE 上的投资，用汤普森的话来说，OSC 已经"债台高筑"。

OSC 在汤普森的带领下，制定出由三大要素组成的"回归基本"应对方案。第一，OSC 继续坚持它的核心业务——卫星和火箭的制造。第二，基于第一个决定，OSC 立即从一系列的非核心产品领域里退出，用退出所得来偿还公司的巨额债务。最后，OSC 减少在 ORBCOMM 和 ORBIMAGE 上面的投资。这两家机构都按照美国破产法第 11 章申请了破产保护。成立于 2000 年的 ORBCOMM 现由一家效益良好的风险投资公司运营，没有债务负担，虽然比预期的发展速度略显缓慢，但是在稳步增长。ORBIMAGE 走过了同样的历程，并有望在 2003 年底前完成破产重组。

在这期间，OSC 自身的发展战略也相当出色。这在一定程度上是由于从 2002 年开始国防事业在卫星和导弹防御系统的费用激增。2003 年 8 月，该公司又成功发射了它的第 280 颗人造卫星。汤普森说，公司最近的最大工作突破点是从国防部接到了 9.5 亿美元的合同订单，这是公司所接到的订单中数额最大的一笔。公司将根据合同要求设计和制造正在部署中的国家导弹防御系统中的拦截火箭。这个七年的合同可以保证这家公司直到 2010 年底都会非常忙碌。再加上政府正逐年增加在人造卫星方面的开支，以及来自世界各地的订单，这些都预示着公司

第七章

的未来充满了阳光。

OSC的成就会长存史册：世界上第一家研制航天发射器的私人公司，世界上第一家发射操作低轨商用通信卫星的公司，世界上第一家开发卫星通信手持设备的公司。汤普森认为应该把近期的重点放在利用现有领域的专业技术上面，包括卫星和火箭的实际应用。

同时，该公司也关注更加长远的探索。他们最近研制出一种可探测人类从未勘探过的小行星带的卫星。该公司还继续开发新技术，以便在不远的将来应用到新型卫星系统上。

太空的无限魅力深深吸引着OSC，这种吸引力是持久的——虽然它已经在此领域牢牢扎下了根——它依然仰望天空。

第八章　小玩意　大买卖

美国轨道科学公司(Orbital Sciences Corporation，OSC)的三位创始人后来都成为企业家了。他们在哈佛商学院的创业学研究正在走下坡路的时候完成了 MBA 阶段的学习。

当然，哈佛商学院还是有人支持创业的。1978 年，就是轨道科学公司未来的领袖戴夫·汤姆森和斯科特·韦伯斯特入学的前一年，劳伦斯·福雷克院长书面表扬了致力于小企业和新企业的哈佛商学院毕业生。仍然有很多工商管理专业的学生报名上霍华德·史蒂文森教授的房地产课程。但到 1979 年，有关创业的课程只剩下两门了。

1978 年夏天，霍华德·史蒂文森离开了哈佛商学院(见第六章)，这是创业学走下坡路的一个原因。最近，在历尽周折之后，他老资格的同事终于同意授予他终身教授职位，不过有些人还是对他的才能和兴趣持怀疑态度。史蒂文森自己也怀疑还要不要留在哈佛商学院。他房地产和小企业方面的专长似乎在学校得不到足够的重视。而他的同事们实力都很强，如果他留下来，又没有办法得到来自同事的交流和反馈，他就很难以饱满的热情投入工作了。

就在他艰难面对职业抉择的时候，接到了普雷科公司(Preco Corporation)的邀请。普雷科公司是一家位于马萨诸塞州西部的纸张公

第八章

司,史蒂文森在第一次离职期间和这家公司有过接触。普雷科公司当时正在找贝格与管理副总裁的人选,就希望他能担任这一职务。史蒂文森辞去了来之不易的终身教授职位,到距波士顿两小时车程的斯普林菲尔德就职,给了他们一个惊喜。

至少有段时间,史蒂文森觉得从学术界抽身干点别的还挺好。"我简直沉浸在创业中,"他回忆说,"从一开始,我的角色就是创业者。我们想在生产新型回收锅炉方面投资1,400万美元,有700万美元的债务和70万美元的股本,我得想出解决问题的办法。"

但后来史蒂文森觉得在普雷科公司工作不是长久之计。他还是那么不安分,在这家纸张公司做了几年行政主管,又考虑以后的打算。

"我把能做的都做了,"他解释说,"我有很多员工,公司运营状况良好,石油危机期间,妥善应对了财务紧急状况。差一点公司就被重组了,但我威慑得安泰公司(Aetna)不敢打我们公司的主意。"怀着几分渴望几分迟疑,他参加了纽约市的一家风险投资公司的多轮面试。"我烦了,"他说,"干脆读起俄国历史了。"

涅槃重生

20世纪70年代末80年代初,史蒂文森离职,哈佛商学院的创业学研究几乎停滞不前,这不由得让几位哈佛要人担心起来。他们绞尽脑汁琢磨怎样才能使创业学研究起死回生。1980年,事情出现了转机,哈佛大学校长德里克·博克(Derek Bok)任命约翰·麦克阿瑟为商学院第七任院长。

博克任命麦克阿瑟的一个原因是,1979年8月麦克阿瑟写给他一封信。博克公开批评了商学院思想保守、墨守成规,(他认为)商学院不能迅速地在新的研究领域做出成就。麦克阿瑟不同意他的观点,辩辞不卑不亢而又令人信服。(当时博克已经从许多同事那里对麦克阿瑟有了相当的了解。)在给博克校长的信中,麦克阿瑟专门提议,博克应好好祝贺一下商学院迄今取得的成就。但同时对哈佛的学术面貌有过人感悟力的麦克阿瑟,也承认有必要加强商学院的学术研究,大力开发课程。他认为至关重要的一步就是要大大加强对新兴创业学的重视。

不久,麦克阿瑟就开始领导这场由他发起的变革。作为院长,他开始探索如何支持创业学的研究和教学。看到新企业创建和房地产管理这两门课远远满足不了学生的需要,他就向学校申请招一名志愿者,负责开发创业学的新课程。

没有人自告奋勇,但麦克阿瑟并没有灰心,开始在校外寻找合适的人选。其实,他心里已经有人选了:就是他的朋友,也是大学同学霍华德·史蒂文森。

走出犹他

史蒂文森在犹他州(Utah)的一个小镇上长大。十几岁的时候,他就想尽办法去见世面。他从小就有出去开眼界的想法,不仅因为小时候父亲在部队,经常随军搬家,还因为他天生聪明而且不安分,从小好奇心很强,不达目的誓不罢休。

"只要有竞赛,我就参加,"他回忆道,"我加入了国际青年成就组织(Junior Achievement),参加那里的一切活动,就为了能离开犹他。我参加过州数学竞赛,全州中学模拟联合国大会(model United Nations),美国在法国实地服务(American Field Service in France)等。高二暑假我还参加了堪萨斯大学(University of Kansas)的新数学计划(New Math program)。只要能把我弄出犹他,做什么我都愿意。"

但是,这个不安分的数学小怪才也受到家庭环境的熏陶,肩负责任

第八章

感。他说，"我12岁时，就在叔叔的割草机销售公司帮忙了。"他的叔叔婶婶也在犹他，就住在他家隔壁。"婶婶教我好多会计方面的东西。我把他们当做楷模。他们没有孩子。我16岁时，他们到欧洲去了三个月，让我代管公司确保公司正常运营。"

史蒂文森志向远大，学习成绩优异，荣膺全美优秀学者（National Merit Scholar），社会实践活动丰富，因此拿到了斯坦福（Stanford）大学的奖学金。在那里他拿到了数学学士学位。他没有像老师和同学们期望的那样继续读数学，他说，"我一直觉得数学是一种语言，是一种缜密的思维方式。高等数学更像哲学，我一直都喜欢哲学，但是——"说到这儿，他笑了笑，"我不想和那些十足的聪明人竞争，他们特别能吃苦。这就不是我喜欢的数学和哲学的事了。"1963年，他考入了哈佛商学院工商管理专业。在哈佛商学院（他说选择工商管理而没有选法律，是因为工商管理两年读完，而读法律要三年），他以优异的成绩拿到了MBA。他下一个目标：读博或是参加越战。

他说，"我1965年毕业的时候，越战发展到白热化阶段。和许多同龄人一样，我是反战的，我选择做一名博士，而不是一名上尉。"

后来在哈佛读博时，史蒂文森为迈尔斯·梅斯教授做助理，写国际商务管理课程的案例。这时距梅斯担任利顿公司的高级主管已有十年，而且梅斯的研究重点早已从小企业转到大企业。梅斯头脑清晰，采用务实的方法研究商业，这一点深深吸引着史蒂文森，虽然史蒂文森对大型跨国企业不是太感兴趣。

"我开始用梅斯的思维方式考虑问题，"史蒂文森说，"比如，他只相信真凭实据，这对我影响很大。"

当时博士生们都相当关注商业政策，他们都想从一般意义上对该领域进行理论开拓。但即便史蒂文森也关注商业政策，他渐渐发现在哈佛商学院人们并不认为他是后起之秀。名师们没有一个愿当史蒂文森的论文评委会委员，这并不是好兆头。但史蒂文森并没有因为大家对他的论文没有信心而灰心丧气。他兴致勃勃地做自己喜欢做的事。写案例的时候，他越来越侧重小企业。其中有一个案例讲的是奥利维提公司（Olivetti Company）。由于阿德里亚诺·奥利维提（Adriano Olivetti）的远见卓识，该公司在20世纪50年代实现了快速发展，但阿德里亚诺去世后，公司又开始衰落。

"这个案例吸引我的地方在于，"史蒂文森说，"奥利维提人在考虑未来路在何方的问题时，总会问自己'要是阿德里亚诺在的话，他会怎么做呢？'但后来的人并没有继承这个传统，他们没有放眼未来，而只沉溺于过去。"

还有一个案例让史蒂文森记忆犹新，讲的是霍华德·黑德（Howard Head）的事。黑德发明了第一个金属滑雪板，创建了一个滑雪板公司，20世纪60年代占领了滑雪板市场，后来又引起网球拍行业的一场变革。

史蒂文森说，"这个案例给我们的启示是，必须在个体重要性和公司的永续发展之间作出权衡。霍华德在黑德滑雪板（Head Ski）公司每样事情都管，每个决定都得他做。而在王子制造公司（Prince Manufacturing），他就退居二线，放手让公司自我运转。"

史蒂文森偶然发现了他一生的兴趣所在。他想继续探究小企业是如何起家或陷入困境的。"我对公司官僚作风这个课题不感兴趣，"他解释说，"20世纪70年代，我拿到博士学位以后，觉得学校给我指引的路并不是我想要的，所以，我请了一段时间假。"请假批准后，他就离开了。

史蒂文森对小企业很有感情，就到西蒙斯协会（Simmons Associates）任副总裁一职。西蒙斯协会总部位于波士顿，总裁是马修·西蒙斯（1967届MBA）。这是一家小型投资公司。史蒂文森恰好曾在这家公司为一些小企业筹集风险资本。这些小企业灵活性强、规模虽小但斗志

第八章

旺盛,决心大谋发展。这时,他被介绍到普雷科公司,他后来在那里做行政主管。他开始和一些房地产公司合作,发现自己对房地产业很感兴趣。

他说,"房地产公司人才济济,我很欣赏这一点。我也了解了公司是如何通过多层决策来进行风险管理的。"

在西蒙斯的工作机会虽很难得,但史蒂文森在那里还是没有待满他的两年假期。(原因之一是1968年市场大崩溃,很多小企业纷纷破产,把西蒙斯也推到了破产的边缘。)1972年,他开始考虑回哈佛商学院。正在这时,一家房地产发展公司有意聘请他做财务副总裁。这种低调示好被人们口耳相传,使史蒂文森不仅又多了一个选择,而且出乎意料地树立起他在房地产业的权威地位。

他说,"哈佛的同事听说了这个消息,邀请我回去教房地产这门课。我从没读过这方面的书,但还是答应了。我不知道怎么教,但我想我总可以先找一本书自学吧。"

史蒂文森开创的房地产课程(房地产管理和房地产开发,详见第六章)为哈佛商学院日后创业课程的发展奠定了学术基础。"在房地产业中,我讲的是人、财产、交易和环境,"他说,"而在创业领域里,就变成了人、机会、交易和背景。但框架是根植于房地产业的。"

1978年,哈佛商学院就是否留任史蒂文森的问题展开讨论,史蒂文森也重新思考自己到底是否适合留在哈佛。"我又请了一段时间的假,"他字斟句酌,"是留下还是放弃,是该做抉择的时候了。我最终决定还是放弃。"

史蒂文森去了西马萨诸塞纸张公司。几年后,1981年夏,他仍在斯普林菲尔德读俄国历史,内心又一次充满深深的不安和躁动。就在这时,哈佛商学院院长约翰·麦克阿瑟突然打来电话请他吃午饭。

又一个重大插曲

麦克阿瑟不会无故请人吃饭。他已经相当了解史蒂文森不同寻常的职业经历,也知道史蒂文森离开学校以来情绪低落,就事先考虑好如何让史蒂文森接受他的请求。

关键是,他说服商学院毕业的成功人士阿瑟·罗克和费耶斯·沙罗菲姆(Fayez Sarofim)让史蒂文森担任沙罗菲姆-罗克教席教授(Sarofim-Rock Professorship)。只有明确表示愿意专注于创业学的学者或教师才有资格获得这个职位。午饭时,麦克阿瑟院长提出请史蒂文森回到哈佛商学院,做第一任沙罗菲姆-罗克教席教授(这就意味着史蒂文森将获得无限荣耀),在创业研究方面做出贡献。他说,是学校该在这方面做点什么的时候了。

前面提到,史蒂文森已经在考虑下一步的打算了,开始在纽约的企业中寻找机会。提起几年前他在哈佛商学院的不愉快经历,他心里还是酸酸的。

但麦克阿瑟能化解人巨大压力的本事是出了名的。他向史蒂文森保证,"这次回去跟以往不一样了。"他说只要史蒂文森回到哈佛商学院,不论做什么都全力支持他。

史蒂文森答应考虑一下。不久,以前房地产课的同事威廉·普沃来拜访他,鼓励他回哈佛。最终,1981年秋,史蒂文森回到了哈佛商学院。

史蒂文森手里拿着终身教职的官方聘书("我以前从没拿到过,"他说,"这次我一答应回来,就拿到了"),走在去贝克图书馆(他的新办公室就在那幢楼里)的林阴道上,一切都那么熟悉。"阿瑟和费耶斯请我做教授,"他说,乐得合不拢嘴,"还有一顿美餐。不管怎么说,他们是欢迎我回去的。"但欢迎过后,他冷静地看看自己的处境。不管麦克阿瑟和威廉·普沃之前如何承诺,新上任的史蒂文森还是觉得自己格格不入。

第八章

好像同一个故事又开始重新上演了。一直以来,学生调查结果显示学生对小企业和自主创业热情很高,这在选课统计数据中也有所体现。哈佛商学院曾多次表态要给予创业学足够的重视。这种姿态使得有分量的学者乐于构建理论框架以开发可行的创业课程,满足学生的需要,从而形成良性循环。但是,自迈尔斯·梅斯第一门创业课程"创业企业管理"引入后三十多年以来,商学院就再未给过创业学必要的重视。因此史蒂文森面临巨大的挑战。

他说,"很多年过去了,但同事们对创业学的态度一直没有变。最糟的是,从某种意义上说,他们是对的。创业学,就像格特鲁德·斯泰因(Gertrude Stein)对奥克兰(Oakland)的描述:是个空荡荡的地方。"

事实上,创业学领域的理论基础,是众所周知地不牢靠。比如,一项研究表明企业家中有44%是家中的长子/长女。创业学者对此很感兴趣,但后来,一位评论家指出包括企业家在内的所有人的44%都是长子/长女。史蒂文森认为,某些人生来就是企业家"性格"的理论是站不住脚的。怪不得尚有自尊的教师都不研究创业学了。

更麻烦的是,创业学领域缺乏相关界定。麦克阿瑟院长很会有目的地兜圈子。他和这些学术人才签约后,把问题交给他们,不急不催。如果事情紧迫的话,他会婉转地告诉他们,但不喜欢给出解决方案。史蒂文森回忆道,"麦克阿瑟院长就是这样。他说,'嗯,这个问题看起来很有意思,也很重要。你为什么不试着解决呢?'他只说到这,不再给什么指导了。"

有的人没有周密的计划就会受挫,而有的人却能发掘机会。史蒂文森就属于后者。他决心构建创业学新的理论基础,新的理论基础应该缜密,赢得学术界的认可,但也应在商业中实实在在地发挥作用。在建立这种理论基础的过程中,他富有洞察力,也善于接受新思想。因为他不知道结果会怎样,当然也猜不出怎样找到答案。

史蒂文森回到哈佛商学院的前半年,一边教"商业政策",一边尝试以新的方式构建一门新的创业学课程。这是一个重要的插曲。有了有关创业者的新想法和新资料,他参考以前做行政主管的经验,而不是参考作为教育者所提出的理论。真实的创业与创业学领域过去和现在所应用的学术方法之间并无多大关系。

"当时我们所教的知识和实战并不相符,"他回忆说,"这让我很烦心。"显然,我们需要把两者联系起来,把实战经验引入课堂。

游戏人间

做买卖不是玩游戏,而玩游戏却一定能玩出买卖来,有时甚至是大买卖。

美国文化中备受欢迎的游戏,在一定程度上反映出现代社会各种趋势的融合:工资涨了,休闲时间长了,教育水平提高了,等等。但这些趋势背后,驱使我们娱乐和放松的是人性中的某些深层原因。

一个中元古生代(Mesoproterozoic)城镇遗迹中出土了一个有5,000年历史的西洋双陆棋。早在公元前1,500年,埃及人就开始玩一种类似跳棋的游戏了。据权威人士介绍,国际象棋起源于一千多年以前的印度。人生来就有好斗的本性,而玩游戏既需要技巧也需要运气,它能发挥人的想象力,能给人带来乐趣。

在过去某时某地,有人发明了这些游戏,而这些人早已被人遗忘。今天也有人创造游戏,其中有的仅仅想发明好玩的游戏,有的想赚钱,有的两种想法都有。不管出于什么目的,他们都有一些公司做后盾,这些公司都热衷于在最近的游戏浪潮中海赚一笔。大萧条(Depression)时期,查尔斯·达罗(Charles Darrow)发明了一种叫做"强手棋"(Monopoly,也叫"大富翁")的房地产游戏,他不仅自己发了迹,还为"帕克兄弟"

第八章

(Parker Brothers)版本的游戏在之后几十年的发展赢得了利润。

一直以来,一种好游戏能成为一种产业。1978年,奢侈品承办商尼曼·马库斯(Neiman Marcus)推出了600美元的全巧克力制作的强手棋。现在富兰克林(Franklin Mint)出售许多强手棋相关用品:收藏版(Collector's Edition)(595美元),收藏版棋盘(295美元),强手棋百万富翁席(Monopoly Millionaire's Chair)(275美元,当然买几个才能玩),哈雷·戴维森版,收藏版封套(90美元),收藏版全棉衬垫。

最热门的游戏不用推销,自有人上门来买。但大多数的游戏还是需要推销。大型游戏公司有专门的销售团队,能把游戏卖给像沃尔玛(Wal-Mart),玩具"反"斗城(Toys "R" Us)这样的大买家和其他的大型零售连锁店。(游戏业的)小型公司经常用厂商代理向大小企业推销。

20世纪60年代末,鲍勃·赖斯(1956届MBA)和几个人共同创立了一家全国性的厂商代理公司,专门做游戏代理。一天,有人找赖斯为一种新型象棋游戏做代理。赖斯有近十年的游戏销售经验,能让他做代理就等于成功了一半。不过赖斯并没有爽快地答应。

赖斯回忆说,"我拒绝了他好几次。他的象棋棋子就像古罗马人物似的,是用精致的模子做成的。我对象棋懂得不多,但觉得这只是小玩意儿,就一直没答应他。但他坚持不懈、不愿放弃。"

坚毅是赖斯所敬佩的一种品质,他本人也富有这种品质。

赖斯和他弟弟从小在纽约的布鲁克林长大。兄弟俩像他们父母一样能干,很小就开始自己挣钱了。赖斯给商店退过奶瓶,一个奶瓶三分钱;在百老汇剧院(Broadway Theater)给观众寄存过衣服;在叔叔的糖果店做过三明治和什锦奶昔。

"我干过很多活儿,"他回忆说,"我想我们都是这样长大的。"

赖斯13岁的时候就有6.2英尺高了。他又瘦又高,而且动作敏捷,协调性很好。在纽约市公立中学的时候,一天课间,体育老师把他叫到一边。

"你以前打过篮球吗?"老师问。

赖斯摇了摇头。

这位老师也是篮球队的教练,说,"你现在就开始练篮球吧。"

于是,赖斯打起了篮球。他很喜欢这项运动,不久就游刃有余了。而且他打篮球还能赚钱。高中时,每个暑假他都去卡茨基尔(Catskills)度假胜地做服务员,还打篮球,一周至少打两场。他用"既外向又内向"来形容自己,甚至现在他跟陌生人打起交道来还浑身不自在呢。在卡茨基尔,他学会了"挣小费"。他说,"一天工资是一美元,但小费就多了。"他主动和客人搭讪,在短短几个小时内,花点心思记住他们的名字,尽量了解他们的兴趣爱好。

他篮球打得越来越好:

> 你打球的时候,客人想让你记住他们,甚至会多给你点小费。那时情况不一样了。很多球员都是大学生,有的甚至是职业球员。我去之前,鲍勃·库西(Bob Cousy)就在那儿。卡茨基尔的球员很多,宾馆里都住满了。

> 这样过暑假很有意思,而且能赚钱。我给家里寄了很多钱,搞得爸妈很纳闷,琢磨我在卡茨基尔山里到底干什么了挣了这么多钱。事实上,我从不花钱,那儿根本就没地方花钱。

赖斯是一名尽心尽力的运动员,球打得越来越好。虽然他的高中学习并不突出,但他有篮球特长。1948年,他进入哥伦比亚大学(Columbia University),并加入了校篮球队。大一时,这支篮球队就战无不胜,在全国排名第四。这也是常春藤联盟(Ivy League)之一的哥伦比亚大学的骄傲。赛季,赖斯总不能专心学习。在停赛季,赖斯就抓紧时间补习文化课,还为学生运营项目处销售橄榄球票,以赚取佣金。后来,他当

第八章

上了项目处经理,手下有35个学生。"大三的时候,"他说,"不到两个月我就能挣到一年的学费。除了打篮球,这是大学时代最让我骄傲的事。"

这些经历让赖斯一生都受用。大学时,他就发现打篮球和做生意有相通之处。他从打篮球中总结出了经验:工作要努力,要有牺牲精神,绝不放弃,牢记自己是团队的一分子。打篮球就像做生意,变化快,竞争激烈。他学会了全心全意地投入,而且要时刻遵守规则。他发现成功,特别是来之不易的成功使他变得更加自信,不再那么害羞,而且更加有主见了。

1952年从哥伦比亚大学毕业后,赖斯应征入伍。在部队,他在篮球队和网球队当球员和教练。他最后当上了国家篮球队队长,这支篮球队还参加过1953年以色列奥运会。但他不想当一辈子当教练。

"如果你喜欢当教练或者有一份稳定工作,职业球队是不错的选择,"他说,"但是,我想进入商界。"他瞄准了哈佛商学院。他的大学室友因为一侧肩膀有残疾没能当兵,毕业后考入哈佛商学院,赖斯去看过他几次。

"我坐在教室里,觉得我来哈佛来对了,"他说,"案例教学法,不是靠死记硬背,正合我意。"

赖斯没有申请其他的学校,非哈佛不上,过关斩将终于考入了哈佛。他听说有时申请人要参加两轮面试,第一轮的考官很谦和,而第二轮的考官很难对付。"所以我就重点准备应对第二轮面试的考官,"他回忆道,"考官喜欢重视他的人。我的母校哥伦比亚大学也会为我美言几句的。"

他进了哈佛,还是本性不改。他的朋友这么形容他:机敏、有抱负、洞察力强、积极进取。每门营销课他都上。但在哈佛商学院的两年间(1954—1956),他发现与创业相关的课程几乎没有,仅有的一门创业企业管理还是选修课,而且选这门课的二年级学生成绩都不好。温莎·霍斯默和弗兰克·塔克还没成为创业生涯的倡导者。乔治斯·多里奥很受欢迎,每年在奥尔德利希堂教制造业课程。教室经常爆满,学生都听得出了神。但赖斯一听制造业这个字眼,就会想起工厂、雇员和管理费用。即便在这个年纪,他还是对工厂不感兴趣。所以,他没选多里奥的课。

1956年6月,临近毕业时,许多大公司蜂拥来到哈佛校园招聘。赖斯特别注意小企业的招聘情况,其中一家纽约市的维纳斯笔业公司(Venus Pen and Pencil Company)招总裁助理。赖斯去应聘这个职位,但三分钟内,他就觉得不喜欢这个职位。"是个行政职务,"他说,"总部办公室,钩心斗角,整天写备忘录。"

但碰巧的是,这家公司还有一个空缺职位:创建一个分公司,经营个性化铅笔。是否选择这个职位由应聘者自己决定。工资不高,根据销售状况分红。这是个很有挑战性的工作。

"我想你不愿干这个,"维纳斯总裁充满歉意地说。

总裁觉得这个工作工资不高又有风险,但赖斯还暗自高兴呢,"总裁让我创办一家公司,而且他给我开工资,这太好了!"

赖斯接受了这个职位。在维纳斯的第一年,他积累了不少经验,了解了这个行业、内部资源、客户以及销售渠道。赖斯的目的很明确:"铅笔卖得越多,我赚得也就越多。"干了三年,他比维纳斯全国销售经理收入还高。公司总裁很赏识他,让他负责全国的产品开发。这是公司对他的信任,但这意味着赖斯要去工厂所在地田纳西州(Tennessee)的刘易斯堡(Lewisburg)工作。

赖斯当时住在曼哈顿中心区,享受单身生活。他干脆地拒绝了这个工作。他这样反问总裁,"换做你,你会离开曼哈顿去刘易斯堡工作吗?"

总裁回答说,"好吧,我不会再提这件事了。"

当时,他俩都在考虑各自的解决办法。赖斯想自己干,发展自己的厂商代理公司。他在维纳斯学会了如何开办公司,觉得能胜任个性化铅

第八章

笔代理的工作。"只有我了解这个行业,"他说,"所以,他们需要我。我要求他们和我签份专有合同,直接付给我佣金。"

1960年,赖斯和合伙人曼尼·莱福科维茨(Manny Lefkowitz)与维纳斯笔业公司第一次合作创建了代理公司——赖斯销售联合公司(Reiss Sales Associates)。莱福科维茨从小就认识赖斯,他当时住在华盛顿。这家公司经营规模小,在纽约市只有一间办公室。赖斯说,"办公室小得只能放下一张桌子和两把椅子。"赖斯和莱福科维茨大部分时间都在路上,而不在办公室,所以办公室太大,也是浪费。赖斯觉得,创办公司,一张桌子、两把椅子、一部电话加上电话留言(在公司没人接电话的时候用得上)也就够了。

赖斯做厂商代理很出色。他和客户一起进行头脑风暴,商议产品开发,寻找新市场。他认为,天赋和对工作的热情都必不可少,但这还远远不够,还需要持之以恒的精神才能成功。

正因为那家象棋制造商持之以恒的精神打动了他,他才决定和这家制造商合作。

"最后,我说,好吧,我们试试吧,"他回忆道,"不签合同,我把象棋放在梅西百货公司(Macy)试试看,能卖多少就付我多少钱。结果,象棋太漂亮了,一放到梅西,就抢购一空了。我们也没做广告,就是因为产品外观漂亮。所以,我说,等一下,我们也许会有大买卖。"

一些客户和百货商店还邮购象棋。20世纪70年代早期,成立不久的赖斯游戏公司(Reiss Games)已成为全美第一大象棋销售商。同时,年轻有为的博比·费希尔(Bobby Fischer)协助赖斯把象棋投放国际市场。1972年是令人难忘的一年,这一年由于费希尔和鲍里斯·斯帕斯凯(Boris Spassky)之间的竞争,引发了冷战期间人们对象棋的狂热。咖啡店和酒吧里来了很多象棋迷,有的甚至搞不清楚车和象,但打赌费希尔和斯帕斯凯下一步怎么走时却激动得发抖。

赖斯说，"以前从没下过象棋的人都跑出去买一套，真是稀罕事。"

越是象棋迷用的象棋越普通，反倒是赖斯卖的花哨的象棋受老百姓欢迎。他们把它当做装饰品放在家里，以此表明主人既有文化素养又才思敏捷。

所有人，不管是富翁还是穷光蛋，都对神秘的象棋爱不释手。这真是有趣的现象。"开始时，西尔斯百货公司(Sears)和彭尼公司(JC Penney)并不看好我们的象棋"，赖斯说，"不久，西尔斯就改变了计划，从原来的 1,000 套增订到 3,000 套！时间这么紧，我们都生产不出来这么多了。每天早上七点半，我都要查看前一天生产了多少套，然后分销给客户。没有一家客户的订单被 100% 地满足。一方面看，这真是糟糕，另一方面看，又真是盛况空前。"

与此同时，加拿大也出现了游戏热潮。1979 年，圣诞节的前几天，加拿大记者克里斯·黑尼(Chris Haney)和斯科特·阿博特(Scott Abbott)争论各自怎么玩拼图游戏(Scrabble-playing)的问题。他俩决定玩一种游戏一决胜负，但谁都没有一套完整的拼图，黑尼就出去买了一套。支棋盘的时候，他们才突然意识到这是第八次买拼图了。

第八次！？他俩猛然发现这种游戏中有很大的利润。（其实，他们看到的只是冰山一角罢了。当时，这种游戏非常受欢迎，三分之一的家庭都有。）他们决定在现有游戏的基础上发明一种新的棋盘游戏。很快，就勾勒出这种游戏的玩法了，黑尼的妻子建议把这种棋叫小玩意儿棋盘游戏(Trivial Pursuit)。

万事开头难。小玩意儿棋盘游戏的规则还要完善，很多细节问题需要研究。黑尼是图片编辑，阿博特是体育新闻记者。两人都不怎么知道如何筹集资金，如何销售。黑尼的弟弟约翰和朋友埃德·沃纳(Ed Werner)也加入进来，帮助向亲友推销他们的产品。完善产品和融资花了一年多的时间，一共筹集了 40,000 美元。1981 年夏，他们和厂商签订

第八章

了合同,厂商生产零件,他们自己组装加工。

最初生产的1.1万套小玩意儿棋盘游戏,每套成本75美元,但卖给零售商每套仅15美元。(黑尼和阿博特也奉行一开始赔钱卖的策略:起初的上千套手工制作的游戏,一小时才能制作12套,赔钱卖掉每一套。)1981年11月卖出第一批后,吸引了众多游戏迷,他们口口相传。一时间,订单纷至沓来。

尽管这种游戏很受欢迎,但黑尼和阿博特却很难贷到款。他们被迫暂停生产,直到1982年3月,一家风险银行给他们投资,才生产出两万套游戏。当时,安大略(Ontario)的一家酒吧就专门设置了桌子玩这种小玩意儿棋盘游戏;多伦多的一家酒吧每周五都举办"小玩意儿之夜"。1982年,加拿大最大的一家游戏零售商设立了小玩意儿游戏热线。排队买这种游戏的人通常要排几个小时,从商店里一直排到大街上。

在边界线南边的美国,游戏迷踏着日常的节奏,对商店里的玩意儿一无所知。但第一波小玩意儿棋盘游戏的狂潮并非对美国毫无影响。一些有商业头脑的人在静观和估量,看这股热潮能持续多久,而目光敏锐的鲍勃·赖斯就是其中一个。

弄潮

认识鲍勃·赖斯的人都说他不仅自己敢于冒险,而且把机会带给别人。比如,他把花哨的象棋放到梅西百货公司,只是为了看看卖得怎样。很多客户看到象棋都拿不定主意要不要买,他就说先少买几套试试,卖得好的话再多进些货。

瓦尔唐钟表公司(Valdawn Watch Company)销售副总裁罗恩·戈尔茨坦(Ron Goldstein)说,"他总是在试水,也总是在琢磨新瓶怎么装旧酒。"[这家公司是赖斯1990年创立的,以他女儿瓦莱丽·唐·赖斯

(Valerie Dawn Reiss)的名字命名。]

怎么才能别出心裁地做游戏销售呢？1983年夏天，赖斯看到小玩意儿游戏风席卷整个加拿大，就开始琢磨这个问题了。加拿大卖出的小玩意儿游戏有十万多套。赖斯知道只要加拿大畅销的游戏，在美国肯定会更畅销。凭着对商业的悟性和在游戏业20年的经验，他知道商机来了。

"还记得你千里迢迢从西部买库尔斯（Coors）啤酒吗？"赖斯问，"人们都背着六个大背包的库尔斯啤酒坐飞机，兴高采烈地说，'我买到库尔斯啤酒了！'像捡到宝贝似的。20世纪80年代初，小玩意儿游戏就像当时的库尔斯啤酒那样受欢迎。价钱贵，包装也不精致，但很多美国人去加拿大抢购。我就知道这是个商机。"

但玩具游戏业的竞争是相当激烈的。产品大多寿命不长，最多两年，要紧跟时尚潮流，赢得年轻人的青睐。每年上市很多新玩具，老产品也就被淘汰掉了。业内整合导致零售商数量大幅减少，而幸存的零售商还是喜欢那些支持副产品和二线的产品线。只有说服零售商这个产品有巨大的潜在市场，他们才会买这种游戏。

在加拿大，小玩意儿游戏就是这种情况。销售额不断猛增，克里斯·黑尼和斯科特·阿博特需要一个美国的经销商。他们把这个机会给了米尔顿·布拉德利（Milton Bradley），就像若干年前，帕克兄弟也是从前人手中得到机会继续做强手棋房地产游戏。赖斯最新创建的R&R公司，其实是他一个人单枪匹马的玩具代理公司，投标想获得这个游戏的代理权，但没成功。黑尼和阿博特认为大公司财力雄厚，他们需要一个大公司做经销商。

最终，塞尔乔-赖特公司（Selchow & Righter）（恰巧也是Scrabble拼字游戏的制造商）得到了黑尼和阿博特的许可证，在美国销售小玩意儿游戏。1983年，塞尔乔-赖特公司在玩具展览会展览了这种游戏。

第八章

玩具展览会每年举办一次，数以千计的厂商、经销商和客户参加。1983年的展览会上，并没有多少人注意到棋盘游戏。那年春天，塞尔乔-赖特公司并没有做宣传，而且他们的价格又高（零售价30到40美元，是同类产品价格的两倍），但特别畅销。

赖斯一直静观其变，直到8月份，终于确知这种游戏一定会风靡全美。9月，小玩意儿游戏已卖出350万套，是美国市场上仅有的小玩意儿游戏。（第二年就卖出2,000万套。）1984年，两家美国游戏公司已经宣布生产小玩意儿棋盘游戏。赖斯估计可能不久大公司会进入市场，是该采取行动的时候了。

"我和两个朋友吃午饭，他们是玩具代理商埃迪·米勒（Eddie Miller）和欧文·斯珀伯（Irwin Sperber）。我们讨论怎样才能使智力游戏具有竞争力。当时刚出了一个电影版小玩意儿棋盘游戏，效果很好。欧文说，'电视版也会很成功的，'他说的没错。现在的挑战是怎么具体实施。"

为了让R&R公司生产的电视版小玩意儿受到人们的喜爱，赖斯决定要在最权威的《电视指南》杂志（TV Guide）上做宣传。1983年10月17日，他给这家杂志的出版公司写了封信。那儿没熟人可以帮上忙，他只能希望他的想法能脱颖而出，引起读者的兴趣。

这种局面下，运气是你最好的朋友，赖斯自己第一个承认这一点。如今，商学院的学生问他，如果当时《电视指南》对他的信没反应，他会怎么办呢？他说，"没什么办法，我们没有备用方案。"但他的信确实引起了注意。出版人助理比尔·戴奇（Bill Deitch）看到了他的提议，他打电话请他来杂志社详谈。

戴奇说，"这些年许多人请我们做宣传，我们都拒绝了，只有鲍勃，我们答应了。他很有个人魅力，我虽然一点都不了解他，但还是很信任他。我们握手成交。"

其实，合作才刚刚开始。互通了好多次电话和信件，明确了细节问题，赖斯就开始行动了。《电视指南》有两个选择，要么生产这种游戏，要么收游戏版权费，结果杂志社还是选择了后者。赖斯要在短时间内设计智力游戏、生产、包装、发运和联系客户。1984年2月，距玩具展览会只有两个月了。赖斯说，"这次我们搞砸的话，就完了。"

调查研究

此时，两位加拿大记者将要颠覆美国游戏业，一家美国代理商要开足马力、驾驭这个潮流。霍华德·史蒂文森还在哈佛潜心研究，试图提出系统的、受人瞩目的创业学理论。

1981至1982学年，史蒂文森清理了创业学领域，做出了重建计划。他为对创业学感兴趣的教授们安排讨论会，邀请了很多创业者，以获得创业学在真实世界中的视角。他说，他听，他睁大眼睛寻找同类。

从一开始，史蒂文森就开始琢磨：创业者的行为方式，原则上是应对具体情境。换句话说，创业应该看成一种管理方式，而不是某个个性特点或本能特征。他说，"我认为应该关注那些被机会驱动的人，看看他们在做什么和为什么那么做。然后我们就能够总结出某种一致的行为特征。"

最终，史蒂文森和几个同事提出了创业管理者的五个特征：

1. 善于发现机会
2. 能相应地迅速采取行动
3. 有步骤地获得所需资源
4. 善用各种资源
5. 对建设人脉网感兴趣，对建立一个层级分明的组织没兴趣

史蒂文森虽然承认一个人的天性对创业是否成功起很大作用，但他

第八章

强调外界动力和压力才能促使管理者具有创业意识,比如技术、经济和消费者需求的变化。换句话说,创业和外部环境息息相关。为什么这一点如此重要?这意味着创业精神是一种有意识的反应,是可以后天习得的。原先的"你天生不是创业的料,就别想了……"的说法是不成立的。创业技能和态度你都可以通过学习获得,并能在环境需要时灵活运用。

也就是说,商学院在培养创业者方面发挥了巨大的作用。(自第一所研究生院创建以来,这一直是争论的焦点。)1984年,史蒂文森接受《哈佛商学院学报》采访时打了个比方,把创业教育比做运动员的训练过程。"通过学习和练习,人们能获得技能、态度以及基础知识,"他说,"如果一位教练整天带我训练,我也许成不了世界一流的运动员,但我肯定能在比赛中取得较优异的成绩。创业教育也是这样的。"

史蒂文森的一个重要思想,是提出了一系列相关的管理风格和方法的图谱。在这个图谱中,没有一种风格是优于另一种的。这些管理方法共存而相辅相成,这是思想的核心。

史蒂文森说,"不是说某个理论是正确的,而另一个是错误的。真的要看环境。如果机会层出不穷,就不必尝试和规划,更不必投入全部力量去尝试。这时一定要让其他人也参与进来。你要先找到资源再建立层级机构,你要借助人脉。"

1983年秋,史蒂文森根据他提出的创业管理者五特征,设计了一门二年级课程:创业管理(Entrepreneurial Management)。他所写的案例涉及多种产业和形形色色的人。在接受《哈佛商学院学报》的采访时,他说,"我们研究的是那些情形,其成败不是基于直觉分析,其策略根植于对细节的理解。"

比尔·萨尔曼等商学院的其他老师都有意拓展史蒂文森的理论。两位毕业生,也都是创业者,欧文·格劳斯贝克[Irving Grousbeck,1960届MBA,大陆有线电视公司(Continental Cablevision)创办人]和约翰·范·斯莱克[John Van Slyke,1970届MBA,美国管理公司(American

Management Company）的创始人及总裁］愿意和史蒂文森一起来教这门课。开课第一年,五百多名学生选修了这门课。

根据课程大纲,这门课分为五个部分,对应创业者应对机会所通常采取的一系列步骤:

1. 评估商机（出现机会的原因,是否有时限,"机会之窗"到底在哪儿,有什么风险和收益）

2. 估计所需资源（分析所需资源,怎样最好地控制关键资源）

3. 获取资源（通过多种途径获得必要的资金和其他资源）

4. 管理（企业运营、法律事务、增长、破产）

5. 收获（通过出售企业或者上市退出）

史蒂文森想把课程和学院的其他兴趣小组关联起来。一般说来,大学的创业中心都和衍生出它们的研究生院关系淡漠。但在哈佛商学院不是这样的,史蒂文森的努力促成了很多方面的改变。

史蒂文森说,"我努力建立关系,扩大人脉网,尽可能和其他部门建立联系。我们把创业问题讲给其他部门听,让他们把相关的技能带进来。创业教育的关键,不在于你学的是什么,而在于你是在哪儿学的。"

史蒂文森在研究中注意到商业大环境中发生的变化。二战后,美国涌现了很多商机,但唾手可得的机会都已被人抢了先。只有有远见、敢作敢为的人才能抓住新的机会。这意味着,创业者更令人瞩目,更受人尊敬,甚至成为一种时髦。

史蒂文森认为还有很多因素:

> 还有一个因素是大公司开始缩小规模,多元化大企业开始解体,资本开始更自由地流动。金融资本流动更自由了,劳动力流动更加自由了,因此企业家人才资源的流动也更自由了。
>
> 最后,我们看看硅谷现象。成功的企业家,并没有把个人财富投到信托公司,而是投资于其他企业,把各种资源注回给

第八章

新公司。从发展曲线上看，上一波的成功稍早的企业家投资于下一波的新的创业者。

哈佛校友办公室（Alumni Office）等许多组织都在关注着史蒂文森。外联部行政总监（Administrative Director of External Relations）葆拉·巴克·达菲（Paula Barker Duffy，1977届MBA）也对史蒂文森的研究很感兴趣。一天，她走进史蒂文森的办公室。

达菲问，"你听说校友调查的事了吗？"

史蒂文森说他听说了，但不是很了解。

达菲接着说，"你还是看看吧。我们想对毕业生做一个调查。其中自主创业的人比你想象的要多得多。"

达菲给史蒂文森一份调查小样。曾经的数学天才史蒂文森立刻就被这项调查吸引住了。后来，他在接受《哈佛商学院学报》采访时说，"我看了这些数据以后才知道我们研究的创业学引起了多大反响。"

若真像史蒂文森说的那样，创业学对哈佛学生有很大的影响，那么不断变化的商业环境可能呼唤出更多的创业者。粗略看一下这份调查就可以看出，广大哈佛商学院校友的组织原则已经是围绕创业管理而展开。史蒂文森和达菲整理了校友聚会年的调查问卷数据，这些数据几乎马上改变了人们对哈佛MBA的看法。哈佛商学院仅仅为《财富》500强企业（Fortune 500）培养苗苗吗？显然不是：几乎三分之一的校友都选择了自主创业，近一半的校友称自己是"创业者"。

随后，深入的数据分析又揭示出一些事实。比如，自主创业者认为他们的工作更具灵活性和发展潜力。他们并不是无根的迁徙动物，事实上，十年中他们的工作比那些打工的同学还要稳定。

由于对工作满意，他们对生活的态度似乎更加乐观。调查结果表明，自主创业者对生活更知足。（而人们都想当然地认为创业者很不知足！）并没有数据表明自主创业者离婚率高。事实上，自主创业者认为他们的压力水平越来越低了。如果他们有重新选择的机会,大多数还会选择自主创业。当问及是否想退休时,43%的自主创业者说"从来没想过"。(非自主创业者的比例为16%。)

史蒂文森对着这些数据陷入沉思。为什么商学院竟有一半毕业生称自己是企业家呢?这意味着什么呢?

最终,史蒂文森认为,哈佛商学院很多年来已经,有意无意地,在教授创业学的基础。后来,他在接受《哈佛商学院学报》采访时说,"案例教学法的要义,就是任何一个处境都蕴涵着商机。"

在传统课堂上,学生们期待被告知解决问题的"正确答案"。那种逻辑的隐含前提是:(1)有一个所谓的"正确答案",(2)站在教室前面的那位老师知道这个答案。但是,案例教学法推翻了这些假设,鼓励发散思维,激发多种想法。他说,"采用案例教学法,会这样问:看,我知道你所掌握的信息不足,但是根据你现有的信息,你会怎么办呢?"

反复问"你会怎么办"有一个有趣的后果。用史蒂文森的话说,"它使人们倾向于马上行动。"不要只是想该怎么办,马上行动!

渐渐地,史蒂文森和他同事研究创业学的事开始在哈佛商学院校友中流传开来。一些校友参加了史蒂文森的讨论会,一些在同学聚会和其他活动时遇到了史蒂文森和他同事,还有的在《哈佛商学院学报》上看到了相关的文章。

许多哈佛毕业生自愿提供各种支持——资金支持、案例支持或仅仅是精神支持。史蒂文森说,"有一大批创业者支持我们,但他们过去觉得被忽视了。我们的工作让这些人和这些声音又出现了。"

1983年下半年,一个哈佛商学院校友赖斯来到史蒂文森的办公室,对他说:"你在创业方面做的工作太棒了!我就是个创业者。下次来纽约一定来找我啊。"

第八章

灌篮高手

　　哥伦比亚商学院(Columbia Business School)优瑞斯教学楼(Uris Hall)的教室里坐满了学生,鲍勃·赖斯站在教室前面讲课。2000年2月22日,天气异常温暖。教室外,许多哥伦比亚大学的学生坐在图书馆的台阶上晒太阳。教室里有些学生穿着短裤。赖斯身穿灰色裤子和天蓝色毛衣。他很高,白色的天花板很低,头都快碰到顶了。他来回踱步,活力十足。

　　他说,"我想看看你们中间有多少人想以后自己开公司的,有这个打算的请举手。"

　　教室里几乎每个人都把手举得高高的。

　　"四五年内就有这个打算的请举手。"

　　这次至少三分之二的人举起手。学生们看到这么多人都有创业打算,都面面相觑。赖斯露出喜悦的神情,"这是新动向啊,记住。十年前,人们是瞄准大公司的。"

　　课前预习,学生们已经读了R&R公司的案例。这个案例是霍华德·史蒂文森写的,有关鲍勃·赖斯和《电视指南》。[1] 按照惯例,案例开头也是简要叙述基本情况:1983年10月,小玩意儿棋盘游戏的美国经销商塞尔乔-赖特拿到的订单减少。圣诞节销售高峰之后,出现对类似游戏的需求。益智游戏(Trivia games)有望在第二年成为最畅销的玩具。在1984年的玩具展览会上,大多数玩具制造商都打算顺潮流而动。事实上,截至1984年年底,市场上这种游戏将会出现供过于求。

　　《电视指南》的电视游戏在1984年的玩具展览会上首次亮相。由于小玩意儿棋盘游戏的价格保护,赖斯公司在以更合理的售价抢占市场的同时,利润空间还不错。赖斯运用双层经销策略,先卖给高档商品零售商(他们标出高出成本价50%的售价),然后又卖给大型零售商(他们在标价上打折）。想在《电视指南》上做广告的商店不用付广告费，但必须订购一定数量的游戏。该杂志发行量很大，零售商对此都很感兴趣。美国第二大零售商凯玛特（Kmart）就是其中之一。

1984年圣诞节前出现了益智游戏供过于求的局面，所有的游戏都打折出售。这股浪潮已经达到了顶峰，开始走下坡路了。但当时赖斯公司已经卖出了58万套。

说完这些基本事实后，赖斯问学生们是怎么看他涉足游戏领域的，觉得这有风险吗？

显然，学生们的答案都说有风险。赖斯把他们认为有风险的原因列在黑板上"挑战/成功的阻碍"这一栏里。第一条是"敌对的环境"。详细说明如下：这种游戏只是一时流行，游戏业变幻莫测，只有五家大零售商。而且，赖斯创办的这家公司（Trivia Inc.）只有单一产品，买家并不欢迎。该公司没有其他产品，没有销售团队，没有基础设施，也没有生产和运输能力。成功机会相当小。

"还有吗？"赖斯问。

一个学生犹豫地说，"还缺少资金吧。"

"说得太好了！"赖斯一边说，一边在黑板上用大写字母写了"没有资金"。"我们没有资金！别忘了，我们还需要设计6,000个Trivia问题和答案呢！"

他耸耸肩，苦笑了一下，双手做了个很无助的手势。学生们都被逗乐了，笑着摇头。他假装疑问，"那我们到底为什么要做下去呢？"

陆陆续续，一些学生举起手，要求发言。赖斯在黑板上另画了一栏，标上"成功要素"。

第一个发言的学生说，这一栏的首要元素应该是赖斯本人——他经验丰富，有良好的人脉。他在玩具游戏业很有影响力，认识许多游戏投资者，在一个月内说服艾伦·查尔斯（Alan Charles）在《电视指南》上推

第八章

出游戏。他还认识很多代理和客户,可以给项目找到合伙人[艾拉·温斯坦(Ira Weinstein),就是R&R公司案例中的萨姆·卡普兰(Sam Kaplan)],这个合伙人提供了主要的前期资金垫付和其他重要人脉。在这个人际网络中,赖斯和所有人都相互信任。正是由于他的个人魅力、学识和声誉,《电视指南》才决定和他合作。

第二个成功要素就是《电视指南》的大力宣传。由于这个杂志发行量很大,在上面做广告,游戏的知名度得以大大提高。按正常发行量计算,有1,700万读者可以看到游戏广告。赖斯就利用该杂志巨大的影响力在杂志上做广告。广告费不断增加,但《电视指南》同意免费提供五页做广告,条件是:杂志编辑部设计这6,000道题的谜面和答案,每道题收三美元。"这个买卖不错",赖斯笑起来,把第二个要素写在了黑板上。

第三个要素是游戏公司把预付成本降到最低,尽可能地选择可变成本而不是固定成本。在游戏销售前几乎不需多少花销。游戏设计者同意拿版权费,而不是一次性领取设计费。另外,赖斯要求拿到销售收入后再给《电视指南》付款,这个不寻常的做法《电视指南》竟然也接受了。

"他们问我为什么要这么做,"赖斯告诉哥伦比亚大学的学生们,"我说,'因为你们有钱,我没钱啊!'看来他们对我的回答很满意,并且接受了它。"

其他可变成本包括装配、仓储和运输成本,这些可变成本均体现在与瑞士侨民公司(Swiss Colony)的合同里。艾拉·温斯坦曾给这家公司做过咨询。这家公司原先专门做鲜奶酪的快运,现在开始为其他公司提供快递服务。除了收取了一点重新装电脑的费用,这家快递公司没要什么预付费,而是根据实际销售量来收费。

同样,金融合作伙伴(负责对游戏公司的客户进行信用核查并向其催款),也根据按百分比收费,不收预付费和担保金。这一切让游戏公司的进展非常顺利。

"一定要把固定成本转化为可变成本，"赖斯对学生们说。

一个学生试探地问："低盈亏平衡点，算不算另一成功要素？"

赖斯眼睛一亮："太好了！什么是盈亏平衡点呢？是指我们要卖多少套游戏才能赚到第一块利润？"

只有在区分固定成本和可变成本细微差别的基础上，通过认真计算，才能从案例中得出这个数据。计算过程中很容易出现偏差。有些学生估算的盈亏平衡点在1.85万到4万之间。每人解释原因的时候，赖斯把这些估计的数字写在黑板上。

"好的，"赖斯不再吊全班同学的胃口，他说，"正确答案是，我们仅需要卖1.17万套游戏就盈亏平衡了。"然后他带着全班又算了一遍。学生们表情懊恼。赖斯说：

但究竟为什么1.17万套这个数字很重要呢？是这样的，那时我们五万美元就能设计出产品并把它投放市场。帕克兄弟或米尔顿·布拉德利做这个游戏项目的话，固定成本要花25万美元，另外还要花100万美元促销费。而且他们行动慢，要么成本高，要么利润薄，要么两样都占了。

赖斯举起一个破旧的游戏盒，盒盖是《电视指南》杂志封皮。"这就是最后的成品，现在成了收藏品。你看，我们打了《电视指南》的名号，这不是什么见不得人的事。"

一个学生举起手，说："但你为什么后来完全不做这个产品了呢？我是说，小玩意儿棋盘游戏可是一直还在卖。"

"你想知道真相吗？"赖斯大笑了起来，"大家的问题有点太棘手。《电视指南》的人都是电视领域内的高手，这次他们玩儿过了！"

第八章

双赢局面

　　这个 R&R 案例,由霍华德·史蒂文森编写,讲述鲍勃·赖斯的经历,在哈佛已经讲了十几年,通常是创业学一个单元的开始案例。

　　史蒂文森说:"这不是个普通的案例。原因之一是它有答案。我花了五年研究怎么讲好这个案例。现在讲这个觉得很有意思。我先问学生游戏业有没有风险,他们总是说'有!'然后简单讲一下赖斯是怎么做的。最后,问学生们'哪有风险啊?'这个案例里没有风险。如果你下手迅速,如果你善用资源和冗余能力,你就能规避风险。"

　　学生们都觉得这个案例引人入胜,而且容易掌握。和早些年史蒂文森和威廉·普沃合写的房地产案例一样,这个案例涉及大多数新企业面临的普遍难题,并把这些问题置于时间紧、人力及其他资源有限,但因回报巨大而让人很有兴趣做的情景中。

　　目前,全美五十多个商学院从本科生、MBA 到 EMBA 教育都在讲这个案例。赖斯虽无法每堂课都去,但他尽可能接受邀请亲自到课堂上。

　　史蒂文森说,"有些人天生好奇心强,意志坚定。他们相信机会来源于变化,而采取行动时小心谨慎。鲍勃·赖斯就是这样的人。"

　　赖斯继续从商,所涉领域相当广泛。他和罗恩·戈尔茨坦合作,开发会说话的小熊和音乐雨伞等新产品,开辟新市场。他还出版了一本有关创业的书,起了一个恰如其分的书名叫做《低风险,高回报》(*Low Risk, High Reward*),还做些演讲。[2]

　　赖斯说:"我还开辟了另一个战场。我又为哥伦比亚大学项目处工作了几年。"这是一个学生运营的组织,40 年前赖斯在那儿挣过大学生活费。"人们忽略了它,但它一直存在。"

　　在这个组织里,他和年轻的创业者来往密切。他说,"我总是和很多孩子们交谈。昨天还和两个哥大学生一起吃早饭。只要是我看准的人，看着他们奔向成功，真是件乐事。"

跟鲍勃·赖斯一样，霍华德·史蒂文森也是位活跃的导师。他最初回到哈佛商学院时，还带博士生的基础阅读课。这让他在以后的18年里，和学院里所有的博士生有了工作交集。有的博士生是他招来搞创业学的，有的不是这个领域的。几乎每个博士生都从他那儿学到了一手的知识。

他说："我的目的是双重的。首先，我想感染每个进来的学生，重点培养其中最优秀的。另外，我想认识每一个潜力巨大的博士生，让他们也了解我们，促进不同研究领域间的相互认同。"

有同事和学生开始创业学研究与实践时，史蒂文森给他们提供帮助和建议，让他们少走弯路，这是一种更直接的帮助。他说，"我自己从来没有过导师，我只是花时间和很多志趣相投的人交谈。我想我也见过一些反面典型，这更坚定了我为学生们做导师的决心。"

史蒂文森认为，在商学院开辟一个研究领域和成功创建一个公司差不多。从他写的关于阿德里亚诺·奥利维提和霍华德·黑德的案例中，他总结出如下经验：如果你希望自己创建的公司能长久发展，就不能让它事事靠你。

"如果你一直是所有人脉的核心的话，"他解释道，"那离了你这个组织就不能存活。所以你必须选择，必须权衡。如果你想创建一个组织的话，不管是一个公司还是一个教研班子，你都必须选择和权衡。"

根据史蒂文森的哲学，年轻教员们自主决定何时授课以及如何布置课外作业。史蒂文森说，"你要努力做的，是尽可能地给年轻人创造成功的机会。当你是创建一个新学科时，就更经不起什么损失。只能希望每个人都成为新星，你要有步骤地实现这一点。给他们一切机会，让他们可以发光。"

第九章　银幕魔力

墨西哥影城公司 Cinemex 有句极具招牌魅力的广告词——不可思议的银幕魔力。这是一种全球现象,全世界的观众越来越被电影的魅力所折服。

这种全球现象横扫一切,人们几乎感觉不出不同国家及地区的电影之间有什么微妙差别和错综复杂的关系。过去几十年中,各个国家的电影业都发生了巨大的变化。但或许没有哪两个国家的电影业像有边境相交的美国和墨西哥那样迥然有异了。

在这些差别里,蕴藏着创业的机会,让那些有能力抓住机会的人可以有所作为。

在美国,好莱坞在一个世纪里奠定了它在电影业中的地位,增强了其影响力。没错,20世纪六七十年代的美国孩子是看着电视长大的,但他们也常去看电影,所有新电影都是为他们拍摄的。没错,美国人逛大型购物商场的喜好使得城市商业区内豪华影院不断衰落,而正是这些市区的豪华影院造就了好莱坞这种文化现象。但郊区多厅影院大量涌现出来了,这种影院有多个银幕,而且交通方便,停车便捷。就这样,电影院逐渐成为一家人出门休闲的好去处。近几十年,票房收入也猛增起来。

第九章

而在墨西哥,情况却远非如此。20世纪30年代末,出现了所谓的墨西哥影院的黄金时代,不过在50年代初就结束了。墨西哥电影票有最高限价,而且当地法律规定墨西哥放映的电影一半以上都必须是本国制作的,因此墨西哥电影制作、发行、放映业急剧衰落,票房收入一落千丈。往日壮丽的老式影院沦为腐朽的色情影院。到20世纪80年代末,看电影几乎还是偷偷摸摸的。一些墨西哥富人来美国度假,尝试新的生活方式,和家人一起出去看电影,也称得上是一次异国体验。

本章取材于美国和墨西哥两国,讲的是三个哈佛商学院学生的故事。一个是热衷电影和电影业的美国人,其余两个是墨西哥人。其中一个墨西哥人打算在墨西哥城影展业闯出一番天地,但终未实现这一计划,而另一个墨西哥人则成功地把这一计划付诸实践。这是一个讲述墨西哥历史上最大的风险投资支持创业的故事,从某种程度上说,也是一个讲述有远见的人起初丧失,而最终又重获洞察力的故事。

漫长对话

1992年春,马特·海曼(Matt Heyman)和阿道福·法斯利特(Adolfo Fastlicht)开始了一场长达十年的对话。

那时,海曼和法斯利特刚在哈佛读完一年MBA。法斯利特出身于一个富有的墨西哥房地产家庭。一天,他问美国同学海曼,墨西哥为什么没有像美国那样干净、设备齐全的面向家庭提供服务的影院。

法斯利特希望海曼同学能告诉他答案。毕竟,1993届同学大都知道,海曼一直从事影展行业。无论课上还是课下,电影业这个话题他总是不离口。他夸耀他的马尾辫和耳环,因为那是为了敬奉上帝。如果哈佛商学院有人知道这个问题的答案的话,那么非海曼莫属了。

事实上,海曼也不知道答案,但他对此很感兴趣,查阅了业内圣经——好莱坞娱乐类专业刊物《综艺》(Variety)。他读到一篇关于拉美电影业的文章,出乎意料地发现,不管从人均拥有的放映厅数量,每个放映厅的上座率还是每家影院拥有的放映厅数量来说,墨西哥电影业都相当落后。用行话来说,墨西哥是"电影匮乏"的国家。海曼告诉法斯利特,墨西哥电影业潜藏着无限商机。

从那时起,两个志同道合的人就致力于围绕这个商机做笔大生意。但此时,这两个哈佛学生没有多少空闲,而这件事需要付出相当多的时间精力。他俩打算把这件事作为二年级的实地考察题目,借此进行考察并拿到学分。法斯利特提议再吸收一个同学米格尔·达维拉(Miguel Davila)加入。法斯利特和达维拉是在一个周四晚上打扑克的时候认识的,那天大约12个哈佛商学院的墨西哥学生聚在一起玩。达维拉聪明、细心,虽不像法斯利特那样谙熟各个领域,但对祖国墨西哥却相当了解。

海曼也认识达维拉,甚至比法斯利特更了解他。两人都住在哈佛商学院校园附近的兵场园(Soldiers Field Park)住宅区。一年多以前,第一年开课的前一晚上,他们在洗衣房认识,就聊起来。第二天,他们起个大早,去奥尔德利希堂参加哈佛商学院的传统活动——为下一个学年找座位。

"我分到的座位在最后一排"达维拉回忆说,"海曼的座位就在我前面,比我低了一层台阶。"

这场长达十年的对话从此拉开帷幕。

另辟蹊径者成功

马特·海曼快出生的时候,他们一家从纽约市搬到洛杉矶。之后,他发现自己与西海岸和东海岸都挺亲近。

马特的父亲卖掉了家里的电器,穿过圣费尔南多峡谷(San Fernan-

第九章

do Valley）来到洛杉矶。马特·海曼是家中三个孩子中最小的一个。他聪明，性急，还经常惹事。"我随心所欲，蹦来蹦去。"他说话快、短促、有力。

黯淡无光的高中生活快要结束的时候，马特的母亲因癌症晚期一病不起，马特无忧无虑的日子也就戛然而止。他开始照顾母亲。1981年，他考入加州州立大学北岭分校（California State University at Northridge），往返于学校和家之间。后来，母亲过世。马特经历了这么多，很快成熟了。他回忆道，"母亲去世后，生活全变了。"1981年秋，他转到纽约大学（New York University），也就是在纽约大学他第一次显示出自己的雄心抱负和领导才能。刚过了一学期，他就竞选商学院本科学生会主席，最终以几票之差落选。

从那时起，这个原本任性的孩子明白了自己到底想要什么：当一名世界级的经济学教授，在一所一流的研究性大学里教书，撰写出色的文章，最终拿到诺贝尔奖。1984年2月从纽约大学毕业后，马特就在大通曼哈顿银行（Chase Manhattan Bank）经济学组工作。当时，他发现《美国经济学人》（*The American Economist*）杂志上刊登了他的学士论文。愿望终于就要实现了。那年秋天，他进入威斯康星大学（University of Wisconsin）攻读经济学博士学位。诺贝尔奖似乎近在眼前。

但是海曼的宏伟计划未能实现。他回忆道：

> 我发现自己要拿到诺贝尔奖还不够聪明。我是比周围的人聪明，但和那些读博士的人相比，还是自叹不如。但同时我发现有能力推动事情发生，而我身边的家伙们大都只是走来走去，我也就明了自己的竞争优势了。
>
> 无论好坏，这都是我性格中固有的部分。我喜欢做自己擅长的事，不喜欢做自己不拿手的事。

1985年初，海曼退学回到加利福尼亚，和父亲住在一起。为了谋生,他查了很多招聘广告,给自己找了些兼职的零活儿。他曾为小企业管理局(Small Business Administration)做借贷申请核对,还为洛杉矶县制定过房地产金融模型,按小时收费。加利福尼亚的一家展商当时正招聘房地产分析员,就在一家报纸上刊登了广告。海曼申请了这个职位。由于他为洛杉矶县制定过房地产金融模型,有相关经验,所以得到了雇主的答复,但最终没被录用。不过,在申请这个工作的过程中,他搭建了重要的人脉,结识了一个有趣并极具影响力的人物加特·德拉宾斯基(Garth Drabinsky)。

德拉宾斯基是个头脑灵活的出色律师。他对影展业十分感兴趣,当时正要谋求在这一领域发展,有意成为业内大玩家。他和一个合伙人一起创建了国宾影城(Cineplex Odeon)。该影城是一家影展商,总部设在多伦多,20世纪80年代末正处于黄金时期,在整个北美地区有1,800家影院。海曼聪明,做事持之以恒,给德拉宾斯基留下了深刻的印象。一年多的时间里两人一直保持联系。1986年,德拉宾斯基雇用了24岁的海曼,让他为国宾影城在洛杉矶寻找并租用合适的剧院场所。四个月后,德拉宾斯基把他派到纽约经营东海岸影城的房地产业。

在随后的两年中,海曼基本上都在纽约。他先找到租借场地,然后开始制订公司战略规划。他为电影业忙得乐此不疲,给公司带来了丰厚的利润,自己也得到了提升。后来,海曼卷入了德拉宾斯基和影城另一个经营管理人的权力纷争中,(一个想把影业新秀海曼派到伦敦,而另一个想把他派到多伦多。)他夹在中间左右为难,最终在1988年离开公司,为一家高级房地产企业做推广。1990年初,他又回到国宾影城任商务副总裁。此时,公司正要进行艰难的重组。海曼认为他将要开始人生的新阶段。1990年春,他成功地申请到入读哈佛商学院的机会。

他有些不安,当时他已经29岁了,比那些未来的同学大好几岁。他在硝烟弥漫的人生战场上摸爬滚打,历尽艰辛。他回忆道,"迫于环境我

第九章

不停地换工作,困难重重,最后又频频丢了饭碗,但我不卑不亢,我坚持走自己的路。"他能适应哈佛的生活吗?他下定决心投身电影业,哈佛能助他一臂之力吗?

特权和哄抢

当被问及对其一生有重大影响的事情时,阿道福·法斯利特先从几十年前的祖父和外祖父说起。起初,他俩都为了逃避一战后东欧对犹太人的迫害,想移居美国,但美国移民入境限额十分严格,没能如愿,最终在墨西哥定居。祖父是一名齿科矫形医生,坚决拥护犹太人复国运动,是墨西哥第一位以色列领事。外祖父萨姆·库莱恩(Sam Kurian)在墨西哥城东约一百英里的小城普埃布拉(Puebla)开了一家男士服饰店。年复一年,库莱恩的小店发展成了普埃布拉首屈一指的百货公司,后来在墨西哥也有了一席之地。除此之外,库莱恩还创建了几家连锁超市,由此对房地产和相关投资方面有了更深的接触。

法斯利特的父亲花了很多年摸索自己的路。他没念完大学,先后念法律和医学专业都半途而退。他把车扔在洛杉矶机场,做过艺术经纪人,还在一家汽车修理厂干过。最终,他决定干房地产业。他和一个合伙人创办了 Grupo K 公司,起初经营低收入者住房,后来业务扩展到其他领域,包括工业园、办公楼、高级住宅开发。生意做得红红火火,所以法斯利特的童年生活相当优越。家里不算巨富,用他的话说只是"花园跟别人不一样的富人"。他们住体面的房子,在墨西哥阿卡普尔科(Acapulco)和美国度假,父母送孩子去私立学校念书。

但不是任何一家私立学校都送得起:法斯利特和四个弟弟妹妹都在墨西哥城的一所美国学校念书。这所学校用英语教学,学生大多是使馆人员和驻墨西哥的美国商人的孩子。墨西哥孩子不多,其中就包括法斯利特家的孩子。在法斯利特家看来,孩子们未来要取得成功,就必须说一口流利的英语。(祖母和外祖母都是受过高等教育的美国人,母亲曾在威斯康星大学读心理学。)法斯利特坦言之前他在学校并不优秀,但刚考入这所美国中学,突然发现要想不辜负家人的期望,考上美国的大学,就该把学习当回事儿了。

再有,墨西哥的大学生大都无一例外地在国内读大学。法斯利特知道要体验美国的大学生活就要去美国念大学。渐渐地,他的成绩越来越好。

法斯利特接到几所美国大学的入学通知,但他选择了波士顿大学(Boston University)。主要因为他以前去过波士顿看朋友,很喜欢这个城市。他在波士顿大学读商务专业,后来读酒店管理。还因为 Grupo K 公司当时正计划在墨西哥酒店投资。他成绩优异,活跃于学校多个社团组织,大学生活过得十分愉快。

课余时间,法斯利特还创建了几个企业。其中有一个进口公司,从墨西哥进口廉价的银饰珠宝。他带着珠宝样品盒,去参加交易会,想卖给纽约的大珠宝商。"蒂凡尼(Tiffany)对我不屑一顾",他笑着说,"交易会上的人都没把我放在眼里。"

他还和几个朋友创办了一家公司,主要做薄荷糖包装(两块装)。有些饭店和商户想把它们的标识印在包装上,推广到世界各地。这家公司做得比珠宝公司好,现在还在运营。但他不打算发这个财。1989年春,大学快毕业时,他越来越明白自己要干什么了。他说:

我一直有个观念,要回去经营家族企业。我从来没正经参加过美国连锁酒店的面试,虽然也和万豪国际酒店集团(Marriott)、喜来登(Sheraton)等大酒店聊过。我对自己说,"没错,你可以为这些大牌子工作,"但内心深处我想还是应该会回去跟家人一起干。

第九章

这时,他的人生出现意想不到的转折。一个老乡要申请哈佛商学院,法斯利特也想去碰碰运气。他在哈佛的所见所闻给他留下了深刻的印象,他说,"我被震撼了!"哈佛接受了他的申请[一封推荐信,是由波士顿大学教授、著名作家、哲学家伊利·威塞尔(Elie Wiesel)写的],同意录取,但要两年工作经验才能入学。

法斯利特就回到墨西哥阿卡普尔科,Grupo K 公司刚在此收购了一家酒店。这家酒店有 130 间客房,曾辉煌一时。他接手管这个烂摊子,还开发了一个 41 户住户的住宅区。他回忆道,"确实很麻烦,不过很有意思!"

离开也没那么容易。好多墨西哥朋友在大学里做过兼职,职场生涯已经走到他前面。经过两年的磨炼,法斯利特又要转身回美国,读MBA。他说,"我是比他们慢半拍,但最终我的决定,还是去读书。"

圆哈佛之梦

米格尔·达维拉子承父业,也是会计师,会计师在墨西哥享有很高的社会地位,他常以此为荣。

老达维拉还不算是墨西哥精英人士。他兄弟姐妹九人,在墨西哥城国家监狱附近的一个最贫困的街区长大。但他克服重重困难,念完了大学,成为一名私营企业的会计。20 世纪 70 年代,他进入政府工作,后来升为财政部(Finance Ministry)预算次长。

在家里,老达维拉对孩子们很严厉,一直教育他们要独立。米格尔这样回忆道:

> 我父亲非常严厉,我们谁都怕他。我的朋友来我家玩,见他一回家就吓跑了。他现在没那么厉害了,但我们小时候,严厉就是他的风格。这对我影响很大。

米格尔·达维拉在墨西哥城西部长大,在当地一所天主教学校读书。九年级时,父母把他们送到美国寄宿学校一年,培养他们独立的生活能力和掌握流利的英语口语。达维拉被送到佛罗里达州坦帕市(Tampa, Florida)圣类斯中学(Salesian Brothers School),他觉得这所学校很怪异,"有点像孤儿院,许多问题孩子才去那里。"学生要在学校或社区干点什么才能混口饭吃。达维拉就在学校汽车店为学校和当地居民修理汽车。"那段经历真的很有意思。"他说。

达维拉从天主教高中毕业后,考入了墨西哥自治技工学院(Autonomous Technological Institute of Mexico),这是一所私立大学,是墨西哥最负盛名的经济学思想库。不久,他就转向会计:

> 现在墨西哥会计师在政府中获得高职。正因如此,我的父亲也是一位杰出的政府官员。他曾是墨西哥公共会计师协会(Mexican Institute of Public Accountants)会长。父亲的经验告诉我,要进入政府工作,可以先做会计师。

1987年,达维拉还念大学的时候,就设法获准在墨西哥中央银行的经济调查部谋得一份工作。这个部门一般只招经济学家,他当时还在会计培训中,就主动要求中央银行专门给他举办一场经济学考试,考什么都行。银行同意了,就单独给他举行了一个非正式的"入行考试"。结果,他成绩优异,获得了职位,负责在中央银行做宏观经济学研究。他从一开始就很清楚只有私营机构才能资助墨西哥人到国外留学读硕士,而墨西哥中央银行就是其中之一。

同时,达维拉还为他一年前开办的小公司而忙碌。(其实,这家小公司是他创办的第二家风险企业。早在中学时,他就和一个朋友创办了一家小型文具用品公司。)他们从一个退休商人手里收购了这家小公司,把它发展成专业维修大众汽车的零件配给连锁店,连锁店遍布全国各地。墨西哥城大多出租车用的都是该连锁店的配件。他说,"这是一个大有

第九章

作为的行业。"但这一行基本上以库存为主,达维拉觉得把自己的闲暇时间用来经营这个买卖不够过瘾,就把连锁店的日常管理交给他弟弟跟一个职员。

后来一点一点地,达维拉意识到自己想出国读MBA,那样不仅能使自己在私营企业拥有更多的工作选择,还能体验到异国生活。(他和大多数墨西哥大学生一样,在大学期间一直没有出过国。)但是达维拉没有想到墨西哥中央银行只给公共管理专业的学生提供奖学金。1989年,他开始和墨西哥麦肯锡公司(McKinsey & Company)董事伯纳德·明科(Bernard Minkow)进行商谈。他说他想读哈佛商学院,希望明科能资助他,助他一臂之力。明科建议他去麦肯锡工作一年,做分析员,丰富他在私营企业的工作经验,这样哈佛招收他的可能就更大了。1989年,达维拉离开墨西哥中央银行,进了麦肯锡,打算第二年秋读哈佛。

但事情并没那么简单。他入学考试失利,他愤懑地说,"考得太差劲了,真让人丢脸,恨死这个考试了。"即使哈佛商学院已经降低了对GMAT分数的要求,他还是很担心他的分数太低上不了哈佛,就申请了美国和英国共12所学校。最终,1990年6月,哈佛同意录取他,但条件是再工作一年。他就继续留在麦肯锡工作。虽然没有预料到这些,但焉知非福呢。那年夏天,他结婚了,和妻子找了个住处住下。这期间他不仅完成了他的学士论文,帮弟弟关了汽车配件店,还从麦肯锡、富布赖特奖学金计划(Fulbright program)和墨西哥哈佛基金会(Mexico Harvard Foundation)拿到了奖学金。

1991年秋,达维拉和妻子搬到了兵场园。就是在兵场园的地下洗衣房里,他邂逅了梳着马尾的影迷马特·海曼。一年后,他开始和海曼、阿道福一起探讨这个他几乎不感兴趣的话题:墨西哥影展业。

梦想照进现实

当时,达维拉刚刚利用了 MBA 一年级和二年级之间的暑假研究了货币管理和银行业。那时,他有几个很好的选择。就在拿到哈佛商学院的正式录取通知之前,他拿到高盛公司(Goldman Sachs)个人银行业务部的录用通知,高盛公司要把他派回墨西哥城。麦肯锡还一直邀请他,说全球任何麦肯锡办事处任他挑。但法斯利特最终赢得了他的信任,告诉达维拉他和海曼了解墨西哥电影业不景气,其中可能蕴藏着巨大商机。达维拉回忆道:

> 阿道福约我在快思捷喝咖啡。我跟他很熟,打扑克认识的,但他没在学校住,住在后湾区(Back Bay),而且经常外出旅游。我在想他找我什么事呢,肯定不只是随便聊聊。他跟我讲在墨西哥创建影院的计划。这个计划听起来很有道理,值得考虑一下。但是,我想,我是在哈佛,这可是商业资本的中心。他们俩拉我创建一个新行业,我可得揣着明白装糊涂。
>
> 我说,"哦,是吗,那你们要我做什么呢?"阿道福说,"马特懂电影业,我有房地产业的背景,你就制订计划并负责实施,你是顾问啊!"但说实在的,我就是觉得他们只是想找个人帮帮忙而已,才想起我的。

他们用同样的方法又邀请一个二年级的学生埃里克·贾里德(Eric Jarnryd)。贾里德是墨西哥瑞典混血儿,前几年一直住在波士顿。他虽没有海曼和法斯利特对电影业那么痴迷,但还是同意加入他们的实地考察小组。

墨西哥影业的发展还具备了必要的客观条件。1992 年通过的新法规消除了四十年来墨西哥政府对本国影展业的禁锢。这项新法规影响相当广泛。政府卖掉了几十年来国有的影院,影院国有阻碍本国的电影

第九章

制作、销售和影展。国家电影数量需求一直阻碍电影业的发展,虽然这一点常被忽略。新法规规定本国制作的电影比例下降到10%。最重要的是,以前把票价限制在8毛以内,新法规取消了这种限价政策。几十年来,墨西哥影院投资道路第一次扫清了障碍。

有了这颗定心丸,研究小组找到哈佛商学院教授霍华德·史蒂文森商量这件事,问他能不能资助这项创业管理实地考察。他们表明了对这项研究成果的坚定信心,没费多大工夫就说服了史蒂文森当资助人。

霍华德·史蒂文森笑着说,"在想到要做一个实地考察项目时你们首先要问自己的是,这个想法愚蠢吗?"学校和学生都不愿意在没前途的事情上白费工夫,他解释道,因为你的学习时间只有那么多。这是一个好的实地考察题目,足够丰富,能让组员们忙一学期,而且具有"可研究性"。

史蒂文森不断督促他们,提醒他们想创建墨西哥连锁院线会面对巨大的挑战。创建影展业,租借场地和电影销售商打通关系以及利润的问题,都不是容易解决的事。现有的影院可能会竭力守护其已有的场地,可能会给销售商一些好处。史蒂文森对研究小组说他们可能对所需资金估计不足,比如用于租借场地和建造有餐厅和其他娱乐设施的高级影院的资金。

史蒂文森回忆说,"资金的问题我们谈了很多。谁在墨西哥投资,都希望确保能获得风险收入。他们能有多大把握赢利呢?"

尽管起初史蒂文森反对这一计划,但还是被他们说服了。不过这才是万里长征的第一步。困难还在后面呢,他们四个要创建的是一个实实在在的新企业。法斯利特回忆说:

> 其实,和实地考察相比,在校学习是第二位的。这个过程需要我们毕生艰苦的努力。我们开办了公司,总部就设在马特的校舍。

新成立的公司就要筹集资金。"我们想在离校前就筹齐资金，"达维拉这样回忆道，"我们要胸有成竹，对吧？"他们先把目光投向美国放映业，希望创办一家合资企业。但是没有一家公司真正愿意合作。有几家公司想买下这个创建墨西哥影展业的想法，费用都至多不超过五位数。达维拉他们决定自己实现这个计划，断然拒绝了这个要求。

法斯利特和达维拉去了几趟墨西哥，做市场调查，寻求赞助。（达维拉为了弥补这些花销，挪用了部分学费。哈佛还因此扣留了他的毕业证书，直到几个月后还完学费才给他。）法斯利特号召墨西哥的亲友支持他，跟他们介绍这家新公司的经营业务，说投资前景非常好。但亲友甚至家人都信不过他。父亲提醒他，墨西哥影展业的领头羊拉米雷斯公司（Organizacion Ramirez）绝对不会让一个后起之秀威胁到自己的利益。有人还说，集团犯罪在这个现金交易领域层出不穷，任何有名望的投资者都不会轻举妄动。

1993年4月12日，这个研究小组完成了实地考察报告。这份93页的报告详细介绍了墨西哥影展公司Cinemex。墨西哥的公司名末尾都是后缀"-mex"，墨西哥影展公司Cinemex的公司名也是这么来的。他们凭这份报告参加了商业计划评比，Cinemex公司的计划在比赛中荣获一等奖，获得了学生创业俱乐部的赞助。他们还参加了得克萨斯大学（University of Texas）国际商业计划比赛，希望能赢得奖金，支付日益增长的开销，但结果发挥平平。裁判小组宣布Cinemex公司的计划花费太大。他们从反馈中得知裁判小组认为他们"傲慢自大"才这么评判的。

宏伟蓝图

Cinemex影城的商业计划规划创建一家拥有十六家影院、158个放

第九章

映厅的公司。影院的具体位置尚未确定。由于墨西哥城是国内最大的电影市场,收集的调查数据最为可信,该计划就主要以墨西哥城为主。一旦研究小组筹齐资金,就会展开调查,研究具体如何配置这些资源的问题。

根据该计划,Cinemex将把影院位置选在高档购物商场,那里停车方便。每家影院都有多个放映厅,精干的服务团队以适应初期的运营。不受欢迎的电影就停止放映。观众可以灵活地选择在哪个Cinemex影院看电影,还可以提前电话预订座位,刷卡消费,这在墨西哥还是很新鲜的。

马特·海曼提出的预订电影策略,不仅可以满足Cinemex的需要,而且对电影经销商也是蛮有诱惑的。Cinemex预订大片,并不在同一家影院的多个放映厅放映,而是尽量让大片在附近其他影院能轮番上映。经销商很欣赏这种做法,他们卖的电影不仅在Cinemex广为上映,而且,由于电影租金随映期的延长逐周降低,所以从长远来看,一部电影能为Cinemex挣更多的钱。

或许,最重要的是,Cinemex能给观众提供高品质的一条龙娱乐服务。入口用磨光大理石装修,地上铺着华丽的地毯。霓虹灯处处闪耀。服务员都身着制服。商铺都有摊位,差不多每个放映厅就有一个。有的商铺很大,专卖高档商品。(爆米花都是现爆的,Cinemex也会大力向观众介绍商铺。)影院很有艺术品味,有一流的音效和技术,看台式的座位留有放脚的空间,设计非常人性化。

总之,Cinemex能给墨西哥观众带来前所未有的娱乐体验:这就是银幕魅力(*la magia del cine*)。观众花的越多,享受的就越多。对影院经营者来说,在选择影院位置、技术和装潢上投入的越多,获得的利润就越大,公司也就越火。

囊中羞涩

资金仍在筹措中。海曼通过同学拉里·弗里德伯格(Larry Friedberg),认识了他的父亲艾伦·弗里德伯格(Alan Friedberg)。弗里德伯格是洛伊连锁剧院(Loews theater chain)具有传奇色彩的前任董事长,后来是 Cinemex 创业小组的"顾问级合伙人"。弗里德伯格非常赞同 Cinemex 的商业计划,立即着手寻求赞助。他先把创业小组介绍给 Claneil 企业(Claneil Enterprises),这家企业是私有控股,以前弗里德伯格收购美国影院(USA Cinemas)时和这家企业合作投资过。起初事情进展顺利,但最终 Claneil 拒绝投资。

这样反复了好几次。起初,投资者都很感兴趣,而且兴趣越来越浓,后来就莫名其妙地拒绝投资了。一个大公司把创业小组请到纽约进行了一系列友好的会谈,但后来连 Cinemex 的电话都不接。哈佛捐赠部部长也很欣赏这个计划,可后来却说原则上他们不能把哈佛捐赠基金投入到哈佛学生创办的企业。

"没有人承认我们,"海曼回忆说,"有时我们从投资者眼中看到一点希望,可是又转瞬即逝。太难办了!"

不知不觉,到了6月。1993届的学生毕业了,资金还没有筹到。达维拉和法斯利特回到墨西哥筹资,墨西哥城附近著名的圣达菲购物商场(Santa Fe mall)口头承诺,答应把场地出租给他们。美国背景的 AMC 公司拉米雷斯和墨西哥最大的电视台 Televisa 也在激烈争夺这个日渐重要的地盘。而 Cinemex 向商场老板做了精彩的公司介绍,而且愿意出最高价,就得到了租借权。后来,圣达菲商场又收回了承诺——Cinemex 不得不参加类似选美的招标会。法斯利特说,"对外宣传特别重要,能提高公司的知名度。"

海曼在美国也积极筹集资金。他花光了在商学院的所有积蓄,搬到

第九章

纽约，但一直和法斯利特以及墨西哥的朋友保持紧密的联系。[他拒绝了百视达（Blockbuster Video）的录用通知。]1993年整整一个夏天，海曼都没有接到电话回复。一天，他的Skytel传呼机响了起来，他就借了部电话打了过去。尽管他们每个人都尽了自己最大的努力，Cinemex还是没有运转起来。海曼盘算着回西海岸再做打算，收拾好行李就驱车前往新泽西（New Jersey），准备一段跨国旅行。

快到大西洋城（Atlantic City）郊区时，传呼机又响起来。"速回纽约，去见约翰·皮尔庞特·摩根（John Pierpont Morgan）。"这是身在墨西哥的法斯利特发给他的。

海曼匆忙换上西服，掉转车头，去见这个投资者。但并不抱什么希望。

柳暗花明

Cinemex和摩根公司还是在几个月前的一个鸡尾酒会上建立的联系。法斯利特的中学同学里卡多（"里奇"）·乔亚尔（Ricardo "Rich" Joyel）是哈佛商学院的毕业生，他也听说了Cinemex的商业计划。"当时我就觉得这个计划很好，"乔亚尔回忆道，还说去过美国的墨西哥人都会这么认为：

> 我上中学的时候，也和同龄人一样经常去看电影。看电影要排很长的队，影院的建筑破旧不堪，小摊卖的东西也不能吃，我们对这些都习以为常了。但自从去了美国，才发觉墨西哥电影业这么落后。所以，我一看到阿道福的商业计划就深信一定能实现。

那时，乔亚尔在家族企业Frigus发展公司（Corporacion Frigus Therme）工作。他的公司有意向Cinemex投资，但时机尚未成熟，就放弃了投资计划。几个月后,他在一个鸡尾酒会上和哈佛商学院1983届的墨西哥学生克里斯琴·瓦尔德列尔夫(Christian Valdelievre)讨论了Cinemex的商业计划。几个月后,瓦尔德列尔夫想要一份计划书看看。

Cinemex想说服瓦尔德列尔夫,赢得他的支持。20世纪80年代末,墨西哥城J.P.摩根投资银行的副总裁瓦尔德列尔夫已经花了一年研究是否收购墨西哥政府多年前接管的那些破旧影院,现在政府又在谈私有化的问题。当时他认为放弃现有影院,新建连锁影院是没有意义的。以前的国有影院主要是太陈旧而且设备技术老化,观众还是想去郊区的小型影院看电影。

瓦尔德列尔夫说在墨西哥建多厅影院有巨大商机。他的一个摩根客户对独自投资并不感兴趣,但如果和一个经验丰富的合伙人合作还可以考虑。瓦尔德列尔夫就去美国找几家大连锁影院,正当他和达拉斯影城(Dallas-based Cinemark)讨论得热火朝天的时候,这个客户不干了。瓦尔德列尔夫合上文件夹,心想对创建墨西哥影展业的事无能为力了。他和里奇·乔亚尔聊的时候,第一次听说Cinemex,就给法斯利特打电话,要了一份Cinemex的商业计划。

法斯利特要求摩根签一份机密协议,瓦尔德列尔夫有点恼火,他回忆道:

> 我想,这个乳臭未干的毛小子以为自己是谁啊?我可是摩根的,他要谈什么?机密协议?真可笑啊!不过当然我们还是签了,签了以后他才给了我商业计划。看了计划,我很吃惊。没想到我们以前做的所有细节性研究,计划上全有。这个计划一定会实现的。

瓦尔德列尔夫拿定主意要在这个计划上投资。他把该计划拿给摩根公司的风险投资部,说他打算投资,让摩根不妨也考虑一下。风险投资部考虑了,而且仔细考虑了。起初摩根虽有反对意见,但瓦尔德列尔

第九章

夫和摩根协调了几个月,说服了摩根也相信这个计划一定会实现。

瓦尔德列尔夫就像 Cinemex 的守护天使一样,在说服摩根投资 Cinemex 上立下了汗马功劳,而且为了让摩根投资,自己甘愿做出牺牲。起初,风险投资部说无论怎样摩根都会投资的。最后一刻摩根提出让瓦尔德列尔夫考虑他是否参与的时候,却出现了分歧。摩根把他置于左右为难的境地,给他两个选择:要么他投资,摩根放弃;要么他放弃,摩根投资。当然,摩根参与该计划的话对 Cinemex 来说肯定比瓦尔德列尔夫个人重要得多,最终,瓦尔德列尔夫选择了放弃。

过了很久,法斯利特以为这次筹资的事又要黄了。但这次没有。快入秋的时候,法斯利特接到一个电话,得知摩根纽约办事处对这个计划很感兴趣。这个投资者能来墨西哥和他们商谈计划吗?

达维拉和法斯利特积极准备,不能再让这次机会溜走了。他们在当地一家宾馆开了个房间,约好了见面时间,打发人从附近影院买了些爆米花,让他们的妻子[达维拉的妻子玛丽安(Marian)和法斯利特的妻子莎伦(Sharon)]做女主人。和他们见面的有 J. P. 摩根,还有芝加哥 JMB 不动产开发公司(JMB Realty)的安迪·布鲁姆(Andy Bloom)等人。

那天是 1993 年 9 月 2 日。Cinemex 的创业团队,现在加上了电影业要人艾伦·弗里德伯格一起演了一出戏。弗里德伯格出演业内德高望重的前辈,大谈这个计划的价值。海曼,达维拉和法斯利特各演各的,但他们的目的都是一样的:我们需要 600 万美元的赞助,想占 60% 的股份。

千钧一发的时刻到了。法斯利特回忆道:

会议快结束的时候,我的外祖父萨姆·库莱恩忽然站起来。没等我们说完,他就说,"够了,不用再说了,我投 50 万美元。"

其他人小声议论起来。终于,摩根说,"好吧,我们也投资。"真是太棒了!

但随后的几天就没这么顺利了,开始讨价还价了。海曼、达维拉和法斯利特知道资金是多么重要,但不得不把所占股份降到40%。10月8日,这天刚好是达维拉的生日,摩根正式提出要投资800万美元。合伙人的投资总数要有10万美元,这些合伙人每实现一个五年计划就可以挣到2%的股票,根据公司赢利状况,还可能再获得两个5%的股份。

这对创业者是重重的一击,弗里德伯格愤愤地退出了。海曼、达维拉和法斯利特三人虽只占20%的股份,但也别无选择,只能硬着头皮往前走,希望事情会有转机。海曼回忆道:

> 这个谈判我不满意,月收入也不满意,我也不想去墨西哥发展。但我完全被谈判左右了,中了圈套了。我说话没有分量,他们根本不听我的。

1994年1月17日,谈判正式结束,交易总额达2,150万美元。这是当时墨西哥最大的风险资本项目。三个创业者就着手干起来。

一开始,他们就给公司规定了一条原则,用法斯利特的话来说就是这是一家"私营公用事业"公司,继续聘用高级律师、审计和会计,所以开销远远超出了他们的预算。这么做有两个原因:第一,建立完善的体制才能保障公司的快速发展。第二,保存清晰的记录有利于日后的收获,不管是把公司出售上市,还是卖给一家并购它的公司。法斯利特回忆道,"我们总是说,这样有助于收回投资者的投资,并有望得到好的收益。"

上半年,公司初见起色。Cinemex和几个有名的竞争者竞争,最终在阿尔塔维斯塔(Altavista)附近租到了第一处场地。(几个创业者和全体四名员工一起出去吃饭庆祝。)过去墨西哥影院一直臭名昭著,难怪墨西哥商场开发商极力反对投资影院。有钱能使鬼推磨,但Cinemex缺的就是钱。法斯利特在当地筹了些钱,公司又一次出天价租下了第二处场地,除租金外,还预付了超过100万美元的小费。

有了圣达菲和阿尔塔维斯塔的场地,有了资金,Cinemex开始蓬勃

第九章

发展起来。公司资金充足的话,不仅可以征服国内电影业,还可能占领国外市场。

因祸得福

Cinemex又迎来了一次考验,这次是政府行为。1994年12月,Cinemex正忙活圣达菲和阿尔塔维斯塔的事,墨西哥政府宣布比索贬值。这场突如其来的经济危机是墨西哥现代史上最严重的一次危机,影响到社会的稳定和经济的发展。墨西哥政府计划比索贬值20%,但局势失控,比索整整贬值了50%,造成国内经济停滞不前。法斯利特回忆当时残酷的现实:"人们都不知道怎么会突然变成这样了。"

Cinemex是喜忧参半。几乎一夜之间,Cinemex的投资值换算成美元的话,原来的2,150万美元跌到1,380万美元。原先的商谈成果全都化为泡影,又要重新进行耗时的谈判。

同时,也有可喜的一面。竞争对手纷纷退出。几乎所有本打算强占墨西哥市场的国际连锁影院,由于这场经济危机很快放弃了这个计划。(唯独美国达拉斯影城没有放弃,正着力在墨西哥城发展拥有12个放映厅的大型影院。)国内大公司拉米雷斯建设中的影院遍布全国,这些工程大都被暂停建设。电影业得以稍做喘息了。

三个创业者召开了一次秘密战略会议。可能一直想占领墨西哥全国市场并没有什么意义,而专注于墨西哥城市场反倒更可行。墨西哥城是世界上人口最为密集的地区之一,该地区卖出的电影票是全国的一半。(海曼说,"墨西哥城的人口是曼哈顿人口的七倍多。")而且,墨西哥城也是交通最拥挤的城市之一。从早到晚人们一般都不出门看电影,因为仅仅几英里开车可能也要一个小时以上。在墨西哥城附近建影院不是比原先的商业计划更可行吗?

Cinemex 的竞争对手越来越少。法斯利特找到了最好的影院位置，租借条款是与以往相比最优惠的。在诚惶诚恐的竞争者回来之前，Cinemex 可以在墨西哥城占领战略制高点。

创业者把重点放在墨西哥城以后，致力于公司改革。创建阿尔塔维斯塔影院耗资 350 万美元，他们要把这个影院建成墨西哥最好的影院。（当时，竞争对手拉米雷斯给每个放映厅和音像设备花 7.5 万美元，而 Cinemex 的预算有 12 万美元左右。）他们聘用大学生做初级工作，把他们打扮得有模有样，给他们开的工资也很高，是麦当劳（McDonald）等公司给新员工工资的三倍。这些创业者开创了墨西哥前所未有的便捷服务模式，这些模式在美国已经相当发达，比如 Linea Cinemex，基于电话和信用卡的预售票系统等。

总之，他们一丝不苟地实施两年前在哈佛制订的公司计划。两年里，计划基本上都实现了，但也有不尽如人意之处。

阿尔塔维斯塔之战

阿尔塔维斯塔影院即将开业的时候，Cinemex 的人事经理米格尔·达维拉碰到一个大难题：平息员工暴动。

七十多年以来，墨西哥电影业从电影制作、销售到影展各个方面都受一个业界工会（STIC）操纵。这个工会手腕强硬，造成影展方面尤其低效。站柜台卖爆米花的服务员不能给顾客拿汽水，给顾客拿汽水的服务员也不能卖爆米花。员工炒不得，也骂不得。尤其令影展商头疼的是，一职双人（similares）制度。根据这种制度，影院一个职位两个人干：一个工会员工，一个非工会员工。达维拉解释道：

> 你有两个花名册。一个是非工会员工的，他们没有报酬和退休金，也没有津贴，但所有的活儿都得干。一个是工会员工

第九章

的,他们各种福利、津贴都有,但什么活儿都不干。工会员工的工作可以继承,也可以买卖。怪不得墨西哥电影业一片混乱呢!你无力扭转这种局面的话,也就不可能有所发展。

墨西哥法律规定,公司员工超过20人,就要受工会管辖。工会管理工作场所不难,但公司要摆脱工会控制的话,就没那么简单了。许多新成立的公司就想成立改良的工会干点实事。和以往的公司工会不同,这些工会是真正独立的组织,而且更愿参与管理,其中的员工来自不同的公司。一个劳工律师建议达维拉联系贾斯托·西拉(Justo Sierra),一个涉外工会的人。达维拉这样谈到西拉:

我请了一个很棒的劳工律师,年轻,足智多谋,敢作敢为。我们制定了相应的法律策略,来捍卫自己的权利,然后一起去找工会,寻求解决问题的办法。最终,我们和工会在公司管理方式上,和对员工的看法上达成了共识。

竞争对手达拉斯影城采用了新型劳工管理模式,不久却出现了问题。达拉斯影城在蒙特雷(Monterrey)和阿瓜斯卡连特斯(Aguascalientes)的影院开业前出现了暴动。要是Cinemex阿尔塔维斯塔影院临竣工的时候,也发生暴动那可怎么办呢?

达维拉先是确定了劳工部(Labor Ministry)给自己撑腰,然后和政府官员多次商谈,利用和他们的私人关系,寻求帮助。"我可是费尽了口舌,说我们在这个公司投了多少多少钱,就是要为这个城市和市民们做点有益的事。"他说道。

1995年夏,阿尔塔维斯塔影院开业前一个月,达维拉在办公室接受了《改革报》(*Reforma*)(墨西哥最受欢迎的报纸)记者的采访,主要是谈Cinemex第一家影院即将开业的事。这个时候,他的助手走了进来,告诉他阿尔塔维斯塔影院经理打来电话,有急事找他。好像是说工会会员和他们的家属,又有老人又有小孩儿的,差不多有150人,正在剧院闹事。

达维拉马上做出决定,让记者跟他一起去现场看看,到底是怎么回事。在去阿尔塔维斯塔的路上,他向当地电视台和电台透漏了这个消息。到那儿以后,新闻媒体已经在等着了。

> 我走进剧院,看见一个大块头,周围一群保镖。我当时就火了,他竟敢在我的剧院里闹事?简直就是土匪!他看到我眼睛都红了,发疯似的朝我扑过来。他的保镖看到记者们的镜头正对着他们,赶紧拉住了他。后来,新闻报道上还是说一群土匪欲袭击公司经理。这至少给他们造成了一些舆论压力。

后来,闹事的人悻悻地离开了剧院,不然的话,他们将会被指控侵害他人财产或者绑架。当时剧院的每个入口,都有他们的人。但达维拉早就料到了会这样,已经准备好了应对措施。他宣布晚上八点放电影。可是到了八点钟,一个观众都没有。这些人觉得自己示威成功了,就回去睡觉了。这时,早已准备就绪的60名警察进去控制了所有入口和停车场。第二天,等闹事的人回来,发现已经进不了剧院了。

接下来的几周,双方僵持不下。按惯例,剧院一般都是周五晚上开业。达维拉觉得如果Cinemex在那天开业的话,肯定会有麻烦。所以没有事先通知,周三下午就开业了:

> 1995年8月2日,星期三下午,剧院外面几乎没有闹事的了。我们让警察把剧院大门打开,让观众进来。售票处开始卖票,幕布也拉开了,小食品摊也开始营业了。我想观众可能寥寥无几。不过第一台放映机一打开,就算剧院只有几个人,我们也赢了这场示威之战了。接下来的两三天里,来看电影的观众越来越多,闹事的人见没什么可闹的了,也就散了。

第九章

阿尔塔维斯塔之战对 Cinemex 年轻的管理者来说是一次考验，甚至是生与死的考验。工会会员气急败坏，达维拉成了他们的靶子。（从公司成立到阿尔塔维斯塔开业，他体重从 65 公斤下降到 58 公斤。）但是，阿尔塔维斯塔给 Cinemex 第二家影院圣达菲影院（1995 年 10 月开业）及以后的影院提供了成功的范例。法斯利特和海曼一确定剧院位置，达维拉就在正式签租借协议之前起草一个包括劳工管理模式的一揽子协定。1997 年春，Cinemex 和工会又一次合作，但公司的命运还是掌握在自己手中。

赢一输二

阿尔塔维斯塔和圣达菲两家影院的经验证明了 Cinemex 在墨西哥富人区是可以经营得红红火火的。但在贫民区就不好说了。就人均放映厅占有量来说，墨西哥城的放映厅极为匮乏。但匮乏就没有办法改变吗？人们仅仅因为经济原因才不去看电影吗？毕竟，Cinemex 的平均票价（大约 3.35 美元）差不多是墨西哥最低日工资。要是贫民区的居民去 Cinemex 享受折扣价的话，会怎样呢？他们会拿辛苦钱去看电影吗？谁都不知道。

Cinemex 要弄明白贫民区的居民究竟会不会拿辛苦钱去看电影。Cinemex 在洛斯雷耶斯（Los Reyes）租借场地开了一家有 10 个放映厅的影院。洛斯雷耶斯是墨西哥城女子监狱附近的一个贫民区。快要达成租借协议时，Cinemex 的创始人还是觉得他们拿这个做实验太不理智了，会影响公司未来的发展。洛斯雷耶斯影院要办多大规模呢？要是办这个影院根本就是个错误，Cinemex 可以从贫民区撤出来，不过，从那以后，只能在墨西哥个别富人区谋生存了，换句话说，就称不上公司了。"要是这个影院经营不好，洛斯雷耶斯就没什么可赚了。贫民区也没什么可做了。"海曼说。

但海曼是个乐天派,他说:

> 我承认,我不是墨西哥人,不太了解墨西哥电影市场。但我知道美国最棒的影院就在贫民区,而且特别卖座。里面有高档餐厅,去看电影的人经常在那儿吃饭。那儿的房租也很便宜。所以虽然经营上有些困难,但还是很赚钱的。

海曼还介绍了洛斯雷耶斯地区的影院情况。紧挨着新建的洛斯雷耶斯影院有两家老式的双放映厅影院。他说,"我们知道这两家影院都很卖座,每周每个放映厅的观众就有3,000人。这就改变了我们对洛斯雷耶斯的看法。"

洛斯雷耶斯影院1995年开始修建,第二年5月,投入运营。票价虽只有Cinemex其他影院的一半,可还是运营不佳。一连好几天几乎没人敢进这么华丽的影院。当地居民都站在影院外面,透过玻璃门往里看,但都不敢进去。

达维拉想这到底是为什么呢?不久就找到了答案:他们不相信自己也能进这种让人眼花缭乱的影院。他就让影院员工走到他们中间,鼓励他们进去随便看看。逐渐地,他们开始试着走进影院。有的人从来没有在铺满整个地面的地毯上走过,他们跪下来,搓着手抚摸大厅的高级德坎(Durkan)地毯,啧啧赞叹。

这说明穷人还是可以争取的消费者——可以大大扩大Cinemex的潜在市场。Cinemex Masaryk的情况说明原先Cinemex对在富人区很卖座的估计可能有误。海曼在墨西哥城艺术圈散布想建一家艺术影院的想法。首先,应该建一家剧院,只有为数不多但很有文化素养的人去看,而放映的电影多多少少也能赢利。大多数美国和加拿大的大城市都有一两个这样的剧院,为一些有需求的观众放映外国电影、小众电影等。这种模式的重要一点是拷贝极少,这样可用于集中满足有需求的观众,

第九章

并保证较长电影在影院的上映时间。在纽约或波士顿的艺术影院,一部艺术电影经常连续放映几周甚至几个月。

Cinemex 的艺术影院建在了墨西哥城的伯兰可(Polanco),部分原因在于这个高档社区聚集了墨西哥城大部分犹太人。海曼说,"在美国,你想建艺术影院的话,就建在犹太人聚居区吧。"所以,Cinemex 在犹太人聚居区伯兰可建了一家很有品的艺术影院,这家艺术影院有四个放映厅,七百个座位,不光卖爆米花,还有生啤、烈性酒、卡布奇诺咖啡和面点。

Casa de Arte 艺术影院 1996 年 9 月开业,后来却垮了。海曼说,"这对公司是一场灾难。"

原因有二。一,海曼对墨西哥文人居住地的估计错误。(知识分子不全是犹太人,也不住在伯兰可,而是住在墨西哥城南部。)二,也是最重要的一点,Cinemex 无法限制进入墨西哥市场的电影拷贝。经销商迫于其他展商的压力,把市场有限的电影提供给所有展商。本想艺术影院能因为艺术电影红火起来,可最终还是结束了悲惨的命运。"都是经销商的错,"海曼愤懑地说,"艺术片应该和其他电影区别对待,否则就会与粗俗的商业电影无二。"虽然 Casa de Arte 艺术影院还能勉强维持,但已经辜负了公司的重望,前途渺茫。

Cinemex 还投资现场娱乐业。一开始这种做法就注定失败,公司没人愿意再提这件事。"我们损失了 400 万美元,"法斯利特回忆起来很后悔,"不该干的我们都干了。这是沉痛的教训啊!"

达维拉也说,"这是公司不光彩的事。"

不过,Cinemex 刚创建的几年里,还是喜多于忧。截至 1996 年底,公司六家影城已经建成开业,共有 61 个放映厅,票房收入占墨西哥城的 25%。创业者不仅对公司进一步发展做了规划,而且界定了各自在公司发展中的作用。

人力分工

"要是说你从一开始就赌 Cinemex 会失败的话,"米格尔·达维拉淡淡一笑,说,"那就是赌我们三人不能够作为一个集体安全走完全程,不是吗?"

公司里,大家都把领导叫做"三巨头",他们三个都是董事,这在 Cinemex 已传为佳话。很少有生意兴隆的公司有三个都很有实权的领导,但 Cinemex 就是这样。其中的奥妙是他们十几年里一直各司其职,通力合作,公司才得以迅速发展。

法斯利特凭借房地产的家庭背景,负责公司房地产方面的事务,探查合理的场地建新剧院,并就房租问题和相关方面进行磋商。(他的父亲是当地乃至全国房地产中鼎鼎有名的人物,担任公司第一届董事长。)法斯利特被大家称做公司的"大使"。公司成立的前三年中,海曼和达维拉都早出晚归,周末也加班,看到法斯利特却常和当地呼风唤雨的要人打高尔夫,就顿生妒意。但后来法斯利特又搞定了一个难得的剧院场地,他们马上就原谅他了。

公司第一家剧院开业不久,法斯利特给自己多加了一项任务:销售随片广告。他没有广告销售的经验,做这个,主要是他认同这一做法。"你发现了一个机会,然后就着手干了。"他说。

随片广告销售的想法并不新鲜,很久以前拉米雷斯影院就有广告赞助商了。这些赞助商的商业广告在放映电影前播出。剧院广告仍有很大发展空间。法斯利特继续让 Televisa 做公司的销售代理。Televisa 是一家综合娱乐公司,世界上最大的西班牙语电视节目的制作商,而且精通广告销售,有很多门路。三年后,Cinemex 直接和广告商合作,专门发展剧院影展广告。通常,这需要创作在影院和电视里都能播放的广

第九章

告,但要保证影院版的广告既要品质一流又要别具一格。20世纪末,虽然Cinemex所赚的随片广告总额不怎么靠谱,但最高的一次单笔随片广告收入高达4,000万美元。

达维拉在读哈佛时就最喜欢服务管理课(Service Management course)。在Cinemex,他负责公司业务,致力于建设最具服务水准的公司。招聘、雇用、培训、会计、提出和检验政策都归他管。他干的主要是幕后的工作,但偶尔也出来处理一下紧急事件。[1]

1999年就发生了一件紧急事件。墨西哥政府当时放出风来,要对电影业重新进行整顿。换句话说,就是限制1992年以来的自由化,而Cinemex就是自由化以后才发展起来的。具体说来,立法部门提出征收票房收入的5%,以此缩减展商利润,还想通过立法再次提高国产电影数量,从10%提高到30%。展商通常对这种地方含量法视而不见,可能因为墨西哥本国电影不足,但总有一天他们不得不面对。

达维拉提出疑议,阻止了对电影业进行重新调控的提案。他抓住了好时机,当时墨西哥民主社会正向多党制方向迅速发展。独立发展的政党出现了,政治游说和说客出现了,产业界就有机会向立法者施压。达维拉和其他影院管理执行者采取迅速有效的举措,把当地含量法又从30%降到10%,取消了原定5%的票房税,并把票房收据转到增值税(VAT)的框架中。

转移票房收据对Cinemex很有利。以前,Cinemex和其他所有展商要为每一笔开销缴纳增值税。但根据法律规定,票房收入不能征收增值税。现在,他们可以向电影观众征收增值税了。

"这是一项很有意义的举措,相当于未计利息、税项、折旧及摊销前的利润(EBITDA)价值,"法斯利特说,"米格尔是实施这项举措的先锋,干得非常出色。"

达维拉亲自参加公司每次的招聘会,和未来的公司员工进行面对面的交流。在新员工熟悉适应的过程中,他和每个新员工见面,给他们讲自己对公司历史和传统的看法。他每周至少去几个影院看一看,保持和公司员工的紧密联系。他强调领导的大门要敞开。他说,"我告诉他们,我们的宗旨就是一条让观众尽情玩乐。我们做的是娱乐业,观众玩得不爽的话,我们会丢饭碗的。"

"三巨头"之一的马特·海曼是个"电影迷"。早在哈佛商学院时,在国宾影城房地产部工作的时候,他就不放过每个和影城电影部亲密接触的机会,学会了如何预订和放映电影。("我一直想成为最大的电影购买商,"他说,"这是一直以来的梦想。")但影城出现了一种奇怪的现象:竟然是房地产部设计观众席,预算新场地的收入。"这太奇怪了,"海曼回忆说,"我的意思是,电影部应该也参与其中啊。而事实上,场地选在哪儿却是房地产部说了算,这是为什么呢?"为了不犯同样的错误,海曼(在达维拉和法斯利特的鼓励下)认为要结合战略规划与房地产职能通盘考虑 Cinemex 的电影购买职能。

筹备 Cinemex 第一家在墨西哥城的影院的过程中,海曼做的最重要的工作是制定电影预订和放映战略,使 Cinemex 在经销商中最大限度地发挥影响力。货币贬值后,Cinemex 决定重点开发墨西哥城市场,这促进了电影预订和放映战略的实现。海曼解释说:

> 我小时候,美国就是这种情况:每种市场上都有一个领头连锁店,这种领头连锁店都或多或少在各自的市场中独占鳌头。
>
> 但所有连锁都遍布全国的话,就没什么意义了,因为经销商可以让他们互相争斗而坐收渔翁之利。我们的高招是能控制电影业,至少能影响这些经销商,他们可不是任凭摆布的人。我一直这么说,"虽然我们决定不了你的命运,但你得放明白点。"

第九章

我和多伦多、纽约的影城合作时,学到了很多东西。他们犯过很多错误,比如,他们没有把重点放在纽约市,而是进军亚特兰大(Atlanta)和卡罗莱纳(Carolina)市场。我想,吸取这些教训对Cinemex很有益处。

就这样,三巨头一直通力合作。Cinemex早期,就是在海曼给许多影院预订电影前,法斯利特和达维拉尽量不让健谈的海曼说太多。原因之一是他们想保持Cinemex墨西哥公司的本色,不想把海曼这个美国合作伙伴放在凸显的位置(海曼也不想成为墨西哥人瞩目的焦点)。原因之二是墨西哥城的其他影院公司尚未准备好采用海曼美国式的经营理念。他们记得,海曼想请律师,签署协议,而墨西哥文化则倡导和谐"握手",而非诉诸法律,即使存在高额的资金风险。渐渐地,海曼改变了他的美国式做法,最终墨西哥商人乐于跟他打交道了。达维拉回忆说,"终于,他大发雷霆也没人会抓狂。可六年前,墨西哥人没准会为他的坏脾气抓狂。"

三巨头相互信任,才能通力合作。达维拉说,"同样一件事,我闭着眼睛都相信他们会和我做得一样,甚至比我做得更好。"同样,海曼也是这么称赞达维拉的:

> 米格尔是我见过的最有伦理精神的人。有时,我觉得根本就不是伦理问题,可他还是固执己见,都快把我逼疯了。的确,我们不能昧着良心做事,不过也没必要把钱全都拱手让给别人吧!

公司的快速发展给他们三个创造了更广阔的空间,这也是三巨头通力合作的条件。Cinemex刚成立时,几乎每个决定他们都共同商议,比如影院内员工的制服问题,这样自然就出现了不同意见。后来,责任就明确了。海曼负责电影部和货摊,法斯利特负责房地产开发展和随片广告,达维拉负责公司运营。

根据公司业务需要,三巨头需要各自单独处理一些事务。但他们觉得还是有必要相互交流,就约好每周二早上在一家餐厅一起吃早餐,在轻松的环境里交换意见,制订公司发展规划。

三人讨论问题的时候,总有一个如何统一意见的问题。他们尽量在讨论后达成共识;出现分歧的时候,就用三人投票的办法解决。其中一个要服从另外两个意见相同的人的意见。他们还规定了Cinemex特有的做法:如果涉及的问题属于一人的管辖范围,用达维拉的话说,这个人就具有"一票否决权",可以否决另外两人的意见。比如,在预订电影的问题上,海曼就有"一票否决权"。达维拉解释道,关系到随片广告的问题,法斯利特就说了算了:

> 阿道福建议延长随片广告时间。我和马特不同意这么做,我们提出可以接受的广告时间的上限。但最后,他稍稍超出了这个上限,我们还是不得不接受,因为他最后拍板。的确,他了解广告市场的行情,知道客户需要什么,所以我们还是听取了他的意见。

同样,涉及服务范围和质量的问题时,达维拉就有"一票否决权"。海曼认为应降低公司服务水平来提高利润。"但是,"他耸了耸肩,说,"米格尔负责公司服务,我不打算在这个问题上和他发生争执。"

要行使"一票否决权"也并不容易。比如,法斯利特在美国尝过一种红甘草,他提议Cinemex也卖这种红甘草。海曼虽然有"一票否决权",还是让步同意了。他直截了当地说,"就算他妈的卖不出去,也认了。虽说进口美国货再重贴标签也很让人头疼,不过,我还是挺喜欢这种红甘草的。"

最后,三巨头通力合作的原因是:他们都不必担心彼此的人际关系和权势等级。各自过着各自的生活,下了班谁也见不着谁。他们彼此的

第九章

关系也有起伏变化,但总体说来,相处很融洽。达维拉说,开始,他和法斯利特关系更紧密,后来,海曼和法斯利特走得更近。

首战告捷

公司刚成立的五年里,Cinemex经营状况良好。有几个数字可以说明这一点。世纪之交,墨西哥经济在世界上排名第十三位,但电影市场排名第五。墨西哥城的票房收入占全国的38%,(蒙特雷是墨西哥第二大电影市场,票房收入占全国的11%)比美国纽约、芝加哥、洛杉矶的票房收入总和还要多。所以墨西哥城成为数一数二的电影业大腕。

1996年是Cinemex第一个运营全年。公司有五家影院,65个放映厅,占墨西哥城市场的16%。截至2000年,Cinemex有27家影院,317个放映厅,在墨西哥城的市场份额达到50%多。1995年卖出2,800万张电影票,而2000年卖出的票达4,200万张。Cinemex在迅猛发展的电影业中不断壮大。

但Cinemex不仅仅是抢占市场,更让电影市场和电影业的面貌焕然一新。吉姆·赫斯克特(Jim Heskett)教授是一位服务管理学专家,曾编写过Cinemex的哈佛商学院案例。最近,他在哈佛的一次非正式会议上提及Cinemex在电影业中的重要作用。"哈佛有墨西哥籍的老师,"他解释说,"当时,我们谈起了Cinemex,他们说,'是的,你们还没有真正认识到正是由于这些墨西哥人,电影业才发生了翻天覆地的变化。'"

的确,从某种程度上说,"Cinemex"成了"电影"的代名词。海曼回忆道,"这样反倒搞得模棱两可,Cinemex像克里内克丝纸巾(Kleenex)一样没什么个性了。"

公司成立之初,就提出把Cinemex打造成一个品牌的战略。达维拉和法斯利特也说过,Cinemex迅速扩张的话,自然会创造出一个品牌,而这又会成为公司的优势,进一步促进公司的扩张。换句话说,要是公司品牌之路走好的话,普通的也会变成有个性的品牌。达维拉尤其坚信,打造品牌能促进电影业的发展,最终还可能带动其他产业的发展。

海曼可不这么认为。理查德·布兰森(Richard Branson)也是一个创业者,在英国买下许多影院,以"Virgin"之名冠之,结果却一蹶不振。但这失败只是偶然的。同样是娱乐业,Cinemex就成功了。到2000年,Cinemex成为一个大品牌,发展前景相当好。

海曼说,"他们说得对,是我错了。天时地利人和,我们努力了,我们成了幸运儿了。"

Cinemex还取得了一些可喜的成就。近年来,Cinemex每年每个放映厅的观众达90,000人左右,是西半球(Western Hemisphere)观众人数最多的影院之一。Cinemex的财政收支一般不对外公布,但2001年海曼向《纽约时报》透露,公司收入1.4亿美元,其中营业收入达4,400万美元。

2001年,Cinemex取得的成就得到了业内的认可,被评为拉斯维加斯(Las Vegas) ShoWest电影业大会的年度国际展商(International Exhibitor of the Year)。"太棒了!"海曼说。

Mundo E

20世纪90年代末,一个地方开发商投资创建了一个大型娱乐中心Mundo E。Mundo E距坐落于高级社区洛马斯区(Lomas de Chapultepec)的Cinemex总部大约八英里,和一条繁忙的四车道公路相邻,这条公路把墨西哥城北部的中低阶层社区一分为二。Cinemex的红球商标和标识紧邻一个大幅可乐(Coke)标志。Cinemex旁边还挂着一个破旧

第九章

的全明星咖啡厅标志。

  2001年10月的一天,马特·海曼开车驶进Mundo E的停车场,摇摇头说,"歇菜吧,蠢主意!"

  自1998年12月开业以来,Cinemex就一直租Mundo E。Mundo E开发商推行一个未来/魔幻主题,Cinemex同意在空旷的剧院大厅里体现这一主题。Mundo E Cinemex有19个放映厅,可容纳4,500名观众,是拉丁美洲最大的多厅影院。霓虹灯处处闪耀,大幅海报贴在霓虹灯搭建的框架上,格外耀眼,吸引着四面八方的观众。巨大的多银幕放映屏放着预告片,音效震撼。三十英尺高的方尖碑就像缩尺的华盛顿纪念碑(Washington Monument),拱形的天花板是蓝天的图案。"我们也不知道这个方尖碑代表什么。"海曼说。

  这天,影院19个放映厅中5个在放映墨西哥影片。最大的厅有936个座位,最小的有91个。海曼自豪地说,"让你们看看世界上最好的影院。"他打开门,把客人带到一个影院,里面正放映着一部好莱坞影片。Cinemex的投影仪和音响设备确实是一流的。但海曼并不满意,满脸愁容地回到大厅。

  "太安静了,是不是?"他问身边一个穿制服的员工。员工耸了耸肩,他当然认出了这个人是海曼。海曼低声说,"真让人失望!堵车时间,没人来啊。糟透了!"

  中央的货摊卖墨西哥糖果,有很多像美国糖果。爆米花是现爆的。"这里的人喜欢在爆米花上放辣椒酱和酸橙,"海曼脸上显出几分无奈,说,"我觉得湿乎乎的,简直太恶心了!没有爆米花味儿了。"抬头可以看到的菜单,上面告诉你什么跟什么搭配着吃,比如,大杯汽水加大袋爆米花。"我们什么生意都做,"海曼说,"我们要扩大经营范围,尽可能缩短资金周转时间。我们是营利公司,搞的不是火箭科学研究。"

  大厅的一侧可以看到Cinemex的另一个标志"La Locura",是"狂热"的意思。还有一个自助售货摊，可以买糖。这种糖是适合当地人口味的。罗望子果是一种多年生植物，晒干后，涂上辣椒酱和盐吃。海曼对美国客人说，"味道很独特，看起来像'好很多'（Good 'n' Plenty）糖，不过，还是算了吧，你肯定不爱吃。"

走马观花地看了 Mundo E 之后海曼回到停车场，又回头看了看，说，"这家影院要是在波士顿的话，一定是波士顿最棒的影院。事实上，它就是世界上最棒的影院之一。你可以说不喜欢我们的风格，但不能说还有哪家影院比我们的强。"

金色牢笼

1999 年初，Cinemex 的三巨头觉得是向投资者兑现诺言的时候了。他们决定把公司卖掉，又去找老伙伴 J.P. 摩根公司合作。

可能摩根不是最好的选择。Cinemex 看到摩根对电影业了解不够，而投资银行好像对他们要出售的财产不太感兴趣（其中有相当大的风险），觉得很失望。摩根举办了一次拍卖，来激发投资者的兴趣，让更多的投标人参与其中，但结果只有两个投标人表示对 Cinemex 感兴趣。拍卖会失败了。

Cinemex 创始人倍感失望，认识到导致事情失败的是摩根所控制不了的更大的问题。1999 年夏，正当 Cinemex 拍卖会如火如荼地进行时，美国连锁电影业如履薄冰。多年来，美国电影业搞过多建设，导致全行业生产能力过剩，结果可想而知。1999 年一年破产的美国影业连锁店就达 11 家。投资者迅速从影展业公司撤出资金，墨西哥城的 Cinemex 就是其中一家遭到撤资的公司。

具有讽刺意味的是，除了跟风，没有令人信服的原因。法斯利特回忆道：

第九章

我没记错的话,我们预计那年公司的现金流会达到2,200万美元,事实上我们超过了这个数字。这里的财产没受什么影响,美国那边却是一片狼藉。我们的金融结构比大多数美国同行要完善一千倍,过去是这样,现在也是这样。电影业差一点儿就垮掉了,我们的投资者大多都投资电影业,处境艰难,是泥菩萨过河自身难保,哪还会买下我们公司啊!

不过,还好,Cinemex的员工都不知道拍卖失败的消息,士气没有受到影响。但这足以让三个创始人好好反省一下了。

海曼最失望。他们三个都认为,最好的时机没有抓住,将来,创建健全的电影业、建设美好的墨西哥和成功的Cinemex,这种可能性几乎为零了。"我从来没想过当国际高管,"拍卖失败后不久,他说,"现在我好像下半辈子不得不做国际高管了。"当时,他说,墨西哥不是他想度过余生的地方:

>我是一个彻头彻尾的纽约人,洛杉矶人。我是说,我从那里来。在那里我如鱼得水,而在这儿就浑身不自在。这个社会注重家庭背景,看你老爸老妈是干什么的,还看你有没有社会关系,反正我是没有。

>我在洛杉矶长大。我觉得成功的最终表现是像我现在这样,穿牛仔裤,T恤衫,开一辆911折篷车。我在这儿有辆防弹卡车,这该死的破车竟比我在美国买的911折篷车还贵。我一点儿都不喜欢开这个破玩意儿。

>做电影业是一种乐趣,坐办公室是一种乐趣,坐在这儿聊Cinemex是一种乐趣,买电影讨价还价也是一种乐趣。实际上,在电影业做什么都很有意思。但把我放在墨西哥的街头,告诉说,"Cinemex不是你的了,你的钱还是你的,"伙计,那我可要走了,拜拜。

银幕魔力

海曼总是无法融入墨西哥，很不开心，法斯利特和达维拉看在眼里，急在心里，他们早就让海曼狠下心在墨西哥扎下根，学西班牙语，交新朋友，努力融入当地社会。但海曼就是听不进去。（不过，他1998年娶了一个墨西哥女人，西班牙语说得还算可以。）达维拉回忆说，他经常跟海曼说，如果海曼在美国，可没有这样的发展机会可以大显身手：

> 我无数次地对他讲，他要是在洛杉矶，肯定没有现在的成就。他不可能找到这种待开发的市场或得到这种融资机会。那里像他这样有风险资本的人成千上万。关键是，环境决定了你怎么做。

阿道福·法斯利特回忆道，拍卖会失败后，他也很失望担心墨西哥城的生活质量会下降，担心这里的治安问题，尽管全国范围内生活水平有所提高，还是有相当一部分人仍生活在贫困线以下。他严肃地说，"到底留不留在这儿不光是马特·海曼考虑的问题，我也在犹豫呢。"

法斯利特不像其他两个创业人那样对影展业有难以割舍的感情：

> 我一直把这次 Cinemex 的冒险看成一辆赛车。你驾着这辆车直奔胜利的终点。我特别喜欢电影业，它不像制造业那么复杂难管理。但我从没说过，"我爱电影业"或"我要终身投身于电影业"。

> 我也从没想过要在电影业干二三十年。要真是那样的话，也很好，不过肯定是有原因的。我没有定时的钟表，提醒我说，"嘿，如果五年之内我不离开电影业，我非疯了不可。"

拍卖失败后，达维拉仍然坚守电影业的工作，继续在墨西哥城的生活。他开始考虑有没有可能买下合伙人和 Cinemex 其他所有人的股份，独掌公司大权。不光达维拉这么想，法斯利特也考虑过举债收购。但达维拉这么想，另有进入政界的打算，他想凭借 Cinemex 的财力参加

第九章

政府竞选。(他的父亲说过要想在政坛立足必须有雄厚的经济实力做后盾。)但 Cinemex 一天卖不出去,他的政治生涯就开始不了。

新世纪,Cinemex 翻开了新的一页,进行了结构重组。Cinemex 的员工有两千名左右,年销售额近 1.5 亿美元,相当于美国一家中型公司,是墨西哥城电影业的领头羊。它占领了整个墨西哥城市场,比其他公司更熟悉电影业,资金雄厚,当然不会有什么麻烦了。

但是,创业者坐不住了。他们都认为"三巨头"的领导模式最终会解体。年轻有为的人都想有广阔的发展空间,如果公司不能给年轻的经理人良好的发展前景的话,公司就会停滞不前。

Cinemex 的创业者不仅掌握他们自己的命运,也掌握着其他人的命运。

结 语:笼门打开了

2001 年,Cinemex 的创业者又看到了曙光。很多美国展商摆脱了破产的困境。加拿大 Onex 公司(Onex Corporation)和几个大公司收购了这些破产公司。虽然这次合并大多是美国公司,但看似海外马上也要出现合并的情况了。

Cinemex 知道公司合并是一种势不可当的趋势。2001 年 12 月,它找两大竞争对手拉米雷斯和 Cinemark 商谈是否有兴趣收购 Cinemex 的事,开门见山地提出:只要达到 Cinemex 原租赁协议中退出回报率的下限要求,就可以收购。但达维拉小心谨慎,这些谈判大多由他经手。他提出必须在五月底前进行收购,否则下限就会抬高。拉米雷斯和 Cinemark 看到机会摆脱 Cinemex 这个竞争对手,分割 Cinemex 以扩大自己的实力,因此,表态对收购很感兴趣。

然后,就像当初 Cinemex 寻找最早的投资者时的情况一样,没有动静。几个月以后，法斯利特、海曼和达维拉又团结起来，决定采取新的行动：找投资者入股，他们自己进行杠杆收购。达维拉听了海曼的提议，和 Onex 公司联系，建议 Onex 进行股票投资。Onex 是多伦多跨行业收购公司，年收益约 160 亿美元，已经收购了北美第三大展商 Loews 影城娱乐公司(Loews Cineplex Entertainment)。Onex 也表示有兴趣但后来就没有回音了。

2002 年 5 月，Cinemark 有回音了。这家美国公司同意 Cinemex 提出的原协议，但有一个条件：Cinemark 当时正准备上市，想半年后用首次公开募股的收益付款。Cinemex 收到了 Cinemark 的意向书，只要在意向书上签字，下周三之前寄回即可。

Cinemex 朴实无华的董事会办公室里充满了错综复杂的感情。推迟付款虽不取决于首次公开募股，但也够让人担心的。而且，Cinemark 的意向书还要求把 Cinemex 的资产分给 Cinemark 和拉米雷斯。Cinemex 这个名字和这个公司都会不复存在。虽然不能感情用事，但没有人愿意立即签字，寄回这份意向书。达维拉尤其疑虑重重：

> 我们三人中，可能我最担心公司收购后的前景，最不想看到公司解体。我真的希望还能看到我们的公司、公司的名字和齐心协力共渡难关的员工。

后来，意想不到的是，Onex 有回音了。Onex 邀请 Cinemex 去纽约进一步商谈，十分紧急。接到邀请，法斯利特尤其摸不着头脑。他对达维拉和海曼说，这到底是当真邀请他们去呢，还是假惺惺的有所预谋而真实目的在于使我们与 Cinemark 的协定陷入瘫痪呢？法斯利特给达维拉支了个妙招：他们要是真心实意，就让他们来墨西哥吧。

周日夜里，Onex 的一个代表就到了墨西哥城，第二天谈判代表团随后也到了。很快，误会就烟消云散了。先前是由于 Cinemex 和 Cinemark 的合并提议才导致 Onex 和 Cinemex 之间长达几个月的僵局。

第九章

Onex 一听说 Cinemex 和 Cinemark 的合并协定告吹的消息,就毫无顾虑地主动联系 Cinemex 了。

事情谈得有了眉目。法斯利特在恰当的时候给 Cinemark 打了个电话,告诉他们 Cinemex 又有一家公司愿意合作,让他们考虑抬高收购价格。可是,Cinemark 拒绝了这个要求,说他们出价的最后期限马上就到了。Cinemex 虽有顾虑,但还是放弃和 Cinemark 的协定,决定孤注一掷,等待着和 Onex 的谈判了。

事实证明,这样做是正确的。6 月还没过完,实质性谈判开始后仅仅 48 天,Cinemex 就签署了和 Onex 的协定。(Cinemark 的首次公开募股也就夭折了。)售价为 3 亿美元,Onex 占 58% 的股份,洛杉矶橡树资本管理有限公司(Oaktree Capital Management)占 42%。米格尔·达维拉成为公司(唯一一个)执行总裁,阿道福·法斯利特留下做公司顾问,而马特·海曼最终回美国了。

十年来与 Cinemex 共赴时艰的 J. P. 摩根公司对这项协定很满意。摩根发言人说,"这次是投资拉美公司的成功典范。"

马特·海曼得知 J. P. 摩根公司把自己看成代表人物,不由地暗自笑起来:

> 你看 J. P. 摩根公司 2002 年的年度报告的话,第 8 页就能看到我们和我们的小破公司 Cinemex。顺便提一下,摩根这一年运营不佳,所以我们才落得如此下场。真有点儿搞笑。

这篇报告提到,米格尔·达维拉继续效力 Cinemex,阿道福·法斯利特和他以前的公司商议,在房地产业寻找新的机会。马特·海曼在比斯坎岛(Key Biscayne)海边住了一年后,搬回洛杉矶。他早就想买辆保时捷 911(Porsche 911),这会儿终于买了,整天开着:金属黑和米色,全皮,全副武装的内部设施。"棒极了,"他平静地说。

回首在 Cinemex 的日子,海曼百感交集。他说,"我挣的钱比预想

276

的多，但花的时间也比预想的长啊。他很想念达维拉和法斯利特，十年里彼此相处得那么融洽。他也很怀念电影业。记得过去他曾经打赌说，《蜘蛛侠》(*Spiderman*)比《泰坦尼克号》(*Titanic*)卖座，后来果然如此。当时的得意和满足，现在还让他非常怀念。他骄傲地说，"世界上只有墨西哥一个国家的《蜘蛛侠》比《泰坦尼克号》卖座。"

话说回来，他现在确实很有钱，可以待在家里什么都不用干，跟自己四岁的孩子一起玩。

但他发现自己闲不住，想找点事做，觉得真不可思议。"我得找点什么做，"他的声音里透着几分不安分，"再这样闲下去，我就要疯了！你知道吗？"

第十章　超乎寻常的学习小组

哈佛商学院的学生参加学习小组不外乎两个原因,一是为了丰富他们的教育经历,二是为了顺利通过一年级课程。

在 MBA 课程第一学期的一开始,即便是最有自信的 MBA 申请人也很清楚,只依靠他们自己在课堂上的一些奇思妙想是不会出彩的。每个人都有自己的强项和不足,这一点可以在以事实说话的课堂讨论中表现出来。所以在自己深思熟虑之后,在课堂讨论之前,最好的办法就是组织一个学习小组去研究案例,这些成员趣味相投,又可以相得益彰。

我们接下来要说的这个学习小组成立于 1995 年秋天,特别之处在于这三个小组成员在这段学习经历中成了好朋友。在哈佛商学院老师、同学、校友的帮助下,这三个小组成员——戴夫·佩里、施蒂格·莱施利和保罗·孔福尔蒂——继续着他们的辉煌。[1]

初相识

1995 年 9 月,每个早晨 7 点钟在快思捷餐厅总是能看到 5 个刚刚入学的 MBA 学生——克里斯·克莫伊恩(Chris Kermoian)、贝丝·迈因哈特(Beth Minehart)、保罗·孔福尔蒂、戴夫·佩里和 A. J. 森(A. J.

第十章

Sen)。他们前一天晚上都熬夜看案例，早晨揉着惺忪的睡眼，随便吃点东西再喝上一杯咖啡，马上开始对照各自的笔记。

他们几个凑在一起纯属偶然。克莫伊恩和孔福尔蒂是室友，迈因哈特住在他楼下。但说不清是什么原因他们会拉佩里和森入伙，这两人住在宿舍楼的另一端。

虽然这五个人的组合并没有什么逻辑可言，但却相得益彰。克莫伊恩是科学家出身；佩里是个来自油田的化学工程师；森是电子工程师；迈因哈特曾经干过市场和销售；而孔福尔蒂有管理和金融学的背景。

学习小组是自由组合，他们中的成员也是可以随时变化的。对这个小组而言，森最后退出了，一个名叫施蒂格·莱施利的代替了森，莱施利刚刚被哈佛录取，同时攻法学博士和工商管理硕士联合学位，他为人有点保守，而且酷爱音乐。

在这个学年中，小组成员不仅学到了有关商业的知识，也从相互的学习中，更深地了解了自己。保罗·孔福尔蒂就是个例子。原来一向认为自己是"雄心勃勃"的，但在认识戴夫·佩里之后，他被佩里的"超级驱动力"震撼了，认识到自己还不是最"雄心勃勃的"。而佩里本人，总觉得自己智商很高，然而他拉莱施利入伙的部分原因就是因为这家伙是他见过的最聪明的人。

如果你遇到比你聪明的人，在大吃一惊之后，可能最好的办法就是每天上午喝咖啡的时候同他聊聊天。

逃出炼油厂

戴夫·佩里出生地被他戏称为"偏僻的地方"：阿肯色州（Arkansas）的布恩县（Boone County）。

他家是做生意的。他父母在这个州南部的一个名叫马格诺利亚

超乎寻常的学习小组

(Magnolia)的小村庄卖农用石灰和化肥。店铺就在他家隔壁,其实办公室就设在家中。可以想象佩里的童年一直在和仓库、卡车还有来来回回的化学肥料打交道。他父亲负责对外经营,而母亲则负责记账。

佩里在6岁的时候就已经开始给父亲打下手了。他的工钱是一小时两毛五分钱。很快他就学会了开拖拉机,成为当地的一道风景线。人们喜欢看这个小家伙开着拖拉机来来回回给那些等着的卡车卸化肥。每年他父亲都会给他涨工资,每小时涨两毛五。到12岁他往农场运货时,工资已经涨到一小时1.75美元。一年以后,他父亲心脏病康复之前,他替父亲管了几个礼拜店铺。

当佩里14岁的时候,全家搬到了阿肯色州东北部的哈里森(Harrison),但有一些东西并没有变。这十几年的经历,让他学会了怎么挣钱和存钱。

> 我不知道该怎么花这些钱,因为没有什么花钱的地方。到14岁之前我没有去过电影院。父亲也不让我买车。在我1986年高中毕业的时候,我已经攒了几千美元了。

遗憾的是,这些钱并不够他走出哈里森的费用。尽管父母亲清楚接受高等教育的重要性,但他们没有那么多钱来负担佩里上大学的所有费用。好在佩里高中成绩优异,美国空军军官学校(Air Force Academy)录取了他,并且学费全免,唯一条件是他从此要成为一名军人。他没有放过这次机会,回忆当时的情形,他说:"18岁的小青年,有机会成为战斗机驾驶员,这太让人兴奋了!"

但佩里很快发现自己并不喜欢军校统一管理的生活:早晨五点起床,六点接受检查,统一的制服和一日三餐,还有很多制度规定新生只能和谁谁谁说话,哪些地方新生不能去,等等。佩里说:"事实上,没有人喜欢这样,但是有些人遵守得好,有些人遵守得差。我就属于遵守得差的那种。"

281

第十章

　　该说橄榄球赛中的那次受伤了。在佩里受伤之前,他总把自己想象成为电影《壮志凌云》(Top Gun) 中的汤姆·克鲁斯(Tom Cruise);但当时他知道如果继续待在空军军官学校,可能要到北达科他州(North Dakota)服满兵役,看守导弹发射井。在学校待了两年之后,1988年他决定退学。不顾父母的强烈反对,他转到了塔尔萨大学(University of Tulsa)。

　　佩里1990年从塔尔萨大学毕业,拿到了化学工程的学位。毕业以后在埃克森公司的贝尼卡炼油厂(Exxon's Benica oil refinery)工作,这个炼油厂规模不大,离旧金山不远。佩里在这工作了五年,其间炼油厂的很大一部分工作和几百员工都归他管。

　　但佩里发现自己又不安分了。炼油厂每年都以1%的速度增长。这意味着只有他的上司不干了他才能有提拔的可能。他说:"你22岁的时候成为一名工程师,而且永远都不会再被提拔了,这就是现实。"去几个当地高新技术公司的面试也无疾而终,佩里始终找不到发展空间很大的工作。佩里的小炼油厂比英特尔的整个芯片厂都大,但没有人会把英特尔的厂交给一个26岁稚气未脱的男孩子。

　　佩里觉得是接受继续教育的时候了。他想去哈佛商学院。知道了戴夫的新想法,去哈佛拿一个工商管理硕士学位在阿肯色州的父母觉得挺难过。

　　佩里1995年秋天进了哈佛,一心想自己开公司。他想要开一个早期以做技术为基础的公司,但是公司采用什么模式他还一头雾水。哈佛商学院第一年的课程主要集中在一些实用技能的学习上,和他先前的经历并没有多大关系。他回忆说:"我知道了怎么样雇用和解雇员工,我也学会了在夜间两百英尺高的塔尖如何检查焊接效果,但我对公司融资仍旧一窍不通。"

　　另一方面,不像别的同学,佩里不止关注学术界,他在炼油厂五年的经历——尤其是在他即将离开炼油厂之前遭遇的一系列爆炸和火灾——使他知道自己在离开哈佛之后想要做什么。

丹麦人在美国

施蒂格·莱施利的父母决定离开丹麦定居美国的时候，他只有10岁。他的父母成长于只能勉强度日，谈不上多少温饱的二战时期，后来经过努力跻身到中产阶级的行列。1979年，他们对北欧国家实施福利限制的政策很失望，于是加入了20世纪70年代斯堪地那维亚人移民美国的浪潮中。

尽管施蒂格和他的三个兄弟不会说英语，还是被新泽西州普林斯顿（Princeton）的一所公立学校录取了。大概到八年级的时候，施蒂格意识到自己很喜欢学校。学校是一个任人唯贤的地方：你越是聪颖越是努力，你就可以做得最好。他勤勉有加，于是这个操着轻微口音的男孩子成了1988届普林斯顿高中毕业班致告别词的学生。

莱施利顺理成章地被普林斯顿大学录取，他的专业是文学，还想继续考取硕士。同时他利用暑假时间打工来负担自己的学费。有一年暑假，他靠给普林斯顿的学生保管家具挣学费。他说：

> 我是普林斯顿大学家具保管和地毯清洁的创始人和管理人。这项工作要把家具都塞进租来的20辆拖拉机拖车里。我把所有的地毯都放到其中一辆拖车里面。盛夏8月，我和我的10个弟兄把所有的地毯铺在体育馆的人行道上一块儿洗。想健身吗？试试8月在新泽西州的停车场洗150块地毯，这绝对是一种好的健身方法。

毕业时，莱施利获得最优等毕业生（Summa Cum Laude），同时也是

第十章

全美大学优等生荣誉协会(Phi Beta Kappa)的成员,这样他在麦肯锡找到了一份不错的工作。令人费解的是他在大学期间的清洗地毯似乎余音未绝。他回忆说:"我学的是文学,但麦肯锡的人好像并不愿意谈文学,事实是他们一直在谈论我在8月洗地毯的事。"但麦肯锡的人不知道莱施利已经给自己留了后路,在大四的时候他已经申请了哈佛的法学院,并且已经被录取了。但他推迟了入学,开始在麦肯锡的咨询工作中积累经验。

他很快发现在麦肯锡的部分生活是他向往的。[他参与了美国电话电报公司和洛里拉德(Lorillard)烟草公司的咨询项目;他学会了如何更有逻辑性地思考问题;同时也很喜欢和麦肯锡的同事待在一起。]但是仍有一些他不喜欢的东西,他自己也承认:"他并不喜欢给委托人提供服务。"

更为重要的是,他总是被种族、贫困和社会等级这些问题所困扰,而且让他越来越烦。在丹麦时,莱施利很少遇到比他们家穷的人。但在美国,即便你很幸运地在麦肯锡春风得意,似乎也摆脱不了贫穷。这种社会不平等现象加上莱施利对他的第二故乡新泽西的热爱促使他选择了另外一条道路。他是这样解释的:"我想让一切都好起来,所以我决定在公立学校找个工作。"莱施利再一次推迟了哈佛的入学时间,并且开始着手联系公立学校。

由于没有教师资格证使他的计划受挫。没去成内城的公立学校,莱施利最终到哈莱姆(Harlem)中心区的圣马可教会学校(St. Mark the Evangelist School)当校长助理,这个学校就在哈莱姆医院的北边。圣马可学校成立于1912年,学生从幼稚园到八年级,大部分都是穷苦的黑人孩子。因为资助圣马可学校的教区已经濒临破产,所以像内城的很多天主教学校一样,圣马可也面临财政危机。莱施利回忆,正是这样的现实决定了他每天的生活:

超乎寻常的学习小组

这儿的负责人是凯瑟琳(Catherine)修女,她对我说:"你当然可以在这儿教书,可其实我们并不需要老师。我们真正需要的是知道怎么样修屋顶。"

这一年在我的一生中都是不寻常的一年,我努力让这个学校运转下去。从这个意义上说,这不是一所典型的天主教学校。这儿80%的孩子是浸信教徒,还有一些穆斯林。这些孩子都叫我"史蒂夫修士(Brother Steve)",因为我是哈莱姆区唯一的白人男修道士,叫"史蒂夫"是因为和他们听到的"施蒂格"很接近。

"史蒂夫修士"愿意从基层工作做起。多亏了在麦肯锡的工作经历,使他能够更有条理地解决问题。他觉得应该建立一些法律机制来帮助像圣马可一样的学校。最终,他帮助纽约的大主教辖区创建了一个项目,这个项目中的校长助理都是一些年轻专家,这些专家和一些能勉强维持下去的学校一起在这个项目中签了名。到今天,年轻的投资银行家和顾问已经开始在纽约市十个教区做"修屋顶"的工作了。

同时,莱施利决定去完成已经延误两次的哈佛入学计划:攻读法学士和工商管理硕士联合学位。(他笑着说:"MBA的推荐信是凯瑟琳修女给我写的,也许这是所有推荐信中最与众不同的结尾,'为你祈祷。'")莱施利1994年秋天开始在哈佛法学院学习,他脑海里只有一个模糊的想法,那就是要成为一名世界一流的法律教授。

但在1995年夏天,也就是他在法学院的第一年和在商学院的第一年之间,莱施利在一个法律公司实习,这段经历让他重新思考自己今后的职业道路。在圣马可的那一年让他知道,如果不从事自己真正喜欢的工作就不会幸福。在麦肯锡做咨询不是他想要的,成为纽约成功律师或者法律教授也不尽如人意。似乎还差那么一点儿,可到底会是什么呢?

1995年秋,在商学院学习的前几周,一个名叫戴夫·佩里的化学工

第十章

程师邀请莱施利加入他们新成立的学习小组。莱施利喜欢也很敬重佩里的为人,同时他也发现商学院的案例分析法和他以前在查尔斯河对岸(哈佛法学院里)遇到的情况完全不同。所以他很高兴能和佩里以及他的朋友——克莫伊恩、迈因哈特和孔福尔蒂一起坐在快思捷的餐桌上攻克案例。

海边的故乡

就像戴夫·佩里和施蒂格·莱施利一样,保罗·孔福尔蒂的家境也好不到哪儿去:为了让孩子少受点罪,父母不得不起早贪黑。

他出生在罗德岛州的克兰斯顿(Cranston)。他最早的记忆就是父母亲都要上班,母亲为了给家里赚点外快选择了上夜班,父亲在几个不同的设备供应公司担任销售工程师。当公司搬走以后,父亲就下岗了。之后他在一个叫罗州大洋便利店(Ocean State Job Lot)的公司管仓库,这个公司规模虽然不大,但朝气蓬勃。公司是打折零售店,主要卖一些已经不生产的或生产过剩的抑或是取消订单的产品。父亲在夜校考了一个人力资源管理的证书,并且在罗州大洋便利店开始负责人力资源工作。说起父亲,保罗一脸骄傲:

> 他有两条准则:"尽最大努力"和"谁会在乎一点点小瑕疵?"换句话说,你拼命工作,尽了自己最大的努力,谁会在乎一点点小瑕疵? 因为你已经尽力了。

保罗·孔福尔蒂在克兰斯顿公立学校的成绩很好,可毕业以后他不清楚自己究竟想干什么。他申请了少数几个文科学校,同时也申请了伦斯勒理工学院(Rensselaer Polytechnic Institute)。当申请开始生效时,他开始倾向学商,而在他申请的所有学校中,莱塞拉尔理工学院是唯一一所有商学专业的学校。就是这样一个偶然的机遇,让他开始了在纽约州的特洛伊市(Troy)的生活。

孔福尔蒂在伦斯勒理工学院的成绩很好(毕业时获得了最优等毕业生荣誉)。大四那年,他当上了学生会主席。这个学生会是学生自治机构的一个分支,负责经营一些与学生有关的商业活动,每年的收入大约有650万美元。通过这段经历,孔福尔蒂确定了商业就是他的兴趣所在,在离开学校以前,他告诉自己,不久的将来他一定会去哈佛读商学院。

首先,孔福尔蒂需要一些实战经验。他在康涅狄格州的哈特福德市(Hartford, Connecticut)的一个旅行保险公司待了一年半,主要负责全面质量管理(Total Quality Management)项目。其间,25个健康索赔处和12个牙科索赔处要合并成一个超级中心,他参与了这一项目。在这个项目快结束时,孔福尔蒂提出要单独负责一个超级中心,就这样,在孔福尔蒂22岁时,他已经成为一个手下有40人的小头头,这个超级中心位于纽约州奥尔巴尼市(Albany)。孔福尔蒂回忆起这段经历觉得真是痛并快乐着:

> 在索赔中心你通常不会接到赞扬你工作的电话,在交涉的最后让他们改变主意,重现笑容,这样的工作经常让我气不打一处来。

慢慢地,大都会人寿保险公司(Metropolitan Life)抢了旅行保险公司的一些生意,同时要求把孔福尔蒂的超级中心合并到大都会中去。孔福尔蒂也从奥尔巴尼来到了尤蒂卡(Utica),负责一个拥有250名员工和营业额1,400万美元的分公司。接下来的七个月,在他的带领下,尤蒂卡分公司逐渐步入正轨,同时他一直没有放弃他的夙愿,于是向哈佛商学院递交了申请书,并被批准入学。

第十章

策划竞赛

当莱施利、佩里和孔福尔蒂聚在一起喝咖啡的时候,他们想在案例分析和一年级的功课中名列前茅,同时两名二年级的学生正在用另外一种方式和他们竞争。乔希·勒纳(Josh Lerner)教授在选修课上要求比尔·纳西(Bill Nussey)和艾莉森·伯克利(Alison Berkley)(两人都是1996届MBA学生)写一篇关于风险投资和私募股权的论文。

伯克利是一个天生的企业家,从她很小的时候,她就开始涉足商业,卖过的产品从发夹到文具都有。在她入学前不久,1995年的秋天,她被选为小企业和创业俱乐部的主席。这个俱乐部是校园里最大的俱乐部之一,拥有350位会员。

在他们查找论文资料的时候,纳西和伯克利发现麻省理工学院几年来都在举办商业计划书竞赛,这个竞赛面向所有学生。纳西和伯克利注意到在1996年,这个竞赛一等奖的奖金已经从一万美元涨到了五万,同时这一活动也得到了许多媒体的关注。

伯克利回忆说:"在我们看来,哈佛商学院要落伍了。"哈佛商学院为什么不能有自己的比赛呢?为什么不能让风险资本家来出赞助呢?这些资本家预先就能了解哈佛商学院二年级学生的一些奇思妙想,这不是一举两得吗?

勒纳教授批准了这个实地考察题目。纳西和伯克利着手研究其他学校怎样组织商业计划竞赛,另外还引导同学们培养创业意识,这对学生和学校都有利。他们希望能找一些专业的投资者(包括学生、教职工和校友)作为竞赛评委。同时他们研究了各种融资机制,以保证同学们兴趣高涨、积极参与。

对于纳西和伯克利来说,这不仅仅是一个学业练习,他们很希望学院能接受并开始实施这一想法。但是这超出了一个二年级学生的研究

超乎寻常的学习小组

领域。如果想让学院把他们的想法变成现实，至少必须得到两个人的同意——比尔·萨尔曼教授和院长金·克拉克教授（Kim Clark）。

比尔·萨尔曼不是创业成员小组正式的头儿。他出生在一个企业世家。他之前的两代人一直经营着一个虾产品公司，公司总部位于坦帕。正是受这些因素的影响，萨尔曼在普林斯顿大学选择了经济学专业。在大学期间，他对股市和投资产生了浓厚的兴趣，于是毕业后申请了哈佛商学院，学院接受了他，但是入学时间要延迟两年，这样他就有机会去积累一些工作经验。

萨尔曼在纽约一家证券分析公司待了一年，他觉得一年的锻炼就足够了，于是他给哈佛商学院写了一封信说他这一年时间已经学到了他所需要的一切，最终他被批准提前一年入学，在1973年的秋天萨尔曼来到了哈佛的兵场园。

那年并不适合学习，越南战争爆发，到处都充斥着怒火和分裂。22岁的萨尔曼是1973年秋季入学的MBA学生中年龄最小的之一。同时入学的还有一大批在东南亚完成任务归来的同学。萨尔曼说："他们是真正的男人，而我只是一个稚气未脱的男孩子。"但他并没有感到拘束。毕竟在华尔街的时候他已经分析了一百宗生意，对于生意是如何操作的，他比班上任何一个同学都清楚。但对于整个社会是怎么运作的，班上的同学都远远比萨尔曼要懂得多。

萨尔曼是一个俯瞰者（Skydecker）——这是哈佛对每次上课都有意坐在教室后排的同学的戏称。萨尔曼有位同学，上课的时候总是坐在离教授很近的位置，他到现在都能记起萨尔曼在课堂上的特别表现：

> 萨尔曼既聪明又有洞察力。他坐在教室的最后但总是会发表一些出人意料和极具讽刺意味的评论。他会和教授争辩，因为他聪颖过人，总是不会受到惩罚。
>
> 他是班上真正的年轻人，但他给人的感觉总像40岁的家

289

第十章

伙。他就像一个坐在后排的老人,总是告诉我们:"你们这帮人做得不对。"所以我们总是和他争辩。

萨尔曼喜欢第一年的大部分课程。到了二年级,他选了新企业的创建这门课。他很喜欢这门课,不幸的是,这种热情起了副作用。菲尔·瑟斯顿(Phil Thurston)教他们创业学的课程,他是学院生产领域的老手。第一节课瑟斯顿就激怒了萨尔曼:

> 这是一门关于进出口方面的商务课,老师是一个老水兵,非常非常强悍,对我们说:"做生意就是要获胜,为了获胜不惜使用任何方法。"我很讨厌这个人,在我看来,他就是所有商业课反面典型的象征。当天下午我就回家和我的妻子卡萝尔(Carol)说:"我讨厌学这个,我要退学去找工作!"

卡萝尔·萨尔曼建议丈夫不要这么轻易就放弃商学院。事实是萨尔曼处在他一生中的重大转折点:从一个叛逆的二年级学生到一个教师的候选人。由于他在几位金融教授手下帮忙,这些教授包括杰伊·莱特(Jay Light)、罗伯特·格劳伯(Robert Glauber)和戈登·唐纳森(Gordon Donaldson),同时萨尔曼在霍华德·史蒂文森教授的课堂上表现突出,使他最终有了这个机会。在他们的鼓励下,他申请到了研读商业经济学博士和工商管理博士学位的机会。

另一件意想不到的事发生了。罗伯特·格劳伯邀请萨尔曼和他去瑞士待一年,和他一起做项目。学院那年派了一组实力很强的人去了沃韦(Vevey)基地。萨尔曼回忆起来这一年确实不虚此行。他说:"我写了20个案例,遍布整个欧洲,从奥斯陆(Oslo)到米兰(Milan)。我在和一群有意思的人做一些有意思的事,同时学到了很多关于欧洲商业的东西,这些和美国的商业非常不同。"

回到美国以后,萨尔曼开始读商业经济的博士课程,然后和在坎布里奇的哈佛名人一起工作了一年。这些人中有迈克尔·斯彭斯(Michael Spence)、马丁·费尔德斯坦(Martin Feldstein)、杰尔姆·格林(Jerome Green)和理查德·凯夫斯(Richard Caves)。他花了很长的时间写论文，写的是关于投资和财政决策。他回忆说："我的论文研究了很多数据和等式，但我得说，这些统统没用。"

萨尔曼在1980年开始教哈佛商学院一年级的金融学。这段经历并不是很成功：

> 如果说起我的课程考评，我敢确定我总是有一到两项低于平均水平。在当时，我的想法就是我比任何人都懂得多，所以我会和我的学生据理力争。如果我不同意学生的某些想法，就会和他们一比高下。一小部分学生喜欢这样，但绝大多数人对这种教学方式恨之入骨。

在1982年，当萨尔曼还在和一年级的MBA学生较劲的时候，霍华德·史蒂文森问他是否可以为自己即将到来的学术会议写一篇关于创业者如何看待金融学的小文章。萨尔曼感觉到这篇文章可以把自己长久以来的兴趣所在集中到一起，所以欣然接受。

几位金融学方面的教授告诉萨尔曼不要卷入创业学领域，当时这个领域只有史蒂文森一个人在研究。萨尔曼现在回忆："他们给了我明确的意见，那就是这是生死攸关的，至少也是对职业生涯有威胁的。"这些意见并没有吓住萨尔曼，他抓住了史蒂文森给他的机会，表达了自己对新成立和成长企业的融资问题的一些想法。结果证明，这不仅仅是一篇文章，也成为二年级学生的一门选修课。萨尔曼在1984年把创业金融学这门课引进了哈佛商学院。不久之后，他离开了金融组，加入了霍华德·史蒂文森的教研组。

结果证明，创业金融学在当时是一门很成功的课程。选课的学生有很多，这是头一回，学生都给了萨尔曼很高的分数。（他承认："这是一次

第十章

很好的转变。")这样的成绩也使萨尔曼从助教提拔到副教授,之后又成为了教授。提拔间隔时间比较短,这使得学院开始议论创业学作为一个研究领域是否取得了合法身份,还有开发一门好的课程是否就可以使教师获得终身职位。萨尔曼的成功似乎对这两个问题都做了肯定回答。

20世纪90年代初的几年,史蒂文森和萨尔曼在创业学领域建成了一支既独立又充满活力的教师队伍。在几个年轻骨干的帮助下,他们改进和拓宽了史蒂文森十年前就提出的关于创业学的理论。比如史蒂文森列出了五条关于创业者的行为,萨尔曼又补充了一条:强调团队奖励,而不是层级奖励。作为萨尔曼呕心沥血的成果,创业金融学这门课程最终也没有让他失望,选这门课的学生与日俱增,经常爆满。同时,其他教研小组也意识到20世纪90年代中期的经济中的确存在这样一个新的动态,所以他们也开始把创业者这一概念引入自己的课程当中去。

由于上层领导的调整,创业学的领域的建设也有了一些变动。在过去的15年,约翰·麦克阿瑟院长给了史蒂文森和萨尔曼强有力的支持。但在1995年秋天,麦克阿瑟辞职了,接替他的是金·克拉克。

萨尔曼谨慎地观望这次调整。在担任院长之前,克拉克担任TOM(Technology and Operations Management)教研组组长。萨尔曼很长时间没和这个组的人联系了。TOM组是个作风严谨的小组,他们总是聚在摩根楼(Morgan Hall)的地下室里,主要研究一些实际的、具体的和操作性较强的问题;金融和竞争策略并不是他们经常考虑的问题。金·克拉克留给萨尔曼的印象就是亲切和蔼,善于言辞。TOM的同事对他评价也颇高,另外他和哈佛经济学系也有很深的渊源。

萨尔曼也了解到克拉克因为调查汽车行业的生产效率而名声在外。所以当克拉克叫萨尔曼去谈话时,他还是有些担心的。就像之前的多数院长一样,萨尔曼听说新院长对于创业学能否作为一个专门的领域去研究还持怀疑态度。毕竟汽车工业成为创业者的温床不是也经历了一个世纪吗？新院长会阻止萨尔曼冒险进入危险领域吗？

结果答案是否定的，这让萨尔曼松了一口气。的确，克拉克对生产效率一直有兴趣，汽车工业也的确是他拓展兴趣的主要实验场所之一。但是生产效率问题也导致了需要考虑技术转型、技术创新和产品升级等的管理问题，这些问题也把克拉克领入了其他领域：如药学、医疗器械、软件、磁盘驱动器和消费者包装商品等领域。

事实上，在上任院长之前，克拉克领军的 TOM 组已经开始集中研究商业动态学。克拉克是这样解释的：

> 我们认为掌握动态对商业越来越重要——比如要改变产品、带来新的东西、引进新的技术、打入新的市场等等。事实上，我们做的这些工作已经很清楚地说明了一个问题——那就是即使是在一个相对稳定的商业领域，哪些公司能更好地掌握商业动态，哪些公司就在市场竞争中获得更大的优势。

就像克拉克说的那样，能否处理好这些变化对于发展迅速的硅谷产业来说是至关重要的，但对于像福特和通用汽车（General Motors）这样的公司也同等重要。学校设置这样课程的意义是巨大的。非但没有阻止，克拉克希望霍华德·史蒂文森和比尔·萨尔曼加倍努力。

他告诉还在吃惊的萨尔曼说："你在做一件伟大的事情，问题是，你做了还不到一半的工作。"如果真的像霍华德·史蒂文森说的那样，在 20 世纪末和 21 世纪初，创业会成为一种新的管理模式，那么创业学小组就应该扩展到整个哈佛商学院。

1996 年春，哈佛商学院商业计划竞赛的忠实拥护者艾莉森·伯克利和比尔·纳西把他们的提议交给比尔·萨尔曼和金·克拉克，像在等待最后的裁决。

萨尔曼已经对现实中的商业计划做过很多系统思考，很清楚地看到这些计划的局限性。他觉得计划本身的重要性是第二位的，做计划的人

第十章

才是最重要的变量。

当我看他们的计划的时候,我先看的是他们的简历。我的疑问是:"这两个人过去做过什么让我有理由相信他们将来能做一些有意义的事?"如果我能得到一个满意的答案,我才会看他们的计划。

萨尔曼甚至怀疑在二年级学生中举办这种商业计划竞赛的价值。他认为,商业计划和设计者的经验和专业技能有很大关系。换句话说,不了解实业的人做不了商业计划。大多数商学院的学生都很年轻而且缺乏经验。缺乏这些领域的专业知识,这些商学院的学生写的计划都会把重点放在如何进行有效的交流,而不是如何设计一个可行的计划上。

萨尔曼告诉纳西和伯克利,另外一个反对商业计划比赛的原因是这样做可能会分散二年级学生的精力。商业计划什么时候写都可以,但在哈佛选课的机会却绝无仅有。至少有一些学生会做出从长远来看不明智的选择。

伯克利承认:"学院最大的担心就是可能会分散学生的精力。他们担心学生会用整个二年级来研究商用的发射台,最后却发现这个研究是不可能实现的。这种担心并不是多余的。"

院长克拉克也对商业计划竞赛持保留意见。他告诉伯克利他决定把学院的教学使命放在首位,不能因小失大,即使这所谓的"小"是学生们大声要求举办的比赛。他还指出让学院批准商业计划比赛是存在风险的。如果这个商业计划以惨败而收场呢?这会不会对学院有负面影响呢?那些被学院误导的投资方会作何感想呢?如果哈佛允许第三方为参赛者提供类似资助的服务,是否意味着哈佛批准第三方介入这个商业计划竞赛呢?上升到理论角度来说,哈佛应该自己给竞赛优胜者颁发奖金,还是允许外人来出这个钱?

纳西和伯克利同萨尔曼教授一起用了几个月的时间重新修订了他

们的提议,修订后的提议更容易被学院接受。评议过程简单化,奖金分配更为广泛。原先规定只是冠军获得一大笔奖金,现在改为冠军获得两万美元奖励的同时,三名亚军分别都获得一万美元的奖励。更为重大的变化是商业计划需要有学术证明,这就要求学院老师保证参赛组的学术水平,同时也把竞赛和学院的学术主流紧密联系起来。

萨尔曼补充说:"我们想把它变为既教育老师又教育学生的一种方式。如果学院老师参与到评判这些计划的行列当中,他们就会不由得在看问题的角度上达成一致。"

纳西和伯克利1996年7月毕业,但是商业计划竞赛的策划一直持续到那年秋天。[珍妮弗·斯科特(Jennifer Scott)和戴维·罗森布拉特(David Rosenblatt)从他们手中接过了接力棒]这个竞赛的重点越来越倾向于帮助学生学习如何在一个小规模但高效的小组里工作,同时要求小组的想法有发展空间并且可以用做商业用途。还要求小组必须有某个领域的专业知识。如果他们没有专业知识,至少也要有获得的途径。

哈佛商学院商业计划竞赛终于在1996年秋天宣布开赛。学院鼓励对此次竞赛感兴趣的二年级学生自己分成小组参加12月份的正式比赛。

保罗·孔福尔蒂和戴夫·佩里,作为三人学习小组的发起人,已经有了关于商业的明确想法。这次竞赛的挑战之处正是他们被吸引之处,同时两万美元的冠军奖金可以作为他们投资的种子基金(孔福尔蒂和佩里都没打算得亚军)。为什么不试试在这个新的竞赛中获得冠军呢?

甜品房计划

保罗·孔福尔蒂清楚记得他第一次意识到自己以后会投资餐饮业的那个时刻。

第十章

他当时在哈特福德的旅行者（Travelers）公司总部工作，每天都会路过同一个饭店。有一天他停在人行道旁边，透过这家饭店的窗户看到了自己，突然他有一种强烈的预感，觉得自己在未来的某一天一定会成为一个餐馆老板。他把自己的预感写进了给哈佛的申请书中，在信的末尾他写道在毕业以后他一定会开一家自己的餐馆。

从踏进哈佛那天起，孔福尔蒂满脑子就都是开餐馆的想法。读MBA的第一年，他花了很多时间和同学讨论如何才能实现他的梦想。有一天晚上学习小组在哈佛广场的加州比萨房（California Pizza Kitchen）开会，做甜点生意的想法进入他的脑海里。孔福尔蒂说：

> 每个人都在谈论甜点的科学性和开胃菜比如鸡和牛排等等的不科学性。饭后甜点是非常有科学依据的，食谱上也是这么说的。
>
> 我们接着想到可以先把甜点冷冻起来然后运到各地。甜点是人人都喜欢的食品，可以和饮料一起出售，肯定有利可图。我告诉自己，做甜点生意值得研究一下。所以我整个一年级，一直到二年级都在琢磨这个想法。

二年级一开始，孔福尔蒂给他的每个同学都发了一封电子邮件，告诉他们自己想开一个以经营高质量甜点为主的餐馆，同时要做一个相关的商业计划。为了实现这个理想，他要做一年的实地考察。不知道其他同学是否对此感兴趣？

他的两个同学——克丽丝滕·克立兹沃斯基（Kristen Krzyzewski）和金·穆尔（Kim Moore）给了他肯定的回答。和孔福尔蒂一起，他们动员雷·戈德伯格教授（Ray Goldberg）赞助他们的这次实地考察，这位教授是农业产业化领域的权威。

真正开始的时候，克丽丝滕·克立兹沃斯基并不像孔福尔蒂那样适宜从事餐饮业。她在康奈尔大学（Cornell University）以优等生协会会员

超乎寻常的学习小组

(Phi Beta kappa)资格毕业,获得经济学学位。大学毕业之后她在 Crown Sterling Suites 公司效力四年,这是个酒店管理公司。她负责员工福利和风险管理体系。

金·穆尔似乎也注定不是从事餐饮业的。她出生在得克萨斯州的休斯敦,父亲是联合太平洋铁道公司(Union Pacific Railroad)的扳道工。最初金·穆尔想学医(后来迷上了有机化学)。1989年她从得克萨斯州大学毕业,获得了新闻学学位,之后她搬到了纽约,在美国广播公司(ABC News)担任了五年的制作人助理。这个工作很棒,但她知道接下来就会从事广播业的管理,这并不是她的兴趣所在。于是她决定转行:

> 我决定我要尝试一下我了解最少的领域,那就是商业界了。以前认识几个毕业于哈佛商学院的人,都很幽默。所以我也申请了哈佛商学院并被录取。

在1996年的夏天,也就是在哈佛一年级和二年级之间的那个暑假,她在总部设在美国德州圣安东尼奥的 H. E. Butt Grocery Company 食品公司找了一份工作。从哈佛商学院的信息管理系统得知,这是一个有着80亿资产的私有公司,因为对技术和零售业的掌控而名声在外。穆尔沉浸在零售业的房地产世界里,每天接触的都是每平方英尺销售额,还有其他一些关键性术语,尤其是和有形商品和食物有关的概念。金·穆尔说:"简单说就是我在零售业的世界里如鱼得水。"

孔福尔蒂、穆尔和克立兹沃斯基一起用了1996到1997年一年的绝大多数时间来研究餐馆的经济效益,他们不仅做了很多书面调查,而且也采访了很多餐馆老板。他们动用哈佛商学院所有的关系去寻找所有和餐饮业和食品零售业有关的人。穆尔回忆说:"我们的合作非常愉快,就像一位教授后来说的一样,我们掌握了他们了解的所有信息。"

哈佛商学院的商业计划竞赛在12月正式开始,孔福尔蒂、穆尔和克立兹沃斯基决定报名参加。经过酷暑寒冬,他们终于写成了一个叫甜品

第十章

房的商业计划,这个计划主要基于他们交给雷·戈德伯格教授的实地考察报告。

计划1997年春天交给这次竞赛的赞助商,最后的版本以想象开头:用了五段华丽的语言来描述在甜品房的一天。紧随其后的管理要点却很朴实:

> 甜品房服务周到、品质上乘、供应甜点和饮料(咖啡、茶、酒和雪碧)。还有一些具有本店特色的外带甜点、酒和配料。甜品房位于市中心人流较大的地区,周围都是高档住宅小区。管理层提出如下目标:
>
> - 1997年的第三季度确保有60万美元作为在波士顿开店的启动资金
> - 证明这种商业模式产生的单位产品销售额是100万美元,拥有35%的现金回报率
> - 到1999年底在东北部建立至少10个分店
> - 到2002年底发展成为有40个分店的全国连锁店,销售额达到5,000万美元

这个计划很有说服力,同时也不乏雄心壮志:五年内开40家分店。但如果比尔·萨尔曼把他对商业计划的第一个测试应用到这个特殊计划当中去——做计划的人是谁?他们是否可信?——的话,这个计划肯定不会给他留下深刻印象的。计划背后的简历上写得很清楚,三个人中没有一个有关于餐饮业方面的经验,甚至连零售业的经验也没有。考虑到这一点,孔福尔蒂三人在总结的末尾写了这么一段巧妙的话:

> 甜品房的创始人对餐饮业有很大热情,在服务操作、公共关系和重压之下工作都很有经验,在哈佛商学院接受教育。他们正在成立管理层和有丰富餐饮业经验的董事会。我们小组

将会有专业的管理和经营餐馆的经验,一定能好好把握这次机会。

换句话说:相信我们,我们一定会找到懂得经营餐馆的人。这三个未来的餐馆老板把他们的计划交给了竞赛组织者,等待着裁决。

B2B 景象

戴夫·佩里在哈佛完成了一年的学业后,在旧金山的咨询公司找了份工作。1996年8月初秋他结束了这项工作来到坎布里奇,想和几个分子生物学家一起成立名叫 Virogen 的生物技术公司。

当佩里开始在哈佛商学院的第二个年头时,他和生物学家的合作关系仍然继续,并且有逐渐加强的趋势。他的同学都担心他操劳过度——每周在生物技术公司工作20个小时,而且每天都排满了课——但他在这种压力下似乎干得很开心。曾经一度创业学课程他学得很吃力,但突然间,他好像开了窍。他解释说:"我要创业,所以要处理在实际中遇到的一切问题。我如何才能筹措到资金?我如何选择合适的员工?最终我交上了优异的学习成绩。"

就是在这样的情况下,佩里第一次听说了哈佛商学院的商业计划竞赛。他和他的三位同班同学组成一个参赛小组——乔恩·卡拉汉(Jon Callaghan),莉萨·詹森(Lisa Janssen)和他以前的小组成员施蒂格·莱施利。佩里回忆说:"乔恩有风险投资的背景,莉萨了解印刷业,当然了施蒂格就是施蒂格。"由佩里发起的这个四人小组,开始寻找合适的商业计划目标。

他们的第一个选择就是一个名叫创新伙伴(Innovation Partners)的公司,这是一个专业的信息交换所,负责把金点子推广到市场。佩里也发现到他办公室来的很多工程师都有很好的想法,但是并不知道如何

第十章

保护并使这些想法商业化。但服务企业的这种很难扩大规模的架构，在这一点上似乎行不通。

之后小组又想到另外一个主意。这是佩里在 Virogen 偶然发现的。在生命科学的研究中，挣钱多的都是分子生物学家。佩里惊讶地发现有些研究人员每周要花掉宝贵的五个小时（大概占工作时间的 10%）来搜索能做特殊化学品的公司产品目录，并寻找他们做实验所需要的原材料。

并不是所有的公司都能提供全部所需的化学制品，所以研究人员留着一个包含很多制作厂商的目录清单。尽管这些目录清单很长，但并没有太大用处。因为它们包含的信息很快就会过时，新的产品还没有包括在内。比较各个产品线的异同，是极其困难的。

由佩里领军的这个小组参加了 1996 年 12 月份的商业计划竞赛。他们原本打算给创新伙伴写个计划。但到了 2 月份，小组把研究重点转移到了被佩里称为 Chemdex 的概念上。Chemdex 介于生命科学化学制品的生产者和使用者之间，而且完全可以依靠网络来完成，可以"在线经销特殊化学制品、生化制品和化学药剂"。

在这个特殊的价值链中，已经有很成功的经销商了。事实上，他们当中大约有两百人已经印了所有的产品目录，接受电话预订，同时开始把他们的库存产品运往各地。但以互联网为技术基础的 Chemdex，将终结这些分销商的生意。Chemdex 能招揽顾客，部分原因是能提供确切的信息流。而且比起按邮购目录购物，网上购物要方便得多。

Chemdex 的第二个优势就是造成媒介作用的中断——也就是说去掉等式中的中间人。Chemdex 就是要绕过这些已经存在的经销商，把他们的利润重新分配到价值链的其他环节中。这些利润相当可观，从 40% 到 200% 不等。这样的话，大量的利润就转移到制造者和最终使用者身上，而其余的利润就是 Chemdex 的了。

佩里认为，同纽约证券交易所和航空预订系统（SABRE airline reservations system）相比，Chemdex会成大气候并且成为这个领域唯一的供应商。同时他认为最好的办法就是免收定金或折损费用。现在如果想进入某些数据库，他们已经开始收费，并且这个费用从中到高不等，虽然并没有一家可以提供最先进的交易系统。如果Chemdex可以研发出这样一种系统，而且免费，一定会很有竞争力。

在如今这个环境下，实现这个想法并不容易。尽管亚马逊、雅虎（Yahoo!）和网景（Netscape）这些公司已经将它们的成果公之于众——亚马逊公司在1997年4月的首次公开募股中有4,200万美元入账，上市当日，市场交易额达到了5.6亿美元。在网络创业真正繁荣之前，佩里和他的小组成员已经观察了整整一年这个以网络为基础的商业。的确，有些风险资本家把网络看做是一个巨大的商机。尽管在哈佛，大多数毕业生仍然在咨询公司或者是投资银行工作。

佩里认为自己绝对不是一个网络高手：

> 我在踏进哈佛商学院之前从来没有上过网。但我是一名工程师，我可以靠直觉理解技术。互联网公司并不是真正意义上的技术公司。互联网技术只能激发一种交易模式。最难的部分在于搞明白哪种交易模式可以用，哪种不能用。Chemdex只是一个我参与的生物技术公司的产物，我在学院一直在想的问题是：这是互联网上的哪种现象？它可以用哪种交易模式？

Chemdex采用与众不同的销售模式。像雅虎和网景这样的公司在商家对消费者模式舞台上已经很引人注目。但在1997年的春天，很少有创业者想到了商家对商家模式，后来该模式被简称为B2B（B to B）。

而戴夫·佩里就是最先预见到这种模式的人之一。

第十章

宣判日

金·穆尔说："将有一个神话就此诞生,那就是甜品房会赢得那年商业计划竞赛的冠军。但很遗憾,我们并没有获胜。"

在竞赛第一阶段,共 57 个组递交了他们的计划。之后筛选到 37 个,三个教授乔·莱斯特(Joe Lassiter)、麦克·罗伯茨和比尔·萨尔曼看了所有这 37 个计划,最终选出 10 个进入半决赛的小组名单,交给了竞赛评委。

甜品房被挡在了半决赛的门外。保罗·孔福尔蒂回头想想,从金融学角度来看,他们的计划并不是很有吸引力,同时互联网热把我们最后一点获胜的希望也抹杀掉了。

我们的 IT 计划对评委们并没有很大的吸引力,因为这些评委更关注高新技术领域。在早期,开餐馆的想法并不会吸引很多数量的风险投资。

和互联网相关的计划占了上风,佩里和施蒂格就抓住了这次机遇。最后他们选择了九个技术性的计划和一个非技术性的计划——但并不是我们。

戴夫·佩里的 Chemdex 计划是进入决赛的十个计划之一,并且也闯进了五月末举行的最后决赛。

1997 年 6 月 4 日是此次商业计划竞赛的开幕式。那年佩里是哈佛商学院里最忙碌的二年级学生。他仍然在 Virogen 生物工程公司每周工作 20 小时,还时不时地参加学院活动。他和他的小组成员——乔恩·卡拉汉、莉萨·詹森和施蒂格·莱施利一起在做 Chemdex 的收尾工作。

还有一件事情让佩里的生活变得更为复杂:他一直在努力使他的 Chemdex 计划变得真实可信。大多数参赛的选手,包括佩里的小组成员,都认为这次竞赛就是对将来现实生活中比赛的预演,通过参加这次

超乎寻常的学习小组

竞赛可以使他们很快参与并适应现实中的比赛。对佩里来说，Chemdex计划在实现的过程中，并且日期越来越近。

和甜品房计划小组一样，佩里的一部分任务就是去找学院的教授们，这些教授既要有一些相关的专业知识同时也要愿意和他聊天。马可·伊恩斯蒂（Marco Iansiti）教授是新产品研发方面的专家，是Chemdex计划的正式担保人，但佩里得到的支持远远不止这些。佩里回忆说："我可能和大概二三十个学院教授谈过。马可太棒了，乔·莱斯特和比尔·萨尔曼也很帮忙。那年从斯坦福大学工学院（Stanford Engineering School）来做客座教授的汤姆·科斯尼克（Tom Kosnik）也对我们帮助很大。"

同时，佩里也不仅仅局限于校内。他知道如果Chemdex要给网上经商建立一个新标准的话，必须有深厚的技术做背景。通过一个共同的朋友介绍，佩里拿到了加利福尼亚州一个名叫杰夫·利恩（Jeff Leane）的人的电话，利恩是一个出了名的技术奇才。佩里讲述了自己的计划并告诉利恩他已经从内布拉斯加州的一个投资者那里拿到了2.5万美元的种子基金。他还说他的近期目标就是赢得这次商业计划竞赛，并把奖金作为种子基金。佩里一再强调，Chemdex是一个真正的公司，但需要利恩的帮助才能把这个公司做起来。

计划和佩里本人都给利恩留下了深刻印象。利恩当时没有做决定，他一方面在加利福尼亚州做一些咨询工作，另一方面，也帮助佩里解决他商业计划中出现的技术细节问题。但没过多久，他就加入了佩里的阵营，加入了Chemdex，成为主要的技术顾问。

所有这些都发生在宣布商业计划竞赛冠军的前几周。七位评委又看了一遍这十个计划。哈佛商学院的很多校友还有不少公司的代表都通过捐赠实物或者其他方式表示了支持。

罗伯茨、莱斯特和萨尔曼收集了所有评委的意见，选出了参加最后

第十章

决赛的四个小组:美国兽医专家,提供照顾宠物的特殊方法;戴夫·佩里的Chemdex,为特殊化学制品的买卖双方提供一个网上交易市场;MST,提出保管服务产品的销售策略;还有Omnicom,提供的是一种传真交换技术。

6月4日,也就是哈佛毕业典礼的前一天。从比尔·纳西和艾莉森·伯克利手中接过接力棒的二年级学生戴维·罗森布拉特作为拥护这次竞赛的学生代表,第一个发言感谢此次竞赛的赞助商。之后他介绍了比尔·萨尔曼,最初纳西和伯克利开玩笑地把萨尔曼称为逼命式的质问者(why notted half to death),后来罗森布拉特也这样来称呼萨尔曼了。萨尔曼主要讲述了学院几年来如何认真对待创业学领域,由此促成了这次商业计划竞赛。

萨尔曼介绍了亨利·麦坎斯(Henry McCance,1966届MBA),本次竞赛的首席评委,同时也是总部在波士顿的著名风险投资公司Greylock的执行合伙人。麦坎斯说作为执行合伙人,他的工作之一就是招聘哈佛商学院的毕业生到Greylock工作。他很自豪地说当初上学时不喜欢比尔·萨尔曼的比尔·纳西已经签约到Greylock。他也表扬了参赛者,说他们的计划普遍质量都很高。同时他还补充说,有些计划认为很轻易就能找到必需的人才,还有一些对于现金流动和要过多久才能持续稳定赢利有点过于乐观。

他也对竞赛的机构设置以及与现实的不同之处做了说明:

> 几周以前,我用了一个周末的时间看这十个计划。我告诉自己,"我不想以此为生。"在Greylock,我们的投资方向就是:第一,人才;第二,人才;第三,人才。人才关系到小组的质量,他们是不是非常善于抓住创业机会。

对于未来的创业者,麦坎斯最后的意见是:"在你们公司的各个部门都要招你能招到的最优秀的人才。"麦坎斯说运气眷顾有才华的小组,所以成功会降临到有才华的人身上。

接下来,按照字母顺序,每个小组做十分钟的陈述介绍:美国兽医专家,Chemdex,MST 和 Omnicom。当兽医专家小组开始介绍时,戴夫·佩里坐在离主席台不远的地方,看上去很紧张。佩里的父母应他的要求,特地坐飞机赶到波士顿来看这次竞赛。这是他母亲第一次坐飞机,事实证明这次旅行颇费周折:从布恩县到密苏里州的斯普林菲尔德(Springfield Missouri)要开两个半小时的车,然后飞到丹佛(Denver),再从丹佛飞到波士顿。在丹佛转机的时间很紧,佩里作为美国联合航空公司(United Airlines)的常飞主顾,要求他们护送父母到转机的登机口。佩里做陈述介绍前半小时,父母终于抵达了学院,但佩里紧张的情绪并没有得到缓解,因为他比任何一个人都清楚整个计划的漏洞、缺陷和风险。

轮到佩里了,他独自一人来介绍整个计划。原则上说,这就是佩里的计划。他发现了这个市场机遇,(在三个小组成员的帮助下)打造了这个计划以及向大家介绍这个计划的方式。

一开始,佩里表现得很不安,当他准备用幻灯片做陈述介绍时,他很紧张地清了清嗓子。但很快他就投入到自己的角色当中。当谈论到 Chemdex 时,他很激动。他强调了他的计划仍处在不断变动之中,还说明自己现在已经有 2.5 万美元的种子基金(这是几周以前内布拉斯加州的支持者赞助的),同时也有几个重要人物加入了他们的行列(那时杰夫·利恩已经加入他们的行列——或者说正准备加入)。Chemdex 一定会成为现实,它将会给生命科学市场带来变革。他坐下的时候,现场掌声雷动。

第三个和第四个陈述介绍和第一个比较雷同:以小组为中心,更倾向于展示一个想法而不是事实。Omnicom 是最后一个组,这个组由四个年轻女士组成,她们都戴着印有 Omnicom 标志的棒球帽。和 Chem-

第十章

dex一样，Omnicom也是一个可行的商业计划，在电信业快速发展的今天，它的传真交换技术似乎很有潜力占有市场的份额。

很明显，在陈述介绍之前，评委也感觉到了这点。随着最后一个陈述介绍的结束，戴维·罗森布拉特宣布这次比赛的一等奖获得者是：Omnicom。

佩里说："我不记得自己听到结果时是不是很失望。"但他的朋友和同事知道佩里很失望——因为Chemdex没有成功而失望，因为他的父母从阿肯色州的哈里森专程来看他比赛，却只看到他拿了第二名。

然而，颁奖礼之后，马上有五个风险投资家向佩里递了名片。他回忆说："当我走出那个房间时，手里已经有了半打风险投资的名片。这才是我来这儿的真正目的。"

资金到位

对于戴夫·佩里来说，1997年的夏天是一个沮丧和紧巴的日子。尽管商业计划竞赛使他接触了五六家风险投资公司，但没有一家有结果的。他因为上学已经欠了17万美元的债，根本没有什么积蓄。同时他手头的资源也非常有限：来自内布拉斯加州的2.5万美元，还有竞赛获得的5,000美元奖金（另外5,000美元已经被竞赛赞助者捐了出去），而且这2.5万美元是分别存在三个人的信用卡里的。拿着这点有限的资金，佩里到处去寻觅风险基金。但钱很快见底了，这也就意味着Chemdex计划快要破产了。

让他没有想到的是，同学的一个电话给整个计划带来了转机。这位同学瞒着佩里，把一份Chemdex商业计划给了罗伯特·斯旺森（Robert Swanson）。斯旺森（不久就去世了）在西海岸被认为是神人（佩里后来说，这个称呼有玩笑的成分）。他当时是Kleiner Perkins风险投资公司的合伙人。在很多人看来，是斯旺森创立了基因工程技术公司（Genentech）。1997年夏天，斯旺森退休在家，想用自己的钱做一些投资。斯旺森想和佩里面谈，佩里欣然接受，他那周正好在湾区（The Bay Area）寻找基金。和他一同前往的还有他最新聘用的技术主管杰夫·利恩。

这是一次难忘的碰面。佩里回忆说：“他让我们早晨八九点钟去找他，我当天还要坐下午一点的飞机回波士顿，我觉得时间应该够。我们一见面，他说：'谈谈你自己吧。'我就说：'我有化学工程学位。'紧接着他打断我说：'我不是这个意思，告诉我你家是哪里的？'接下来的两个半小时，我们从我出生聊到我18岁成年，并没有说别的事。"

他把航班推到了下午三点。斯旺森继续和他聊佩里本人的背景、爱好、特长和雄心壮志。佩里把航班又推后两小时。佩里说，"这是一个关于戴夫·佩里和Chemdex计划的长时间交谈。"

在这个马拉松谈话的末尾，斯旺森说他对这个计划很感兴趣，他可以投资，前提是他必须让Chemdex计划小组成员外的人确定这个计划是否可行。还想知道佩里和利恩是否介意他把这个计划交给他在基因工程技术公司的朋友看看。佩里和利恩喜出望外，告诉斯旺森他们不介意。

乔恩·卡拉汉也在帮忙寻找风险基金。他是佩里Chemdex计划的小组成员，最近在@Ventures公司找了一份工作，@Ventures公司是总部设在马萨诸塞州的CMGI网络公司的一个分公司。CMGI公司因为大胆投资了一系列商家对消费者的网络模式而出名，其@Ventures公司在这些投资中扮演了非常活跃的重要角色。

卡拉汉是@Ventures西海岸办公室的新成员，他了解Chemdex计划也知道佩里的经济困难，同时他也觉得CMGI和@Ventures公司和他们的计划很合拍。但因为他在这个尚在想象中的计划中占有一席之地，他觉得自己有义务把这个机会介绍给他@Ventures公司的同事。

第十章

新的一轮磋商开始了。尽管 CMGI 公司和其他公司一样,在商家对消费者网络投资领域很有经验,但商家对商家模式对他们来说还是一个全新的领域。但在仔细看了 Chemdex 计划之后,@Ventures 公司向佩里和利恩提了一个要求,如果这个新公司同意做些改变的话他们就会投资。这些改变包括:把一些产品放到网上去展示公司有能力和卖主签约,成功处理交易,让买主签约等。

同时,从基因工程技术那边传来好消息:Chemdex 计划可行。基因工程技术的采购经理,吉姆·拉蒂默(Jim Latimer)感到压力很大。他最近得知,因为公司的最新政策,基因工程技术决定在三年内实现公司的一半产品都从网上采购。如果理想中的 Chemdex 计划可以施行,拉蒂默也许就能找到实现公司目标的好办法。

平行磋商的结果是,Chemdex 计划的首轮正式投资——A 系列,1997 年 9 月敲定。总投资额为 75 万美元,这些钱用于 Chemdex 下一阶段的运作,即按照 CMGI 公司的定义设计出工作模型。投资者包括鲍勃·斯旺森和 CMGI 以及 Chemdex 原先在奥马哈(Omaha)的商业天使。

未来 CEO 在行动

戴夫·佩里 1997 年 8 月从哈佛商学院毕业,他从兵场园的租住公寓迁到了传说中的硅谷。他要在那里将他的 Chemdex 之梦变为现实。

但他先得到那儿。佩里把自己所有的行李都装进了他 1987 年买的尼桑千里马(Nissan Maxima)轿车里。这辆车跑了 19.8 万英里,已经有点毛病了。

佩里做的第一件事是把车装满。先装的是后座,然后是副驾驶的位置,接着他把另外一些行李塞到了后备厢里,最后他把自己的帆板用具和自行车系到车顶上。他驱车往西,先驶往 Mass Pike 的布莱顿

(Brighton)立交,然后前往他的梦想之地。

佩里是个急性子的年轻人。他打算三天就到达西海岸,每天开20个小时,睡4个小时,然后再开20个小时,直到他到达目的地。

但他的破车似乎不同意他的计划。每次佩里遇到坑坑洼洼时,破车年久失修的减压器总是会给后轮找些小麻烦,每一下颠簸都会实实在在地刮损轮辋,后轮上的橡皮胶也会随之一点一点往下掉。尤其是逆风开的时候,车总是跟着来回摇摆。第一次遇到这种情况,佩里惊慌失措,赶紧把车靠边停下来。最后他也学会了在逆风天怎么控制方向盘,并且重新使车回到平稳状态。

当车开到中西部的时候,好几年不太好使的收音机彻底坏掉了。到了怀俄明州(Wyoming),车里的空调也不起作用了。在穿越犹他和内华达(Nevada)沙漠时,佩里不得不敞着窗户,结果行李上面落了一层沙。车开始变得过热失控。每次他停下来加油时,佩里总是能看到后车胎在一点点坏掉。到最后,连钢带都露出来了。

佩里回忆说:"没有一个零部件不出问题的。不过我当时在想,如果我能翻过山脉,从东面山坡爬上去再翻山顶,然后到湾区就基本都是下坡路了,我肯定没事。"佩里在第三天的下午翻过了山顶。

佩里没有想到的是,当他开始在80号高速公路走下坡路时,两个后轮胎同时都爆掉了。他把车拖到了最近的小镇,在6号汽车旅馆住了一晚,第二天早上刷卡买了两个新轮胎换上然后出发。

在这次穿越美国的旅行中,他用手机在帕洛阿尔托订了一间公寓,没看到就订了。他知道公寓的大概位置,只比计划晚了一天,向着目的地全力进发。

佩里继续说道:"这辆破车是该退休的时候了,一共跑了20万英里的路,在三天跑了三千英里之后,它在离我公寓不足半英里的地方罢工了。"

第十章

严格上说,这辆日产车并没有罢工。但它只能挂在一档上出不来了。所以佩里不得不在著名的沙山(Sand Hill)路上以每小时十英里的速度前进,沿途看着那些传说中的西海岸风险投资和高新技术大厦,在后面制造了严重的交通堵塞。他跌跌撞撞地进了公寓,还没有放下行李,他的车就被拖走了。

他苦笑着说:"我就这样到了开始创建我那数十亿美元的公司。"

筹备餐馆

刚刚MBA毕业的保罗·孔福尔蒂和金·穆尔回到东海岸之后,也过了一个并不光彩的夏天。虽然原来一起做实地考察的同事克丽丝滕·克立兹沃斯基决定在迈阿密开始从事自己喜欢的卫生保健行业,但孔福尔蒂和穆尔仍然要把名叫"Finale"的餐馆变为现实。孔福尔蒂回忆,在他们的商业计划落选之前,开"Finale"餐馆的计划就在筹备当中。

金和我都参加了一些单位的面试,也拿到了几个工作机会。所以我们两个人都面临抉择,就是要不要把原来的计划做下去。同时我也得到消息,罗州大洋便利店准备拿出一些钱来赞助我开餐馆,我的叔叔是那里的首席财务官,同时那儿也是我父亲工作的地方。得知这个消息,我的妻子克丽丝滕非常支持我开餐馆的想法。所以我对金说,"我打算开餐馆了。"她说,"那我和你一起干。"

整个过程缺乏戏剧性。(穆尔觉得好像刚做完这个决定,她就开始让孔福尔蒂给她递番茄酱了。)但他俩都心甘情愿开餐馆的真正原因,他们自己心里清楚得很。通过一年的实地考察工作,他们知道他们两人的强项和弱项正好可以互补,也明白他们在兴趣爱好上相差很大,但二人一起工作却会使事业受益匪浅。就像穆尔说的:

超乎寻常的学习小组

如果孔福尔蒂按照自己的设计来处理问题，Finale 完全会是另一个样子。如果按照我的也一样，也会是一个完全不同的样子。在我看来，单个人的计划都是不可行的。当两个智慧的头脑凑在一起时想到的计划要比我们任何一人独自想出来的计划好很多。

在毕业之前，孔福尔蒂已经找到了一些潜在的支持者，其中包括罗州大洋。这些支持者告诉他，如果两个发起人有一些餐饮业方面的相关经验，他们可能会有更多的机会拿到钱。（孔福尔蒂以前暑假就试着想在餐馆打工，但没有人想要一个准哈佛 MBA 在餐馆打两个多月的零工。）他和穆尔都认为这个建议很有道理。在找钱的过程中，哪怕只是一点点赞助，都需要他们有相关的工作经验。他们可以在晚上打工，这样白天还可以继续找赞助。最后他们决定去不同的餐馆打工来积累相关经验。孔福尔蒂去应聘饭店的服务生，金最好在厨艺方面有所建树。

在布鲁克莱恩（Brookline）的 Kokopelli Chili 公司开业前三周，孔福尔蒂成了这家公司的服务生。他告诉老板他有 MBA 学位并且对餐饮业很感兴趣。出于礼貌而不是别的原因，老板问他是哪里毕业的 MBA。孔福尔蒂说，"我好像当时看着地板说'哈佛'。"这次并没有因为这个落选，很快他就开始端馅饼和煎豆了。

能拿到一点点钱就能对后方有帮助，孔福尔蒂苦笑说，但更重要的是，这段经历让他彻底融入到了餐饮业中：

我的工作是每天端着一大摞盘子穿过餐厅，站在餐桌旁边合适的位置，给客人打开每一瓶酒，熟练使用卡布奇诺或浓咖啡器。在这样一个人满为患的行业，学会如何卷起你的袖子，站在同事旁边和他一起工作，听他说什么，帮助他并赢得他的尊敬是非常重要的。

第十章

同时在栗山（Chestnut Hill）九号公路上，金·穆尔在 Cheesecake Factory 餐馆做甜点，这个工作一周要工作四天。和孔福尔蒂不一样，她没有一个帮助养家糊口的爱人，所以她很需要钱。选择 Cheesecake Factory 餐馆是经过深思熟虑的：这条生产线当时就是现在也是这个行业中最好的之一。穆尔在想，为什么不从最好的那里积累经验呢？

她清楚地记得她第一天上班的情景。在三个小时熟悉情况之后，穆尔见了总经理，总经理告诉她，她被录用了，每个小时 9 美元工资。穆尔很有礼貌地和他说自己是哈佛的 MBA，经理很友好地说："那好吧，每小时 10 块。"

穆尔很快发现自己对餐饮业的确很有热情，至少是在某些方面。比如，她很喜欢和客人交流。但是另一方面，她不喜欢每天都要站 10 个小时。作为一个严于律己的人，她很不喜欢和那些不以自己职业为荣的人打交道。她总结说："可以让我们心里平衡的是，保罗和我的确显示了我们从事餐饮业的决心。否则我们不会从哈佛毕业就干每小时 10 美元的做甜点工作的。"

餐馆开张

1998 年 7 月 1 日，Finale 餐馆开张了。它的选址并不是最佳位置：在宽阔的 Statler 大楼和波士顿公园广场酒店（Boston Park Plaza Hotel）最东头的一层，就在波士顿湾村（Bay Village）和后湾区之间。原本餐馆的创始人打算把餐馆开在纽伯里街（Newbury Street）上，但让人望而生畏的租金和酒类经营许可证就要花掉 27.5 万美元，所以最终他们让 Finale 餐馆换了个地方。

Finale 餐馆位于公园广场和哥伦布大道（Columbus Avenue）的交汇处，两条街夹了个锐角，很多人在这里步行。交汇在一起的两堵长长的墙上开满窗户,让这个餐馆看起来像是坐落在一艘船的船头上。这艘船指向波士顿剧院区,往东走几个街区就到了。

到剧院的合理位置加上周围的几个餐馆,似乎都是好事。另外,这个地方在 Finale 餐馆之前是一个名叫 Red Herring 的小吃店,开了仅仅 13 个月就倒闭了。在 Red Herring 之前的咖啡馆也破产了。在 Finale 餐馆之前哥伦布大道上没有成功的先例。

筹备开张也不容易。在 1997 年夏和来年春天之间,两个创业者把他们自己的梦想一步步变成现实。他们在信用卡上刷掉了 1.5 万美元用于宣传、影印和其他费用,在律师、会计的费用上也花了同样数额的钱。孔福尔蒂(经常一人,有时有穆尔陪着)把 Finale 餐馆计划讲给一百多个人听过。他的目标是筹集到 60 万美元,这些钱可以开一个餐馆,同时也能证明他的计划是成功还是失败。

一点一点地,孔福尔蒂终于筹集到了 50 万美元左右的资金。

3 月正式签了租赁合同,两位餐馆老板在小吃店的基础上重新设计装修餐馆。把主要的钱用于打点 Red Herring 小吃店的老板还有新计划需要的一些额外投资之后,短短几个月里孔福尔蒂和穆尔就花了 48.1 万美元。这个小空间渐渐改造成一个"豪华整洁的空间",红棕相间的天鹅绒椅子,柔和的灯光,天花板上的镜子照着面点师的工作间(让客人看到正在做他们点的食物)。但孔福尔蒂明显感觉到他们以前都错估了所有这些东西需要多少花费。孔福尔蒂解释说:

当我们开始做预算时,我们还不知道让别人放弃这个租赁合同需要花多少钱。一旦成为一个大花销,我们的钱就真的很紧张了。不过事实就是这样。当然建设资金也花完了。就这样,我们的预算也见底了。

同时,他们开始做新的创意菜单。他们和迈克尔·胡(Michael Hu)签约,请他做他们的顾问,这是一个成功之举。胡是纽约华道夫-阿斯多

第十章

里亚酒店(Waldorf-Astoria)的面点厨师长,他很愿意帮助两个有雄心壮志的哈佛 MBA 来经营饭店,同时接受餐馆的股份作为他的咨询费。Finale 餐馆因为胡的加入而名声大噪,而且胡和销售餐馆设备和服务的老板很熟,也给 Finale 省了不少钱。

金·穆尔也找到了德博拉·罗思(Deborah Roth),她做面点师也有 14 年的历史了,在波士顿地区很多不错的餐馆都工作过。罗思担任 Finale 餐馆现场厨师长,同时接受胡在纽约的指导。最后,孔福尔蒂和穆尔深感他们缺乏餐饮业的经验,所以雇了约翰·瓦尔(John Wahr)作为 Finale 餐馆的总经理,瓦尔在这个行业已经干了 20 年了。来 Finale 之前他在后湾附近经营着一个 22 人的餐馆,所以让他负责 Finale 每天的运作再合适不过了。

大家各司其职后,金·穆尔负责给 Finale 造势。困扰她的就是市场预算太少。凭借她在传媒界多年的经验,她形成了自己的风格——热情和保守兼备,于是一篇引人入胜的报道就这么诞生了:两个哈佛 MBA 的不同寻常之举。凭借这些优势,当地的不少报纸杂志都报道了 Finale 餐馆。

同时,穆尔和艺术演出中心和波士顿芭蕾舞团关系都不错,这两个机构的观众在 Finale 购买演出票可以享受九折优惠。而 Finale 得到免费宣传并得到几个重要的邮寄名单。还有一点,虽然不大但也很重要,在正式开业几周前,碰巧路过餐馆的路人,Statler 大楼的房客,不管是谁,都能免费品尝 Finale 的甜食样品。

艰难维持

1998 年 7 月 1 日餐馆营业后的第一周,Finale 没有让焦急的老板省心。这儿的交通比平常更加拥挤了,一部分原因是因为波士顿的剧院整个夏天都比较火。客人似乎对 Finale 餐馆很感兴趣,在短短几周,孔福尔蒂和穆尔就有了回头客。

但在第一周餐馆的利润并没有达到预期的 5,000 美元。在接下来的几周收入也不尽如人意。银行户头有减无增,到夏天结束时只剩下了可怜的一万块。能省的也都省了,孔福尔蒂回忆说:

> 金和我经营餐馆的第一年薪水是 3 万。我们每隔一周领一次工资,余下一半作为餐馆的本钱,因为餐馆现钱很短缺。所以我们当年实际拿到手的工资只有 1.5 万。

同时,一连串的人事厄运也开始了。剪彩后一周多的时间,厨师长德博拉·罗思因为个人原因辞职了。穆尔雇了罗德岛州的大厨卡伦·卡尼(Karen Kearny)接替她的位置。八月的第三周,因为工作时间太长,总经理约翰·瓦尔也不干了。接下来不到一周的时间,刚刚上任仅仅两周的卡尼也走了。虽然孔福尔蒂可以收拾瓦尔走后的残局,但他们不得不重新找厨师长。这一次他们盯上了本店已有的厨师。他们劝原来的助理厨师妮科尔·科迪(Nicole Coady)接受这个挑战,科迪也答应自己担任厨师长。

走马灯似的换人让孔福尔蒂和穆尔心烦意乱,同时也很受挫。在人才紧缺的劳务市场找到合适的人并不是很容易,没有人愿意去 Finale 餐馆。到八月下旬,餐馆客流量还是不多。外人都会想 Finale 餐馆可能时日不多了。

一场及时的转机出现在 9 月 2 日。《波士顿环球报》在美食版头条刊登了一篇很长的关于 Finale 餐馆的文章,这篇文章的作者名叫艾莉森·阿内特(Alison Arnett)。有一次她带女儿和两个朋友在波士顿意大利区的北角(North End)吃过饭后,来到 Finale 餐馆吃甜点,发现这里的甜点很好吃。她随后采访了两位餐馆老板,这篇报道就这么诞生了。与其说这是一篇食评,还不如说是一篇人物访谈。

第十章

这就好比在电影的终结篇中,骑兵终于占领了高地。由于《环球报》的报道,生意开始火了起来。Finale 餐馆不会关张,倒像是哥伦布大道实然证实了这个计划也许确实可行。孔福尔蒂和穆尔终于松了口气,又开始了每天工作 16 小时、年薪只有 1.5 万的生活。

渐渐地,他们开始重新思考餐馆的经营模式。他们发现,Finale 餐馆主要的客人并不是走出剧院的人群,而是吃完正餐的人们,就像《环球报》的评论一样。这就给了穆尔不少启发,她原来认为 Finale 餐馆是要和附近的餐馆在甜食领域一决高下。她回忆说:

> 我们没想到周围餐馆的客人都到 Finale 来吃甜食。他们确实来了,否则我们的店会经营不下去。所以旁边的餐馆越多,我们的生意就越好。

孔福尔蒂和穆尔聚在一起讨论这个现象。他们是不是应该和周围的餐馆一起经营,优势互补?他们是不是应该帮助周围的餐馆卖出更多的牛排和龙虾,让 Finale 餐馆的甜点也加入到这一行列里来?

但这些设想的证实都需要时间。现在这两个餐馆老板都忙得不可开交。

Finale 案例

在 Finale 餐馆计划诞生之前,乔·莱斯特就对它很感兴趣。莱斯特是 1997 年哈佛商学院商业计划竞赛中负责对计划进行筛选的三教授之一。他们把最初的 37 个计划筛选到了最后 10 个,当时莱斯特就被 Finale 餐馆计划(当时叫甜品房计划)的简洁和清晰所吸引。

莱斯特对餐饮业也一窍不通。他是个专业的海洋学家,他绕了很大一圈最后才到哈佛教书。

莱斯特出生在阿肯色州南部,在他 9 岁的时候他就被一部名叫《海底两万里》(20,000 Leagues Under the Sea)的电影深深吸引了。当他长大些,到了14岁的时候,他开始利用暑假时间坐上德州农工大学(Texas A&M University)的海洋学研究船去巴拿马城(Panama City)、佛罗里达州等地。这种痴迷一直延续,他最终拿到了麻省理工学院海洋工程专业的硕士和博士学位。

然后出现了他人生的第一次转折:泰瑞达的传奇创始人亚历克斯·蒂·阿毕洛夫(Alex D'Arbeloff),邀请莱斯特去这家总部在波士顿的高新技术公司。莱斯特加入泰瑞达的时候,公司的收入是每年5,000万美元,到他20年以后离开公司时,公司的年收入是8亿美元。他回想起当时离开时的平静心情:

> 我辞职是因为我短期内不可能当上公司的CEO。我的一个好朋友将出任公司的CEO,他55岁,而我只有45岁,但我不打算再等一个十年了。在Greylock和Matrix公司的赞助下,我开始做一个名叫"野火通信"(Wildfire Communications)的项目,整个过程都充满了乐趣。

在泰瑞达的20年和野火通信的成功,让莱斯特对未来有很多选择。突然他觉得自己很怀念教书生活,在麻省理工读研期间他曾经教过书,从那时起他就再没有走上讲台。莱斯特试着去找哪所学校愿意聘用他这个有着不寻常背景的人做老师。哈佛商学院向他伸出了橄榄枝。莱斯特解释说:

> 在泰瑞达和做野火通信的过程中,我都遇到了很多和哈佛商学院有渊源的人。皮彻·约翰森(西海岸的风险投资家)是泰瑞达的主管之一,约翰·麦克阿瑟(哈佛商学院的院长)也是。我也认识比尔·萨尔曼,因为我们的孩子是多年的朋友。所以当比尔给我打电话说,"想来哈佛商学院教书吗?"我说,"当

第十章

然!"

1996年秋,莱斯特到了哈佛商学院,学院让他用案例分析法教学。(莱斯特说,这和我在麻省理工学院的讨论会形式完全不同。)在短短几周之后,确切地说,是9月10日,他在哈佛商学院的第一堂课讲了第一个案例,自我感觉并不好。第一个案例是关于一个名叫杰弗里·帕克(Jeffrey Parker)的高新技术创业者,莱斯特教的是二年级的选修课创业金融学,这门课是12年以前比尔·萨尔曼开设的。莱斯特回忆尽管在第一堂课开始的几分钟有点紧张,但他告诉学生他不仅认识这个案例的作者(比尔·萨尔曼);也认识杰弗里本人,这就要追溯到在泰瑞达的时候了。

上创业金融学的二年级学生,包括保罗·孔福尔蒂在内,后来都认为莱斯特的课对他们后来的创业帮助最大。按照哈佛商学院的传统,莱斯特的学生要在案例的复印件上签名,说明老师确实讲了这个案例,到现在这个复印件还在莱斯特办公室的墙上贴着。

渐渐地,莱斯特习惯了新的生活方式。当MBA课程全面展开的时候,他甚至要比从商的时候更忙。但也有没课的清闲时候,教授就要自己制定时间表。莱斯特说,在商界,总是会有人给你带来麻烦事;但在学术界,这只是个别时候的情形。闲的时候,你应该是积极的、有创造力的。你应该干点其他事。

12月,想给自己找点事的莱斯特走到快思捷大厅时,学生们正在马可·伊恩斯蒂的新产品开发(New Product Development)课上阐述自己的创业想法。他记得,他撞上的第一个学生就是一个叫戴夫·佩里的孩子:

> 他说自己有一些关于管理的发明创造,然后问我怎么看。我很委婉地告诉他,这是我听过的最愚蠢的想法。之后他就一直在游说我,作为推销员来说他很称职——很固执。但我和他

说,"我觉得你在解决一个你根本解决不了的难题。"

莱斯特总是会遇见这个固执的佩里,佩里和莱斯特是老乡。(莱斯特开玩笑说,除了我和这个孩子,没有人老家是阿肯色州的了。)1997年的春天,莱斯特去旁听斯坦福大学来的客座教授汤姆·科斯尼克的课,他教的是创业营销学(Entrepreneurial Marketing)。那天坐在莱斯特旁边的就是身穿卡其色短裤的戴夫·佩里。当莱斯特同意给商业计划竞赛当评委时,他发现自己正在读的叫 Chemdex 计划上的署名是戴夫·佩里。

他也看了甜品房计划(后来更名为 Finale),这个计划清晰明了,给他留下了深刻的印象。他是这样回忆的:

> 我坐在风险投资办公室里,看了很多参赛的计划,但不理解有些参赛者到底是要干什么。读完第一页,你仍然不知道接下来要做什么。计划要不就是很多行话,要不就是自己也不清楚这个行业发展的规模和范围。而孔福尔蒂、穆尔和克立兹沃斯基的计划不存在这个问题,他们的计划清晰明了。

对于甜品房计划没有进入决赛,莱斯特并没有感到吃惊。但计划本身却深深印在他的脑海里。几个月以后,得到孔福尔蒂和穆尔的同意后,莱斯特和同事迈克·罗伯茨把计划稍微做了调整,做成了教学案例。[2] 在1998年,这个教学案例被收纳进了学院的案例目录中。莱斯特接替汤姆·科斯尼克教创业市场学,他在第一节课上就用了这个案例。

因为很多原因,当然也因为孔福尔蒂和穆尔几个月来一直在和莱斯特说 Finale 餐馆的筹备工作,使莱斯特对这个计划的兴趣有增无减。他参加了1998年7月餐馆盛大的开张仪式,也目睹了在餐馆开张的前几个月的消沉期,也分享了他们在重压之后的轻松。餐馆终于走上了正轨。

同时他发现在 Finale 餐馆身上蕴藏了另外一个教学案例。在一位

第十章

案例作者马特·利布（Matt Lieb）的帮助下，莱斯特起草了一个案例，是说在1998年9月Finale餐馆怎么样渡过难关。[3]在1999年1月，莱斯特开始教仍在起草当中的Finale餐馆案例。这正好是二年级MBA的试听周，没有人注意到三个面容疲倦学生装扮的人——一个年轻男人和两个20多岁的年轻女士——紧挨着坐在教室的最前面。莱斯特回忆起那堂课的自由讨论部分：

> 当我们搞清楚这个案例的来龙去脉以后，我问学生换做他们，他们会怎么做。有一个学生说，"如果我银行里没有5,000万的存款，我不会这么做的。"另外一个学生也说，"除非我的餐馆开在纽伯里和克拉伦登（Clarendon）大街的交汇处，否则我是不会干的。"

> 有一些学生，大概占10%左右，喜欢他们所看到的。一种全新的经济模式。常规菜单上打着两个最粗大的字：酒和甜点。直接的生产流程，小厨房，这意味着用餐空间更宽敞了。可能做多家店，也可能做多个生意——做成贴牌饼店，然后或许是餐厅招待服务。或许某一天，做成一个在各地杂货店有售的品牌产品。这些少数派学生，看着，梦想着，但是大多数学生对此不屑一顾。

之后莱斯特把三个面容疲倦的人介绍给全班同学认识：孔福尔蒂、穆尔和Finale餐馆的三号大厨妮科尔·科迪。孔福尔蒂和穆尔劝说科迪和他们一起来看看哈佛商学院是怎么上课的。孔福尔蒂记得，科迪边笑边听了很多：

> 一个半小时里，一百个聪明绝顶的学生把这个主意臭骂了一通。大多数学生都认为这个计划糟透了，我们压根不该开始做这个，我们没有任何经验，我们应该锁上门离开餐馆，我们没

有办法扭转局面。

太有趣了。

莱斯特用的"神秘嘉宾"这招很有效果。当穆尔和孔福尔蒂从座位上站起来,马上和刚才的情形不一样了,听到的都是一些肯定的话,学生们也很喜欢和他们几个交流。这对二年级学生尤其有用,因为他们往往觉得做一些困难的决定离他们还很遥远。

Chemdex 案例

当戴夫·佩里的 Chemdex 计划开始成形的时候,1997 届的 MBA 拉里·卡茨(Larry Katz)也因为在 1997 年头几个月目睹了这个计划而获益良多。当 1995 年秋天两人在学院的同一个部门的时候,卡茨就认识了佩里。卡茨和佩里成了好朋友,在一年级和二年级之间的那个暑假,他们俩都在旧金山。佩里回到东部以前在当地一个咨询公司打工。当时佩里告诉卡茨自己想开一个提供专利权服务的公司,就是一种规模不大但是有独创性想法的风险投资公司。但这个计划因为后来的 Chemdex 计划就搁置起来了。

卡茨没有参加 1997 年 7 月举行的商业计划竞赛,但和佩里一直保持着联系。佩里当时正在到处寻找风险投资基金,他重新回到帕洛阿尔托,努力让 Chemdex 计划变为现实。比尔·萨尔曼想为学院建设一个加利福尼亚研究中心(California Research Center),这个研究中心的重点是要以硅谷的商业现实为依据,写更多更好的教学案例,卡茨的任务就是帮助比尔·萨尔曼。很快,卡茨就写了很多关于亚马逊网络公司和其他几个网络公司的案例。

一天,卡茨突然想到 Chemdex 将成为一个好的教学案例,同时他也肯定好朋友戴夫·佩里一定会同意他的这个想法,事实证明他的感觉很

第十章

准。1997年夏末的一个晚上,戴夫·佩里置寻找风险投资基金于不顾,花了三个小时和拉里·卡茨和加利福尼亚研究中心的麦克·罗伯茨一起重温了Chemdex计划的诞生。

罗伯茨是1983届的MBA,1984年当霍华德·斯蒂文森还在教创业管理课时,罗伯茨帮助斯蒂文森写过教学案例。罗伯茨当时写的很多案例十年来一直是创业管理的核心案例。

罗伯茨在1986到1989年间加入了哈佛商学院教师队伍,(用了很多他自己写的例子)教授创业管理这门课。由于商场失意,1991年他再次回到了哈佛商学院,并开设了一门新课程——成长型企业的管理(Managing the Growing Enterprise)。这门课程结合了罗伯茨在学术界和商界的经验。但在1993年他又一次离开了哈佛,因为(用他自己的话)在两个完全不同的世界中做抉择让他很受挫:

> 我来来回回是因为这两个完全不同的世界我都很喜欢。我喜欢在哈佛工作的理性这一面。我也喜欢自由和独立,喜欢和那些才华横溢的人一起工作,事实上我工作的很大一部分就是发现有趣的东西并且学会他们。学术工作让我不喜欢的部分就是它太孤独和虚无缥缈了。在现实世界,我习惯于一组人一起工作,解决一些切实问题。

1997年春,霍华德·斯蒂文森和比尔·萨尔曼去给罗伯茨做思想工作,他听得很认真。两位哈佛教授解释说,创业学小组需要一个执行理事,撰写一些教学案例,商业计划竞赛也需要他帮忙,还有加利福尼亚研究中心的建立也少不了他。罗伯茨说,"这是一个重新回到哈佛的机会,我只需要教书和写教学案例,而不用做一些传统的教学研究。这个建议听起来不错,我接受了它。"

几个月之后,罗伯茨和拉里·卡茨一起在西海岸采访戴夫·佩里。两个人打算把Chemdex的故事从一开始一直写到当年夏天——也就是从

超乎寻常的学习小组

佩里离开哈佛商学院时写起一直写到他开始和 Greylock、CMGI 和鲍勃·斯旺森接触。这些都需要他们对戴夫·佩里的背景有一个很好的了解，这对理解 Chemdex 计划的诞生很有帮助。

罗伯茨顺便问佩里他在哈佛商学院的时候，选了几门关于创业学的课程。罗伯茨之所以要问这个问题，一部分原因是因为他最近在做一个二年级学生选课人数的数据研究：多少学生选了多少门和创业学有关的课程？出于保密原则，哈佛商学院的注册办公室只能给罗伯茨提供学生的 8 位个人学号，而不是学生们的名字。根据这个，罗伯茨可以得出结论，比如，学生 # 00000000 选了一门创业学课程，那么学生 # 99999999 就选了两门。

罗伯茨回忆说，这个结果证明是比较准确的：

> 差不多 90% 的学生选了一门创业学的课程，50% 的学生选了两门，选三门的大概占了 25% 左右。然后数据开始下跌，五门或者六门课之后，就有一个断层。但在这个曲线的末尾，有一个学生选了八门创业学课程。也就是说，这个学生二年级的整个课程选的都是我们小组的。

> 我还问了戴夫·佩里，他选了哪些课程，哪些有用等等。他很流利地报出了他在二年级选的八门课程的名字。我惊呆了，我说："原来你就是那个选八门课的人啊！"

卡茨完成了这个案例，戴夫·佩里也松了口气，这样 Chemdex 网络公司在 1998 年进入了哈佛商学院的教学案例库。[4]

创建公司

佩里在帕洛阿尔托的公寓客厅和杰夫·利恩在帕洛阿尔托的公寓厨房合在一起构成了 Chemdex 公司的办公室。佩里的客厅有足够的空间

323

第十章

安排会谈和组织会议。利恩的餐桌也很大，可以用来招待 Chemdex 的工作人员，并且连上了利恩家的调制解调器，可以上网。

佩里就像是公司的门面，他把大量的时间都花在了解鲍勃·斯旺森的喜好和四处寻找客户上。利恩是个技术空想家，因为他前期一直在和 Shopbot 和一些以互联网为依托的采买代理打交道，他的才能很迟才得到大家的认可。但他们的专业知识仍然在一些领域有重叠。佩里是个工程师，利恩有很多商海经历。利恩说，结果就是我们整个公司都有一种很强的凝聚感。

赞助商@Venture 和 CMGI 公司提出，要想在 1998 年 9 月那轮的计划中获得资助，Chemdex 必须在 1998 年 1 月之前做出一个工作模型，其实这是一件好事。戴夫·佩里想在他 30 岁生日之前展示这个模型，也就是 1998 年 1 月底。

在佩里 30 岁生日的前一天，Chemdex 的工作模型在 1998 年 1 月成功展示在@Venture 和 CMGI 公司面前。基因科技公司正式签约要买这个产品，这样 Chemdex 就满足了 CMGI 提过的另一个要求。

Chemdex 小组终于从厨房和客厅中搬到了租来的办公室里，继续用他们有限的技术和资源去做一个特别的电子商务平台。这就像推了 Chemdex 小组一把：每个人都加入到这个行列里来，聪明一点的局外人都能意识到：如果 Chemdex 模式真的可以成功，这个模式很可能打入其他领域。换句话说，同一个平台，可能会用做牙齿供应、飞机零部件还有其他方面。如果技术难题能够解决，Chemdex 的 13 亿潜在市场——而且每年以 15％速度增长——也许有一天会打入其他更大的市场。

另一个亚军

在戴夫·佩里和保罗·孔福尔蒂商业计划竞赛落败和 1997 年 6 月毕

业之后，施蒂格·莱施利一直与他们二人保持着密切的联系。莱施利攻读的是法学士和工商管理硕士联合学位，要晚一年才能毕业。

莱施利仍然坚持职业要和热情联系起来。他干过咨询工作（在麦肯锡），也做过社会工作（在哈莱姆区的天主教学校），但两者他都不喜欢。1994年的暑假，在法学院上了一年之后，他去纽约一家法律公司打工，但这份工作对他也没有什么吸引力。他知道自己真正感兴趣的是音乐。尽管他自己并不是音乐家，他喜欢淘他喜爱的歌手的另类唱片，而不是去演奏它们。

莱施利不只是个乐迷，还是个狂人。他最喜欢的事就是在一个陌生的小城里逛唱片店。他读《金矿》(Gold Mine)杂志，那是黑胶唱片收集者的圣杯，唱片藏品店在这本杂志上印广告展示自己的存货。莱施利说，"如果你想找阿姆斯特朗（Armstrong）的某张唱片的B面，你会到那本杂志上去找。"

但《金矿》及类似的出版物并不能真正解决问题。早在1997年，当莱施利还在帮戴夫·佩里构思Chemdex商业计划时，他同时也在构思自己的计划。为什么不能把那些非主流的唱片店聚在一起呢？这不正是商家对消费者这种电子商务模式在网络上的完美应用吗？

当Chemdex和甜品房计划几经修改后定稿，准备接受竞赛评委的宣判时，莱施利开始寻找经济后盾。他在互联网上建一个工作模型大概需要10万美元，他想在1997年的暑假完成这个模型。他从亲戚朋友那里很快借到了钱，当佩里向西发展，孔福尔蒂从Kokopelli Chili公司刚刚订到餐桌时，莱施利已经在布莱顿西大街（Western Avenue）超市的后面租了一个仓库，就离哈佛商学院一英里。他找了一个网站专家开始做一个叫做MusicFile.com的网站。

很巧的是，这个仓库离保罗·孔福尔蒂和他的妻子克丽丝滕住的地方只有两条街。孔福尔蒂说，他们很欢迎他们的朋友成为邻居。

第十章

到晚上，我和妻子还有我家的狗，花生，会走到施蒂格的办公室和他聊天，花生就在旁边蹿来蹿去的。我们一起度过了很多时光，每天都在胡扯一些关于创业的事。

这个项目伴随了他整个学生生涯。到1998年春天，第二届哈佛商学院的商业计划竞赛开始了。他决定独自参赛。莱施利回忆说，当时自己的想法转变得很快：

我已经意识到自己的计划存在一些问题。一个就是在互联网上互相交换自己的音乐收藏是一个生意，但并不是什么大生意，真正的大生意是来交换邮票、硬币、火车模型，还有珍贵的书和音乐。所以我列了15个市场，分别代表一宗大生意。

世界上的两万邮票收藏者每人每年都要在邮票上花三万美元。这些人都不是正常人。还有像我一样的唱片收集者和书籍收集者。如果你和他们当中的任何一个人说，"你最好的收藏是哪个？"他们就会和你聊上半个多小时。我在想我应该为这些有点病态的收藏者做点事情，人们总把他们当成孩子看待。

莱施利对网上拍卖并不是很感兴趣，易贝网（eBay）也是刚刚兴起。他想要发展的是商家对消费者的软件模式，这样可以把那些收藏者集中起来，在这里可以找到他们拼了命想要找到的东西。各种市场都聚集到一个技术型的平台上。渐渐地，莱施利给MusicFile起了一个新名字，叫做电子合成环境（e-Niche Incorporated）。[5]

这个概念是莱施利在1998年春天的商业计划竞赛中提出来的。莱施利也不清楚自己到底想要什么，但他承认没想到马上就被刷掉了。

他真的被刷掉了。根据匿名评委的意见，这个选题太广，花费太大，而且概念含混不清。一位教授是这么写的，"小组缺乏有相关经验的成员。"另外一个评委总结:"有无数的竞争者,把收藏者聚集起来并没有什么真正的价值。"

戴夫·佩里和保罗·孔福尔蒂都没有拿到一等奖,一年之后,施蒂格·莱施利败得更惨。但就像他之前的佩里和孔福尔蒂一样,莱施利对自己的计划很有信心。像佩里一样,莱施利和世界级的软件工程师思瑞达·拉奥(Sridhar Rao)签约。在微软公司并购了拉奥的公司以后,他拒绝迁到雷德蒙德(Redmond)。拉奥做一个工作模型已经做了很久,这个模型可能会在风险金融学领域用到。

和佩里和孔福尔蒂一样,莱施利也缺钱。他憔悴地笑着说,"事实上已经欠了10万的债了。"1998年夏天,当保罗·孔福尔蒂和金·穆尔的Finale银行账户捉襟见肘时,莱施利也在怀疑他的梦想是否也将破灭。

皆大欢喜

莱施利开始到处寻找风险资本家,连他自己也没有想到自己运气还不错。其中一部分原因是因为在1998年暑假之前,莱施利已经花了一年多的时间重新修正了自己的想法。他同时也可以拿出自己修正的成果了:MusicFile主页上的网站模型已经成为名叫Exchange.com的网络公司的尖端产品。最重要的是,投资者已经完全认可了这种互联网现象。如果前面有字母"e"或者是后面有".com",投资者就会很感兴趣。从1998年夏到1999年初,在这九个月的时间里,莱施利筹集到1,500万美元的风险资金。

有了这些资金做后盾,莱施利和拉奥勇往直前。Exchange.com的员工也越来越多,到1998年底已经达到了40人。这些人的主要工作就是和全国几百个最大的二手唱片经销者取得联系,并拿到他们的存货清单。到1998年感恩节MusicFile.com成立时,登记在册的黑胶唱片已

第十章

经有 300 万张。这就是一个高保真音响爱好者的天堂,很快这个网站就成为稀有和绝版唱片的龙头网站。

莱施利凭借 MusicFile 网站的成功又筹集了 1,000 万美元的风险资金。这次出钱的是华盛顿邮报公司,它错过了买下易贝的机会,想重回互联网竞技场。莱施利想用这些钱去买现成的公司,这些公司类似 MusicFile,但做的是其他领域的收藏。在西马萨诸塞,他遇到了一对夫妻,他们做的网站叫做 BiblioFind.com,专门收集来自全国各地的古书。作为世界 50 大商业网站之一,这个网站每年从订购和其他收入中获得 100 万美元。莱施利花了 600 万美元把 BiblioFind.com 合并到 Exchange.com 的框架中。

公司继续做大,在 1999 年的头几个月公司经历了一段危险时期。莱施利记得那段时间真是乱套了,他在一次滑雪中几乎丢了命,他每晚只睡 4 个小时,长了 25 磅。他说,"我们忙得不可开交。到处都在变,真的快疯了。"

三月的一天,书商巴诺(Barnes & Nobel)给莱施利提了一个建议。这个有名的连锁店想要打入绝版书市场。就像莱施利了解的那样,绝版书市场要比传统的书店生意有利可图得多,所以巴诺想加入这个市场。

巴诺的建议有点最后通牒的味道:要不卖给我们,要不我们就买下你们最大的竞争对手并给他们注资。莱施利让他的董事会一起讨论这个提议,他强烈反对这个提议。莱施利解释说,这个书商不会花很多钱买 Exchange.com,因为他们觉得我们的公司不值那么多钱,我们在易贝网上拍卖的话,应该能值差不多 300 亿。董事会认同了他的看法。

莱施利知道两家这样的公司:雅虎和亚马逊。把易贝网也加进名单的话,就成了三个。1999 年三月的一个周二的早晨,他飞到西海岸想去和这三家公司面谈。他的第一站去了亚马逊的总部西雅图(Seattle)。有趣的是,莱施利得知针对易贝网,亚马逊在几周以前刚刚做了一个拍卖网站。同时，亚马逊也需要引入商家对消费者的模式，以 Exchange.com 为代表的有特别零售知识的最好。莱施利说，双方很快就谈得很投机：

> 我和杰夫·贝索斯（Jeff Bezos）还有他的小组一共谈了六个小时。最后他说："我们要把你们公司买下来。我们必须得买，要不就要和你们竞争。明天上午你哪儿都不能去。"所以我没有回机场也没有和其他人谈，在一周之内就谈成了这个事情。

又花了两个月来做合同的收尾工作，所以一直到 1999 年的 4 月 30 日才向外界宣布。收购价格是：两亿美元。

回顾一下，很容易理解莱施利为什么要卖掉 Exchange.com，还有亚马逊为什么要买。尽管莱施利董事会中的几位风险资本家希望公司能坚持到底并上市——已经把这件事计划到了 2000 年的第一季度——但莱施利坚持现实的东西比虚幻的东西更有价值的思想，最终他的观点占了上风。而在亚马逊方面，它把 Exchange.com 看做是近期内商家对消费者提供纵向解决方案的最好模式，同时也可以为建立更大的无目录清单的收费网站奠定基础，这个网站也要采取商家对消费者的模式。还有就是莱施利个人的原因：亚马逊公司的一个投资者警告杰夫·贝索斯不要让莱施利和 Exchange.com 滑向雅虎或者易贝网。

几天之后，哈佛商学院教授乔·莱斯特收到了一封来自莱施利的语音邮件，乔一直抱着很大的兴趣看着莱施利的进步。（莱斯特保存并且转录了这个信息。）就像往常一样，莱施利的声音充满了自信，但有一点内疚：

> 乔，你好。我是施蒂格·莱施利。我不知道你是否听说，我们已经把公司卖给了亚马逊。是上周一宣布的。今天的《环球

第十章

报》商业版的封面有一篇文章介绍了 Exchange.com 和我。我给你读一下这篇文章的第一句。文章题目是"成交财富"("Striking It Rich")。

第一句是这么写的,"施蒂格·莱施利仍然记得当年参加哈佛商学院商业计划竞赛时失败的情形。"乔,我不知道这个记者为什么用这样的开头。但这是千真万确的,我的计划在竞赛的第一轮就败下阵来。我从你们那里感受到了压力。我不知道这压力是好还是不好。当然我无意冒犯。希望你一切都好。再联系。再见!

亚马逊很快就开始用 Exchange.com 的技术。1999 年秋天,公司开始使用 zShops——这个网页使用 Exchange.com 的平台把顾客和第三方卖家组织到一起。今天,这种销售途径占了亚马逊销售量的三分之一。Exchange.com 的技术使亚马逊的客户有了多种商务平台可供选择。比如,当你点"服装"或者是新书、二手书或绝版书,你就会用到这个技术,就是莱施利和他的网络专家在西大街的仓库里研究出来的技术。

爬坡

Exchange 卖给亚马逊三个月以后,即 1999 年 7 月,戴夫·佩里的 Chemdex 上市了。他以每股 15 美元为公司赢利 1.4 亿美元。短短两年多,佩里实现了他跃居第二的商业梦想,他的公司已跻身当今最热门的商家对商家模式的企业之一。这一切曾因资金短缺而显得不切实际。

年末,Chemdex 的商业模式遇到了前所未有的困难。这种在纸面上看起来不错的互联网交换中枢模式,在现实中并不奏效。佩里说,"这似乎是一个先有鸡还是先有蛋的问题。"除非供应商准备完善,否则买方不愿意做出转变。反之亦然。没有人会踏出第一步,而此时,Chemdex

也被困在中间。

佩里变换了策略，他决定将 Chemdex 商家对商家的处理平台用到其他产业的市场，同时与更加完善的公司建立合作关系。佩里发现，与稳固的公司合作，可以将财务风险转移给他们。

于是，在 2000 年 1 月，佩里同 IBM 还有杜邦（Dupont）建立了合作。这三家公司建立了一个叫做 Industria 的交换台，用来出售工厂设备。2 月佩里和他的同事发明了一个伞式结构来保管现在和将来的交换台。新公司叫做 Ventro。这样 Chemdex 成了 Ventro 的附属公司。想出这个名字时，佩里高兴地告诉他的装配工："这有点像你生了你的父母。"

这次企业改组看起来非常有前途，市场反应也很好。Ventro 的股票持续增长，公司的市值在 3 月已经达到了 100 亿美元。在奥马哈，佩里最初的投资者惊讶地发现，他最初投的 35 万，纸面价值已经涨到了 5,000 万。

滑坡

但好景不长。问题一部分出在增长过快上。一个近距离的观察家说，"他们的财务战略，喷气式飞机，迅速铺开的店铺网络……部分地看，这是个无节制的例子。"4 月，公司又有了 2.5 亿美元的负债。

模式本身也有缺陷，最后，只有 144 个客户同 Chemdex 签约，远比交换需求少得多，根本无法赢利。

过高的期望让 Ventro 吃尽了苦头。佩里是个有远见卓识的人，从商学院毕业不到三年，他就受邀到达沃斯（Davos）做演讲。他说，Ventro 是未来的商业模式：

> 公司成立两年半以后，我们就是一家价值 100 亿美元的公

第十章

司，会有一些压力相伴而生。我们知道还没到成功的时候。我总觉得我们可以满足人们对我们的期望。不过很显然，市场期望得太高，我们短期内做不到。

最终结果就是在2000年3月，股价暴跌。B2B股票的平均价格跌了35%。这仅仅是开始。2001年1月，Ventro的股票从每股243.50美元跌到了每股1美元左右。

这不仅仅是个挫折，而是一个致命的打击。2000年12月，佩里果断地做了决定，为了保住现金，他关闭了Chemdex和Promedix——从事医疗设备和供应的一个交换台，同时解雇了一半员工。但灾难仍旧继续，到2001年，大部分员工都辞职了。Ventro的股票也只售到了每股39美分。股东们一纸诉状将Ventro告上了旧金山的联合法庭，说钱被Ventro骗了。

佩里观察形势，想找到一条救活Ventro的路，他和他的同事最终决定把公司变成一个供应链软件商，这是一个很现实的计划。佩里新招聘了一个高层管理人员，而自己在2002年担任了公司的CEO。

在此期间，哈佛商学院的教授一直在让大家学习Chemdex的案件，乔·莱斯特的创业营销课程总是以甜品房计划开头。第二次课上就会分析Chemdex案例。每年，只要时间表允许，戴夫·佩里一定会回到哈佛来亲自介绍这个案例。2001年9月11日，尽管西海岸的公司有一堆棘手的问题，佩里还是来到了乔的课堂，"因为我告诉过乔我会回来，所以我来了，我觉得我欠乔和学院的，应该和大家一起讨论一下愉快和糟糕的经历。"

正当激烈讨论之时，恐怖组织袭击了世界贸易中心，MBA学生认为不上课也帮助不了袭击中的受害者，所以课程继续。莱斯特给《洛杉矶时报》(Los Angeles Times)投了一篇稿子，讲了Ventro的没落。在纽约冰冷的氛围下，佩里坦白地表达了他现在的痛苦，毕竟公司是他一砖一瓦辛苦创建的。

莱斯特很感谢佩里有勇气回来,并且在9·11这样一个恐怖笼罩的时候为二年级学生讲述他破碎的梦想。他说,"这一系列课程,意义非同寻常。"

学习小组的兄弟们

佩里、莱施利和孔福尔蒂从哈佛商学院毕业后的五年中,一直保持着联系。孔福尔蒂在 Chemdex 喷气机上曾有一次有惊无险的经历,当时他坐在飞机的折叠椅上,佩里坐在后座,两人在谈事情。飞机的前轮爆胎坏掉了,致使飞机不得不在跑道的最后几英尺紧急停了下来。孔福尔蒂买了一些 Chemdex 股票,股价一路上升,但最后又跌到原点。莱施利为孔福尔蒂的 Finale 餐馆提供了应急贷款来补充他们融资期间的资金。莱施利说,"他可帮了大忙了。"佩里每次来波士顿都会在 Finale 吃饭。

他们也一直与乔·莱斯特保持着联系。乔时不时地帮助他们,现在成了这个学习小组三兄弟的联络人。莱施利喜欢找莱斯特的碴儿,比如嘲笑地抱怨哈佛商学院的案例从来没有写过他。1999年9月,当三人事业都如日中天时,莱施利写信给莱斯特说:

乔,请代我问候保罗和戴夫,告诉他们我比他们两个人加起来都聪明得多。在商学院的第一年,他们用的是我的案例分析,所以戴夫应该给我更多的股份,保罗应该请我多吃几顿。[6]

那他们两个现在都在做什么呢?

戴夫·佩里开了一个叫 Anacor Pharmaceuticals 的生化技术公司。这个公司最近刚谈妥了一个 2,300 万美元的合同,为防御生化战争制造抗生素。"我也觉得应该对自己的能力信心满满,"他自嘲地说。

第十章

简而言之,佩里的身价曾经达到好几亿美元。他从未卖出过Chemdex/Ventro的股票,所以他不再是一个亿万富豪。他对此的看法是:在我一生的大多数时间,我曾经拥有我从未想到此生会拥有的财富,我只是在某一时点上拥有的少了些。现年35岁的他开始接受铁人三项训练:2.4英里游泳,112英里骑自行车,26英里长跑。他说,"胜者要在8小时之内完成,17小时内完成是起码的。但我希望做到11小时内完成。"

施蒂格·莱施利成为哈佛商学院的讲师。他花了两年时间在亚马逊公司筹划被称为"中介商务"(intermediated Commerce)的第一次公开上市。他在杰夫·贝索斯的身边工作,同时希望能在亚马逊谋到一个长期的职位。当发现在亚马逊不存在这样的职位时,他休息了半年,并移居到波士顿。他解释道:

> 我在思考是什么让Exchange.com如此成功,我再一次意识到从事自己喜欢的工作是多么重要。所以我决定将我未来的10年花在公共教育上。我开始同两个内城学校集中区(西雅图和波士顿)商议关于开创新型中学的事。

于是哈佛商学院开始参与公共教育,同时比尔·萨尔曼邀请莱施利在学院建立运营基地。从那时起,他开始花20%的时间教书,其余的时间写案例以及[与哈佛教育学院(Harvard's Graduate School of Education)合作]在大的内城学区学习管理。他在二年级开设了一门新的选修课——创业与教育管理(entrepreneurship and education reform),并给一年级教创业学课,这门课总是以霍华德·史蒂文森写的关于鲍勃·赖斯的案例开场。他说,"讲这个案例是为了让学生了解某种市场空间,了解各种不同类型的客户和某个问题。你要成为一个有趣的人。你必须在某人地方迷失自我。"

保罗·孔福尔蒂和金·穆尔仍然在哥伦布大道,现在又在哈佛广场邓斯特大街(Dunster Street)30号开了Finale的第一家分店。这与孔福尔蒂经营甜品专卖餐馆的初衷是一致的。

当孔福尔蒂筹集资金准备开第一家分店时,他无意间把这个打算告诉了哥伦布大道对面的停车场经理。经理说,你为什么不直接打电话给我的顶头上司呢?他可是很欣赏你呢。很快,孔福尔蒂就得到了在哈佛广场开第一家分店的钱。

像孔福尔蒂一样,金·穆尔也一直推崇Finale经营理念,也相信她自己的经历弥足珍贵:

> 有些人不能承受失败。如果失败了,除了对我们身边的人有影响以外,其余都不算什么。这将不会对我和保罗构成任何影响。这只意味着我们拥有了五年非同寻常的经历,这是在任何学校中都学不到的。我喜欢这样的经历,坦白说,我宁可招一个与我有相同经历的人,而不愿意要一个一帆风顺的人。

Finale餐馆生意蒸蒸日上,总店第一年的销售额达到了80万美元,第二年120万美元。在哈佛广场的第一家分店第一年销售额也达到了130万。孔福尔蒂和穆尔在莫尔登(Malden)开了一家中心厨房,这将不仅仅满足波士顿和坎布里奇店的需要,而且也可以满足未来的Finale分店的需要。他们把目光放在缅因州的波特兰(Portland, Maine)和罗德岛州的普罗维登斯(Providence)。

Finale又一次面临资金紧缺。孔福尔蒂和穆尔都不想再到处筹集五万美元,但这似乎又是唯一的出路。因为Finale还没有资格接受风险投资。

2003年9月22日,一个阳光明媚的周一早晨,预示着波士顿将有一个美丽而与季节不符的暖日。州长米特·罗姆尼(Mitt Romney)的手下终于长出了一口气,他们已经安排好了11:00在麻省州政府南草坪上的仪式。

第十章

10点30分，草地上约40个塑料椅已经坐满了人。罗姆尼从州政府出来，从铺好的花岗岩阶梯上走下来，坐在自己的位置上。安排了两个演说。州长做了第一个演说，认可了在波士顿内城的投资。接着罗姆尼宣布了联邦创业精神奖（Commonwealth's Entrepreneurial Spirit Award）的获得者：保罗·孔福尔蒂和金·穆尔。

罗姆尼重点讲述了甜品房/Finale的故事，包括两位创始人曾经接受哈佛商学院历史上收入最低的工作。人们哄堂大笑，罗姆尼继续说：

> 他们的坚持证明了悲观者们是错的。他们实现了自己的梦想——事实上是每个孩子的梦幻王国——走进一个没有西兰花和甜菜根的餐馆，放眼望去的绿色只有猕猴桃，或者美元钞票。我很荣幸把麻省联邦创业精神奖颁给穆尔和保罗。

孔福尔蒂接受了这个荣誉并代表穆尔和Finale的85名员工感谢州长。他强调说，"如果不是他们，我今天就不会站在这里。"他感谢了坐在前排的父母和其他所有来到现场的嘉宾以及帮助过Finale的人。

乔·莱斯特那天早晨也在人群中。他来这里是因为他觉得创业者总是没有机会庆祝他们的成功。他说，"所以你要抓紧时间狂欢一下，因为这条路有太多的不确定性。"

他说，重点是这个过程本身：

> 他们两人至今仍有很大的热情。他们生活得很充实。他们会家缠万贯还是一败涂地？我不知道。这是他们想要的生活吗？他们会有所回报吗？这是他们的决定。

这是一个探索的旅程，莱斯特总结说，"记住，三周的路程，摩西（Moses）可是走了40年。"（典出《圣经·出埃及记》，先知摩西带领被奴役的人逃出埃及。——译者注）

后　　记

引领浪潮

2003 年 6 月 4 日，哈佛商学院南礼堂外举行了一个小型聚会。南礼堂是一座混凝土建筑，看起来相对现代化，紧挨着学院的贝克图书馆。

这次聚会的目的，是以"阿瑟·罗克"（1951 届 MBA）的名字命名这座建筑。罗克捐出 2,500 万美元用以支持学院在创业领域的各种努力，这个消息在 1 月被公布。罗克是有史以来最成功的风险投资家之一。四分之一个世纪以来，他一直支持着学院的创业研究项目。事实上，他和同班同学费耶斯·沙罗菲姆曾在 1981 年共同捐资，设立了学院关于创业研究的第一个教授席；在他们的帮助下，创业研究在关键时点得以复兴。阿瑟·罗克创业中心（Arthur Rock Center for Entrepreneurship）将成为哈佛商学院与创业相关活动的神经中枢。目前，这里有教员三十余人，开设大约二十门课程，并开展着一大批课程研发及学术研究项目。

罗克本人，作为荣誉嘉宾，表现得有些不够热切。他通常反感对自己的慈善行为进行吹嘘。在宣布这笔捐款时，他曾发表如下的简短声明：

> 这个国家的未来在于新兴企业。这些企业提供新的项目、

后记

新的技术和新的工作机会。长久以来,哈佛商学院一直是研究创业过程各个方面——无论是融资的复杂技巧,还是领导艺术——的先锋。我很高兴能够做些事,在现在和未来来支持这个事业。

罗克是个本性内向甚至沉默寡言的人;这一天,他更愿意倾听而不愿宣讲。仪式完毕后,他与院长共进午餐,然后参加了一系列年轻教员的学术讲座。汤姆·艾森曼(Tom Eisenmann)谈公司建构和部署数字化网络面临的管理挑战;克拉克·吉尔伯特(Clark Gilbert)谈大公司如何通过"公司创新"来发现和培育新点子;施蒂格·莱施利谈如何把创业精神应用于教育改革。

在这些讲座之后,罗克同意接受一些现场观众的提问。不出所料,不少提问关注的都是他作为风险投资家、天使投资人最激动人心的时刻荣耀。

在刚入伙时,你知道你的哪些投资一定会赢吗?

罗克回答:"我不知道。对英特尔的投资是个例外,那次我100%确信必赢。"

你手里真的还有英特尔原始的商业计划书吗?

"是的。那是我起草的。"

你怎么总能判断正确呢?

"这个嘛,"罗克不紧不慢的回答,长脸上禁不住带一丝笑,"事实上是,我判断错误的时候更多。"

可能我们还没有充分意识到,我们生活在一个充满奇迹和变革的时代。

迄今为止,这个时代已跨越了两个世纪。在刚刚过去的世纪里,汽车得以大量生产,而且人类登上了月球。也是在20世纪,贝尔(Bell)的发明(指电话)原本被看做稀罕玩意儿,后来演化成互联网——当然这种演化还综合了其他一些发明。新时代的方法制伏了古代的苦难(可以预见的是,新的苦难又会产生)。全球性大火灾不复是对人类的威胁,而恐怖主义成为新的威胁。人们对跨国公司谈论得少了,开始更多地谈论全球竞争和全球经济。股票和债券投资不再是少数富人独享的领地,而成了中产阶级每天要处理的事务。查尔斯·梅里尔(Charles Merrill)的预见,"华尔街将成为主要街道"(意指金融进入大众生活——译者按),已经高度实现,甚至现实远远超过了他的预见。

整个20世纪里,商业界的规律是,越大越好。不过,"大"的定义已经发生了变化;这反过来改变了很多规则。1940年,通用电气公司(总部在纽约)年销售额4.5亿美元;20世纪90年代,该公司的年销售额超过600亿美元。在1950年至1975年间,艾默生电气公司[总部在圣路易斯(St. Louis)]的年销售额从3,700万美元跳升到120亿美元,员工人数从5,000人增到30,000人。在20世纪末,微软公司(1975年成立)在1980年的年销售额是3,900万美元,而其市值达到约5,000亿美元。

从这些变化来看,未来的前景似乎是不确定的,甚至让人惊慌的。很多公司得出结论,在全球化大尺度上的扩张和巩固才是最安全的(甚至可能是唯一的)存活之路。"做大"成了终极方法——"我们仍然做同样的事,只不过在一个宏大的、全球化的尺度上去做。"大笔的兼并收购活动不断发生,使评论家们加快了对落后公司的死亡宣判。品牌价值被看做是一种巨大的竞争优势。照这个逻辑看,要不了多久,世界上将只有一家汽车制造商、一家银行、一家保险公司、一家家电厂商、一家饮料厂商、一家软件厂商,等等。

但是,事实还有另外一面。

1980年至2000年,美国共有1,745家技术公司上市。而1975年至

后记

1979年间,每年的新上市公司总数不超过100家。仅20年后,在1995年至1999年间,这个数字飞涨到平均每年652家。风险投资的总额,在世纪末暴涨。过去25年间的风险资本融资,有69%的比例是在1999年至2000年两年内完成的,实在令人瞠目结舌。[1] 1990年风险投资公司总共融资31亿美元;而在2000年,他们融到了1,048亿。[2]

或者说,即使当一些超级大公司在用溢价股票做换股兼并——这是庞然大物们的舞蹈——这个世界上也还有另外一极:创新的能量和投资的爆炸。网络公司依然是大海上最容易看到的冰山尖,如果把创业企业都比做海上冰山的话。(尽管网络公司的名声很快没那么好了。)纵观各个产业和领域,创业成为一股浪潮,蔚为壮观。

为什么会形成这股浪潮呢?这个国家20年来对商业和自由企业的迷恋(粗略地讲,这始于里根总统的上任),无疑是一个重要因素。1950年以来,甚至1920年以来,资本主义第一次被如此彻底地歌颂。但世纪末的这场超大规模的创业浪潮,至少还有三个其他趋势因素在起作用。第一个因素,是美国公司在20世纪70至80年代的重组,很多有天赋和抱负的人本来在商界有一个传统的职业升迁路径,但公司重组活动把他们赶出了传统之路。过去,财富500强企业提供不错的薪酬和福利、好声望和安全感。现在呢,所有这一切——尤其是安全感的保障——不复存在。(那些敢于向员工保证终身雇用制的公司,大多也烟消云散了。)尤其是中层管理者们,他们忽然被看做是可有可无的。所以,当公司实施裁员计划(对中止雇用合同者给予一定补偿)时,很多天赋不错的经理们选择了离开。他们看到了另一条路,而解除原雇用合同后他们才能上路。

第二个趋势因素,是20世纪80至90年代的大牛市。财富效应(美联储主席格林斯潘对此先是担忧,后转为称颂)起了很大作用。人们手里的股票组合涨价了,因此觉得自己比以前富有了。他们更自在地花钱,因此经济得以持续繁荣。(这是美国历史上持续时间最长的一次繁荣期。)尽管新增财富大部分是纸面上的(股票投资的升值),可是越来越多的人变得勇于改变职业方向——离开公司的晋阶体系,顺应久被压抑的创业冲动去做些事情。

最后呢,在最近 20 年里,一大批新兴技术同时进入成熟期。之前流行的旧技术纷纷寿终正寝。个人电脑的民用化始于 20 世纪 80 年代早期;同时,切换技术和延展带宽技术的发展,使得远程数据传输变得经济而可靠。调制解调器把这两种技术结合在一起,并日益迅捷和便宜。另外,美国政府几十年来投资于兴建一个全国性的计算机网络——目的是万一核灾难或者自然灾难发生时,通信依然能够维持——这项政府投资的结果是,互联网诞生了。万维网(World Wide Web)的友好界面,使得那些不是技术专家的人们也一样可以进入互联网。

所谓的"电子商务"(e-commerce)突然出现了。网络股成为 20 世纪 90 年代的股市宠儿。那些发掘网络金矿的年轻人,一夜之间成为百万甚至亿万富翁。这些个还没有赢利的小网络公司的市值,竟然超过了那些稳定增长的、有百年历史的零售业巨人。从哈佛商学院毕业(有些还没有毕业)的年轻创业者们,能够在几个月内把公司所有权大量地折现(通过上市等途径);而他们的前辈们可是要等上数年,甚至数十年才能实现这一点。

教什么　怎么教

上述变化,也加快了哈佛商学院里的一些变化。教学案例里的主角们年轻了,关键财务数字的尾巴上多了不少 0。哈佛商学院的商业计划竞赛开始获得很高声誉。创业领域的教研骨干,也越来越多了。

教授们锤炼出的创业理念,也越来越具体和系统化了:从竞争中汲

后记

取精华。发现服务尚未完善的行业领域。调整企业规模。考虑竞争对手的反应。广泛思考价值链。关注你的前沿消费者。

事实上,对"怎么教"的问题,哈佛商学院很早就发现了答案。而之后很久,它才搞清楚"教什么"。

从20世纪20年代起,案例教学法就成为这里统率全局的教学方法。这种方法意在使学生们能够置身现实世界,并驱使他们与现实世界对抗。事实证明,案例教学法行之有效,或多或少地取代了传统的讲座教学法。(乔治斯·多里奥,我们等会儿还会提到,是个明显的例外。)所以,当迈尔斯·梅斯着手筹备一门关于创业企业管理的二年级选修课时,他做了同事们大约四分之一个世纪以来惯常做的事。他打电话给商界的一些熟人(这次是一些小企业主)。梅斯问他们,他可否去他们的公司调研,并根据现场研究写出一两个案例。幸运的是,他的老同学路易斯·科瓦克斯等人欣然同意了。

案例教学法非凡的威力是什么呢?它为什么与创业教学如此契合呢?也许最重要的原因是,它让学生们不再仅仅是观察者,而成为实践者。它让学生们积极投入到教学过程中。他们在课前、课上、课后不断讨论新点子,一块儿评估商业背景,并且竭力参与和解决问题。或者说,这里形成了一种付诸行动的倾向。迅速汲取(知识)是不够的,你还必须要运用你所汲取的(知识)。

另外,案例教学法具有累积效应。学生们跟十几个、几十个,甚至上百个案例斗智斗勇之后,他们的思维方式会被潜移默化。他们开始以全新的决策标准去解决难题。霍华德·史蒂文森对此作了如下总结:

1. 一切事情都是有可能被改善的。大多数案例,是关于一个新出现的问题。(很多案例以"千钧一发"的局面开场。)一大堆杂乱的细节被列举出来——有的重要,有的没那么重要——这种历史叙事的口吻让学生们感到难题仿佛就在眼前。这里隐含的前提是,无论事情表面看起来多么糟糕,都有被改善的余地。你要设身处地的把自己当成故事的主人公:你怎么能让他(她)的处境有所改善?哪些特定的做法有可能产生正面的结果?

2. 专家常常是错的。对案例教学而言,这句话有两层含义。第一,你通常会读到案例里首席财务官(CFO)对该公司走向的强硬判断,他可能完全正确——也可能错得一塌糊涂。到底是对是错呢?第二,当你准备并参与课堂讨论时,你会听到同班同学们强烈的意见。一些同学曾有过与案例故事相似的经历。他们言辞激烈地表达自己的看法。(他们是专家。)但是,很多情况下,团队最后达成的一致意见,与专家的意见完全不同。

3. 团队的最大努力,总比个人的最大努力强。如果你身边的每个人——你的学习小组,你的同班同学们——都基于自己的经验努力思考出一个结论,即使他(她)之后放弃了自己的论断,你们的团队仍可能从中获得某种力量。最低层面上讲,让一个方案被好几个人接受,总是件好事。何况从比战术考虑更高的层面上说,通过团队合作所得到的解决方案,通常优于任何单个人的最高智慧。

4. 那么你要怎么做呢?正如我们先前提到的,你要有付诸行动的倾向。你不能只是复述案例事实或指出主人公的错误。你必须把自己放在情境中,给出建议:我觉得我们应该如何做,以及为什么应该这样做。利弊权衡是怎样的。以及为什么我的方案利大于弊。

本书各章节提到的人物,都清晰地回忆起他们第一次在哈佛商学院上课的情形。鲍勃·赖斯说:"我坐在课堂上,我知道这就是我要的东西。案例教学法,而不是死记硬背的垃圾。这就是我要的!"40年后,阿道福·法斯利特坐在哈佛商学院的课堂上。他简单地回忆道:"我被镇住了。"而另一些年轻人,他们本来已经有付诸行动的倾向了,那么案例教学法更是投其所需、再合适不过了。

后记

这儿有一个例外,就是多里奥将军。他长年在哈佛商学院任教,却对案例教学法不屑一顾。人们没有责怪他对案例教学法这一学院规范的藐视,部分原因是因为他的讲座的确精彩得很。不过他作为一个教师的成功,还在于他对实地考察的极大重视。他认为,把学生们带到实地去,要比把实地带进教室里(以案例的形式)更为有效。他的学生们当然不需要做一个非此即彼的选择;他们只需要吸收多里奥的经验就可以了——很多人发现这些经验对他们的确产生了影响。

数年来的事实证明,哈佛商学院的教员们很多都是投机的。当一种有效的教学工具被发现,他们总能想到法子为我所用。多里奥碰巧发现了一个有效的教学方式:让一群很有干劲的学生组成团队,明确规定一个难题,然后让他们相互竞争、找到一个共同的解决方法。无论如何,过程远比结果重要。(多里奥甚至很少去读他的学生们千辛万苦才做出来的报告。)多里奥的方法,被哈里·汉森教授应用到他的"创造性营销策略"(Creative Marketing Strategies)课上,他试图使营销课看起来新颖有趣。(后来轮到特德·莱维特教这门课时,他又换了其他法子。)几十年之后,霍华德·史蒂文森和他的同事们发起、组织了一大批学生小组,开展自我指导的实地考察。

并非所有用于实地考察的努力,都能修成轨道科学公司或者Cinemexes那样的正果。但即便调研活动没得出什么结论,对参与者们而言也是重要的学习经历。通过这些调研活动,学生们了解了真实世界,也了解了他们自己。

实地的浪潮引领者

了解了以上种种,我们自然要问:哪些学生学习创业课程?他们在寻找什么?又在哪里找到了答案?

后记

霍华德·史蒂文森和他的同事们令人信服地论证了一个道理:创业者是造就的,不是天生的。他们指出,"创业"是一种领导风格——可以习得并运用于适当环境——而不是一组内在的性格特点。如果没有这个前提,商学院根本不可能开设关于创业的课程。就好比你绝不会开设一门课,教人如何长出银色头发,或者如何长得超过六英尺。也许你会研究这些天生特质,甚至去试图解释这些特质与人们某些特定行为的关系,但你不会试图去改变人们的行为。(言下之意是,正因为创业是一种可以习得的"领导风格",所以可以开设创业课程、试图去改变人们的相关行为。——译者按)

尽管他们那么说,我们还是要纵览书中的人物、努力找出其中许多人(或者说大多数)共有的特质,这相当有趣。

其一,他们活力十足。我们的主人公们,大都要么嗓门洪亮,要么语速很快,要么两种特征兼有。他们的身体活跃,早起晚睡。鲍勃·赖斯在他的书里提到:"我们自己产生能量。"他们工作勤奋,最大限度地利用环境,在看似平淡无奇之处找到各种机会。

其二,大体上讲,他们都热爱市场交易。很多人从小就有创业(通常是做小生意)的历史,在来哈佛商学院之前就是创业者。米格尔·达维拉在墨西哥的时候,就曾向他就读的中学兜售文具,念大学时还试图建立汽车零部件的帝国。而他的同胞艾莉森·伯克利也曾开办一系列的小企业,最早甚至可以追溯到她童年时卖发卡的经历;这位女士是哈佛商学院商业计划竞赛的推动者之一。

其三,相应的注脚是,他们都是很有技巧的推销员。第一个让人想到的是鲍勃·赖斯,一个永不疲倦的推销员。紧随其后的是保罗·孔福尔蒂。事实上,几乎我们所有的主人公,都曾心甘情愿地奋力一搏。他们把自己的想法兜售给同班同学、家人、朋友,最后是给他们的员工。他们把自己的商业概念兜售给风险投资家和其他的投资人。(在这个过程中,

后记

他们也顺带兜售自己,因为他们是所兜售事业的领导者和"火花塞"。)他们经常遇到抵制他们的渠道商,但最终卖出了自己的产品和服务。有些人,最后还兜售出自己创办的公司。所有这一切,他们都不是勉强为之的,而是热心去做的。他们明白,没有推销不可能有生意,而"呼风唤雨"般的推销能力是不可或缺的。

其四,很多人是创业的"惯犯"。"我要一次、一次又一次地去创业。"戴夫·佩里如是说。托马斯·斯坦伯格还为自己事业的徒子徒孙们提供财政和心理上的支持。据鲍勃·赖斯估计,他本人曾创业14次,并且帮助很多其他年轻人投入到创业中来。马特·海曼曾以为,卖掉企业之后他会满足于终日穿着T恤衫牛仔裤、开着911保时捷跑车四处兜风;事实上,才一年之后,他就开始四处寻找接下来要做的事业。而珍妮·刘易斯卖了史泰博网络公司后,翻修了一座房子,接下来马上也开始寻找新的机会。

其五,他们都有自己的人脉。贯穿本书的一条辅线,就是哈佛商学院的学生和毕业生们是如何运用多种手段搭建并且利用其人脉的。人脉,使他们获得思路、精神支持以及资金。人脉,在讨论组、小班、大课堂里开始建立,并扩展至68,000名校友会成员。前几章里,我们也许过分强调了本书的主旋律,那些直接诞生于课堂教学和实地考察的新公司(比如Orbital、Cinemex、Chemdex、Finale以及Exchange.com)。也就是说,我们还没有充分强调那些商学院同窗们在毕业五年、十年、十五年之后一起创建的公司。有抱负的青年们来念商学院的原因之一,就是要建立人脉。而哈佛商学院的人脉网络,无疑是最有实力和渗透力的。

其六,他们中的大多数,都思维活跃、好奇心强,虽然有一些人也许不喜欢"好奇心"这个词。他们不断地问,为什么这件事这样做就能成功?或者反过来问,为什么没有人想到一种更好的方法来做这件事?这里的问题是什么?我如何规避它?约翰·迪博尔德无法理解战时的自动化技术为什么不能应用于和平年代。戴夫·佩里吃惊地发现拿高薪的研究员们每周五个小时——或者工作时间的大概十分之一——浪费在订购实验室材料上。(这种局面难道不能得到改善吗?)阿道福·法斯利特搞不懂为什么美国的电影院大多环境整洁、技术先进、有吸引力,而墨西哥的电影院往往老旧、过时、让人生厌。他的同窗马特·海曼也无法回答这个问题,他并没有把问题扔到一边,而是深入挖掘直到找出一个答案。

其七,他们中的大多数都能看出事物的本来面目,而不是只看到别人的描述。戴夫·佩里某次看电视新闻,里面详细报道了阿拉斯加罐头厂存在的种种弊端和所谓危险。他打电话给当地的商业行会,搞到一个罐头厂,拿出7,000美元干了一夏天的活儿(两个夏天之后,他净赚了20,000美元)。当阿瑟·罗克宣布他要回西海岸谋生时,他纽约的同事们都很诧异。他回忆说:"大家都觉得我是个疯子,但我看到的是巨大的机会。"另一个例子是,教授们向来认为干洗业是赚不到什么钱的,但托马斯·斯坦伯格和托德·克拉斯诺显然有不同看法。

其八,他们中的一些人具有一种罕见的、让人嫉妒的本事:对未来的预见能力。在风险投资领域,这种本领尤其有用。阿瑟·罗克说:"我总能,或多或少地,看到事情发展的方向。"他并非在自夸。"我未必了解一切,但我总能搞清楚哪些东西前景光明、哪些东西一钱不值。"

这听起来蛮玄妙,但其实不是。当经验和智慧共同作用于一个"有跳跃空间的"商业问题上,这种玄妙就会发生。当鲍勃·赖斯拿着来自加拿大的一款不出名的小游戏,来评估它在美国市场的潜力时,他本能地觉察到这款游戏在美国一定大火。当马特·海曼在墨西哥城破旧的电影院里乱逛时,他能预见到未来的模样——因为,在很大程度上讲,他已经去过未来(在另一个国度里)。当托马斯·斯坦伯格对诸侯割据的办公用品行业进行调研时——那里到处是暴利、私下交易以及中介——他看到了一个高速增长的、可以一统江湖的产业。他回忆道:"那幅未来的景象

后记

击中了我。"

这些就是我们的"浪潮引领者"——他们有的身在学术圈内,有的在学术圈外。当然,在学术界和在商界所面临的挑战非常不同,但这些人的一些特质是共通的:活力、好奇心、决心,等等。

另外,事实证明这两个圈子之间的隔膜是可以被合理穿透的。教员们走出校园实践;实践者回到校园教书。史泰博的创始人迈拉·哈特就是个例子。他回到校园、拿到博士学位并获得正式教职。其他人即使没这么做,但当各地的商学院讨论关于他们的案例时,也都抽空回到教室、加入学生们的论战。

未来会怎样?在学术界,至少在哈佛看来,创业学是安全的。学术的其他领域会时热时冷,但创业领域是不被这些周期影响的。历史表明,一旦一套有力的、实用的思想弥漫于哈佛商学院的各个课程里,它往往将在长期内持续存在——影响其他思想,也被其他思想所影响。创业学已经确立了其实用性的地位,所以看起来将持续兴旺。

无论如何,我们可以预见——这里引用戴夫·佩里的话,他是这样阐述萧伯纳的思想的——"所有的进步,都还得指望那些不靠谱的人。"另外,我们还可以预见,未来的创业者仍将是"不靠谱的",而"不靠谱",往往是迈向引领浪潮的第一步。

注 释

第一章

1. 哈佛商学院有大量关于 Staples 及其分支机构的案例,本章援引了部分案例。这些案例包括:"Staples. com"(9-800-305)以及"Jeanne Lewis at Staples, Inc."(9-499-041 和 9-499-042)。

2. Staples 1995 年度报告,15。

3. Thomas G. Stemberg, *Staples for Success* (Santa Monica, CA: Knowledge Exchange, LLC, 1996), 40。

第二章

1. Myles Mace, *The Board of Directors of Small Corporations* (Cambridge, MA: Harvard University Press, 1948)。

第三章

1. 引自军需官基金会网站"名人堂"部分,网址:www.qmfound.com/BG Georges Doriot.htm(2004 年 8 月 24 日登录)。

2. John Diebold, *Automation* (New York: D. Van Nostrand Co., Inc., 1952)。

3. James A. Henderson 和 Edward R. Hintz, Jr., *Creative Collective Bargaining: Meeting Today's Challenges to Labor-Management Relations* (Upper Saddle River, NJ: Prentice-hall, Inc., 1965)。

4. 1945 年 11 月 16 日弗兰德斯在 National Association of Securities Commissioners 大会上的讲话,收录于 1945 年 11 月 29 日的 *Commercial*

注释

and Financial Chronicle。

5. "Research Venture Gets SEC Blessing," *New York Times*, 9 August 1946.

6. "Conservation Join in Revitalizing Economy," *Finance*, 25 September 1946.

7. Venture Enterprise of Unusual Management, *Boston Herald*, 14 August 1946.

8. "Conservatives Join in Revitalizing Economy," *Finance*, 25 September 1946.

9. Merrill Lynch, Pierce, Fenner & Beane, *Investor's Reader*, October 1947.

10. *Business Week*, 28 February 1953.

第四章

1. "Businessmen's Risks," *Barron's*, 8 April 1966, 3.

2. Stanley M. Rubel 1967 年 1 月 16 日向 Senate Small Business Committee 所做的陈述。

第五章

1. "The Prudent Boston Gamble," *Fortune*, November 1952.

2. *Barron's*, 10 June 1957.

3. Liles 整理的 ARD 内部文件，尤见于"1968 年 3 月的总结"。"March 1968 Summary."

4. 帝杰公司(DLJ)，由三名哈佛商学院毕业生创办，是二战后在投资界比较出名的一家新型投资公司。

第六章

1. Patrick R. Liles, *New Business Ventures and the Entrepreneur* (Homewood, IL: Richard D. Irwin, 1974).

第七章

1. 根据弗格森的入学时间（1977年秋季），他应该是1979届毕业生。但他同时就读于哈佛的两个学院，所以直到1981年春季，他才毕业，彻底离开哈佛。

2. 比尔·乔治出任利顿微波厨具公司董事长时，该公司的营业额是3,500万美元，到1978年他离开该公司时，营业额已超过2亿美元。随后他担任霍尼韦尔（欧洲）公司的董事长，接着是霍尼韦尔工业自动化公司的董事长。1989年4月，他加入在全球居于领先地位的医疗技术公司——美国美敦力公司（Medtronic），并升至该公司CEO及董事长。由于他所取得的事业上的卓越成就，1997年他被授予"校友成就奖"（Alumni Achievement Award），这是哈佛商学院授予其校友的最高荣誉奖项。

3. Das Narayandas 和 John A. Quelch, "Orbital Science Corp：ORBCOMM." Case 9-598-027(Boston：Harvard Business School, 1997)。

第八章

1. Howard H. Stevenson 和 Jose-Carlos Jarillo, "R&R", 案例 9-386-019 (Boston：Harvard Business School, 1985)。

2. Bob Reiss, *Low Risk, High Reward* (New York：Free Press, 2000)。

第九章

1. Davila 上了 James Heskett 教的服务管理课，后者后来应前者之邀写了"Cinemex"这个案例（HBS教学案例 N9-898-108），本章部分内容来自该案例。

第十章

1. 几位主要成员（包括 Paul Confortii, Joe Lassiter, Stig Leschly, Kim Moore 和 Dave Perry）为本章写作贡献了文献。

注释

2.《甜品房商业计划》("Business Plan for Room for Dessert"), HBS 教学案例 2-899-008。

3. Joseph B. Lassiter III, Michael J. Roberts, Matthew C. Lieb, "Finale," HBS 教学案例 2-899-100。

4. William A. Sahlman, Michael J. Roberts 和 Laurence E. Katz, "Chemdex. com," HBS 教学案例 9-898-076。

5. 这一段内容部分根据 Stig Leschly 为作者提供的"e-niche incorporated business plan"改写而来。

6. Joe Lassiter（经 Leschly 的许可）向作者提供了该段话的副本。

后记

1. Morgan Stanley Dean Witter, *Technology and IPO Yearbook*, 7th ed. (New York: Morgan Stanley Dean Witter & Co., 2000).

2. Peter Jacobs, "Venture Capital: Spurring Innovation and Growth," *New Business* (Winter 2002), 21. Jacob 引用了 Thomson Financial Venture Economics 和 National Venture Capital Association 的数据。